滋养生命 德润课堂

上海市生命科学学科德育研究实训基地成果集

主　编　徐向东

编　委　周韧刚　戴耀红

　　　　杜淑贤　顾　岗

　　　　张　林　邓无畏

　　　　程　勇

上海交通大学出版社
SHANGHAI JIAO TONG UNIVERSITY PRESS

内容提要

　　本书的作者是上海市生命科学学科德育研究实训基地第四期的学员,他们在培训中不断思考、不断实践,将关注学科的育人价值作为自己不懈追求的目标。

　　本书由三部分(三篇)组成。"教学设计型案例"是教师在教学前的设计,在设计中除了按照课程标准的要求设计教学目标外,还着重突出了该部分内容在育人方面的功能;"教学实录型案例"是教师在教学实施中的课堂实录或教学片段,尤其突出了与育人相关的环节;"教学研究论文"中,教师对学科育人的某些问题进行了较为细致的研究。

　　本书可供相关学科的教师参考。

图书在版编目(CIP)数据

滋养生命　德润课堂:上海市生命科学学科德育研究实训基地成果集/徐向东
主编.—上海:上海交通大学出版社,2018
ISBN 978-7-313-19259-2

Ⅰ.①滋… Ⅱ.①徐… Ⅲ.①生命科学-教学研究-中学②德育-教学研究-
中学 Ⅳ.①G633.912②G631

中国版本图书馆 CIP 数据核字(2018)第 076614 号

滋养生命　德润课堂
——上海市生命科学学科德育研究实训基地成果集

主　　编:徐向东
出版发行:上海交通大学出版社　　　　地　　址:上海市番禺路 951 号
邮政编码:200030　　　　　　　　　　电　　话:021-64071208
出 版 人:谈　毅
印　　制:当纳利(上海)信息技术有限公司　经　　销:全国新华书店
开　　本:710mm×1000mm　1/16　　　印　　张:20.25
字　　数:313 千字
版　　次:2018 年 5 月第 1 版　　　　　印　　次:2018 年 7 月第 2 次印刷
书　　号:ISBN 978-7-313-19259-2/G
定　　价:88.00 元

前　言

　　生命是绚丽的、生命是精彩的,生命更是与人类生存和发展密切相关的。作为中学阶段自然科学领域中的一门基础课程,中学生命科学学科以生命为研究对象,具有独特的鲜明特征,因而在学科教学中具有不可替代的育人价值。

　　上海市生命科学学科德育研究实训基地第四期的学员们在培训中不断思考、不断实践,将关注学科的育人价值,以自己的素养、品格滋润学生的生命,作为自己不懈追求的目标。

　　本书由三部分(三篇)组成。"教学设计型案例"是教师在教学前的设计,在设计中除了按照课程标准的要求设计教学目标外,还着重突出了该部分内容在育人方面的功能;"教学实录型案例"是教师在教学实施中的课堂实录或教学片段,尤其突出了与育人相关的环节;在"教学研究论文"中,教师对学科育人的某些问题进行了较为细致的研究。

　　尽管由于时间的仓促和研究程度不够深入,本书稿中的不少内容仍显稚嫩,也难免出现一些差错,甚至有些观点仍值得商榷,但期望同仁们在阅读后在学科育人方面有更多的思考,也恳请给予批评指正。

上海市生命科学学科德育研究实训基地

目 录

第一篇 教学设计型案例

第二篇 教学实录型案例

第三篇　教学研究论文

第一篇

教学设计型案例

初中《泌尿系统是如何维持内环境稳定的》

上海市久隆模范中学　徐敏娜

一、设计思路

（一）课标要求

根据《上海市中学生命科学课程标准》的要求，本教学内容为 B 级学习水平，旨在帮助学生理解人体泌尿系统在维持人体内环境稳定中的作用。同时根据初中阶段课程目标，本教学内容目标应达成"初步养成科学的思维习惯，能有意识地运用生命科学的知识解释简单的生命现象和相关的实际问题，能积极参与和亲身体验科学探究类的学习活动"，并"逐步养成健康的生活态度和良好的行为习惯"。

（二）教材分析

本节课是《生命科学初中第一册（试用本）》（上海教育出版社）第 1 章"人体生命活动的基本条件"第 2 节"人体生命活动需要的环境条件"中"三、人体是如何维持内环境稳定的"教学内容，该节内容包括"哪些系统参与了维持内环境的稳定"及"维持内环境稳定的意义"两部分。本节课是在学习了循环系统、呼吸系统、消化系统在内环境稳定维持中的作用后，从学习"排泄"的概念引入泌尿系统在维持内环境稳定作用相关内容的学习，也为学生进一步理解维持内环境稳定的意义做好了铺垫。因此在整节乃至整章教学内容中都起到了承上启下的重要作用。本节课时中的教学重点为泌尿系统的结构及其作用，其中"排泄"的概念、肾单位的结构及尿液形成的过程又是教学的难点所在。

（三）学情分析

"排泄"的概念及尿液的形成过程对于八年级学生而言相对还比较抽象和陌生。一方面，虽然学生在六、七年级的科学学科中已经初步认识了泌尿系统的组成、肾脏的结构以及肾脏与人体内水分调节的关系,但由于肾单位的结构较复杂以及初中生的知识水平的限制,对于机体代谢及渗透现象的认识层面也较浅,故对于理解尿液形成的过程存在一定难度。另一方面,八年级学生已经具备了一定的观察、思考和分析问题的能力,能够在教师的引导下利用已学知识的迁移和运用,对学习材料和内容进行分析,从而构建和接纳新的知识。

(四) 基本思路

本节课的教学设计,首先从一则新闻开始,引起学生的思考和学习兴趣。然后通过复习血液的成分,让学生分析代谢废物的种类及其排出的途径,从而引导学生得出"排泄"的概念。

肾单位的结构和尿液形成的过程是本节的两大难点。对于肾单位的结构学生较为陌生,因此首先由教师将此结构的组成及特点介绍清楚,让学生有了初步的认识后,再通过小组合作的方式完成模型搭建的任务,旨在让学生在完成活动的过程中,巩固肾单位组成的知识。通过任务驱动激发学生学习兴趣的同时,提高学生的合作、动手及交流的能力,并在一定程度上培养学生的想象能力和创新精神。

尿液形成的过程是本节课的另一个难点,且学生对大分子和小分子物质没有概念,对理解肾小球的滤过作用造成了一定的障碍。通过透析袋的模拟实验展示,让学生能够直接观察到抽象的生理过程,从而让学生理解原尿的形成过程及其成分。通过比较原尿与尿液的区别,推导出尿液生成的第二步,进一步加深了学生对尿液形成过程的理解,也培养了学生的思维能力。最后,在弄清了肾单位的结构与功能之后,通过实例的分析来体会泌尿系统对于维持人体内环境稳定的意义和重要性,并让学生懂得养成健康生活习惯的重要性。

二、教学目标

(一) 知识与技能

1. 知道"排泄"的概念。

2. 知道肾单位的结构组成。

3. 知道尿液形成的过程。

4. 理解泌尿系统在维持内环境稳定方面的作用。

（二）过程与方法

1. 通过肾单位结构模型的搭建,培养合作学习能力和动手能力。

2. 通过观察和分析肾小球滤过作用的模拟实验,学会知识的迁移和运用,培养独立思维和分析能力。

（三）情感态度与价值观

1. 通过模型搭建的活动,体验学习的乐趣。

2. 体会泌尿系统对于维持人体内环境稳定的意义,懂得养成科学健康的生活方式的重要性。

3. 逐步形成和领会生物体结构与功能相适应的生物学观点。

三、教学重点和难点

（一）重点

1. "排泄"的概念。

2. 肾单位的结构及其特点。

3. 尿液的形成过程。

4. 体会泌尿系统对于维持人体内环境稳定的意义和重要性。

（二）难点

1. 肾单位的结构及其特点。

2. 尿液的形成过程。

四、教学准备

（一）模型搭建材料

A4 纸、剪刀、报纸、铝箔纸、毛线、管子、标签、透明胶等。

（二）演示实验器材

清水、10％蛋白质溶液、50％葡萄糖溶液、透析袋、夹子、试管、烧杯、酒精灯、试管架、试管夹等。

（三）多媒体课件

PPT 课件。

五、教学过程

教学内容	教师行为	学生行为	教学说明
引入	1. 视频：一则新闻 设问：长期以饮料代水喝为什么不健康？为什么每天要及时补充一定量的水？ 2. 复习：血液的成分 提问：其中哪些属于代谢废物？分别通过哪些途径排出体外？ 3. 讲解"排泄"的概念	1. 观看后引起思考 2. 回忆之前的学习内容回答：二氧化碳通过呼吸排出体外，尿素、尿酸通过排尿排出体外 3. 知道"排泄"的概念	利用在初中科学学科中所学的"血液的成分"知识，分析得出"排泄"的概念，培养学生从旧知复习到构建新知的能力
肾单位的结构	1. 设问：尿液的排出是通过人体的哪个系统完成的？其中生成尿液的器官是什么？ 2. 图片：泌尿系统、肾及肾单位的结构 3. 讲解：肾单位各部分结构特点 4. 肾单位结构模型的搭建活动材料：A4纸、剪刀、报纸、铝箔纸、毛线、管子、标签、透明胶 5. 学生展示	1. 复习：泌尿系统及肾脏的主要功能 2. 从宏观到微观进一步认识肾脏的基本结构单位 3. 阅读教材，了解肾单位的组成 4. 小组合作进行模型的搭建 5. 交流完成模型	任务驱动的教学方法，通过小组合作完成搭建"肾单位模型"的任务，不仅夯实了"肾单位结构组成"的教学目标，同时对学生的动手能力、想象力提出了挑战，这也是对学生的主动学习能力及创新精神的一种培养方式
尿液形成的第一步	1. 设问：血液流经肾小球时成分发生了什么变化呢？ 2. 演示实验：模拟肾小球的滤过作用 3. 观察：什么物质可以透过肾小球？ 4. 视频：肾小球的滤过作用 5. 讲解：通过肾小球滤过作用进入到肾小囊的液体称为原尿	1. 引起思考 2. 观察演示实验，并记录实验结果 3. 观察：葡萄糖可以透过肾小球，而蛋白质不能 4. 了解肾小球的滤过作用 5. 了解原尿形成过程及其成分	通过透析袋实验模拟肾小球的滤过作用；运用科学学科中学习过的糖类及蛋白质鉴定的方法，观察发生的现象；从而让学生认识原尿的形成过程，并初步培养学生的抽象思维能力

（续表）

教学内容	教师行为	学生行为	教学说明
尿液形成的第二步	1. 表格呈现：尿液和原尿的成分 提问：尿液和原尿的成分有什么不同？ 2. 提问：肾小管的外面还有什么结构？ 3. 视频：肾小管的重新吸收作用	1. 比较得出：尿液中没有葡萄糖，水分也减少了 2. 回顾图片：肾小管外还有大量毛细血管 3. 推测原尿中的葡萄糖和大部分水分在肾小管中被重新吸收了	通过比较正常人尿液与原尿的区别，培养思维推理能力
小结	讨论引入环节提出的两个问题： 1. 长期以饮料代水喝为什么不健康？ 2. 每天为什么要及时补充一定量的水？	1. 了解泌尿系统对于维持人体内环境稳定的意义 2. 懂得养成科学健康的生活方式的重要性	通过前后呼应的两个问题，引导学生思考哪些是健康生活方式和行为习惯；通过案例的讨论，让学生真正领会和感悟健康生活方式的重要性；不仅体现了生命科学"结构与功能相适应"的学科教学思想，而且是学习"生命科学"学科的价值所在
作业	完成自我评价 一般 1. 知道什么是"排泄" 2. 知道肾脏是由肾单位组成的 3. 能通过模拟实验的分析和原尿、尿液成分的比较，知道尿液形成的过程分为哪两步 4. 知道泌尿系统在维持内环境稳定方面起的作用，懂得适时适量饮水对于健康的重要性 较好 1. 知道"排泄"的概念，并能说出排泄过程能排出哪些废物及其具体排泄的途径 2. 能说出肾单位的组成，并在模型搭建活动中，与同学默契配合，承担部分任务	一般逐项评价自己是否达到了相应的学习目标，并总体评价自己的完成情况属于哪一层次	将所评价的学习目标细化为三个不同的目标层次，让每位学生都能根据自身的学习情况寻找到可以达到的学习目标，而学生在对自己的学习效果进行客观评价后，也能更加清晰地知道自己的学习效果，并激励学生向更高一层次的目标努力。教师也可以通过客观的评价结果，具体了解到每个学生的目标达成情况以及进步状况，为今后的教学提供很好的依据

（续表）

教学内容	教师行为	学生行为	教学说明
	3. 能通过模拟实验的分析和原尿、尿液成分的比较,知道尿液形成的过程,并能够说出血液、原尿及尿液在成分上的区别 4. 能说出泌尿系统维持了人体内环境中哪些物质的平衡,能够分析每天适时适量饮水有利于健康的原因 非常好 1. 知道"排泄"的概念,能说出排便与排泄的差异 2. 能说出肾单位的组成及特点,并在模型搭建过程中,与同学默契配合,承担部分任务,能提出自己的想法,并敢于代表小组上台展示交流 3. 能通过模拟实验的分析和原尿、尿液成分的比较,知道尿液的形成过程,能说出血液、原尿及尿液在成分上的区别,能说出尿液的形成过程与肾单位的结构特点的关系 4. 能够说出泌尿系统在维持内环境稳定方面与其他系统的联系,并真正做到养成健康的生活习惯如每天适时适量饮水等		

六、评析

　　徐老师的这份教学设计结构完整,思路清晰,教学目标明确具体,通过泌尿系统方面肾单位的结构和尿液形成的教学,帮助学生理解人体泌尿系统在维持内环境稳定中的作用。

　　教学过程中徐老师利用任务驱动、做中学等各种教学策略和形式,为学生营造并提供运用旧知构建新知的平台，为学生主动参与学习过程创造条件。对于肾单位结构的教学，让学生在初步学习的基础上，通过合作搭建肾单位模型，在动手和动脑中使知识得以巩固和运用，为尿液形成的教学奠定了良好的基础。为突破"尿液形成"这一教学重难点，徐老师首先设计了用透析袋模拟肾小球滤过作用的演示实验，将抽象的生理过程直观展现给学生，引导学生运用已学的知识鉴定糖类和蛋白质，观察实验现象并分析出原尿的成分；再通过原尿和尿液成分的比较，引导学生分析尿液形成的第二步——肾小管的重新吸收作用；同时结合肾小球的滤过作用和肾小管的重新吸收作用的视频，帮助学生更直观地了解尿液的形成过程；最后通过实例分析和讨论，帮助学生理解泌尿系统在维持内环境稳定方面的作用。一系列教学活动的设计不仅有利于学生整体构建本节课的知识，而且让学生在不知不觉中体悟到养成健康生活方式的重要性，体现学科的育人价值。

　　本教学设计还在学习评价中做了一些积极的尝试，将学习目标分成三个不同的目标层次来引导学生进行自我评价，虽在评价目标的具体性、可测可评性上仍需斟酌并完善，但这种学习评价的积极探索还是值得提倡和学习的。

（梅守真）

初中《神经调节的基本方式》

上海市甘泉外国语中学　吕晓颖

一、设计思路

（一）课标要求

依据《上海市中学生命科学课程标准》，本节教学内容"神经调节的基本方式"的学习水平为 B 级，即学生应达到能运用学科知识分析相关生活实例，能体会神经调节在人体生命活动中的作用的水平。

（二）教材分析

"神经调节的基本方式"是《生命科学初中第一册（试用本）》（上海教育出版社）第 2 章"人体生命活动的调节"的内容，本章节通过神经调节、激素调节、基因控制三大板块展开。由于神经调节相对学生而言感受更直观，因此先于其他板块，作为人体的重要调节活动之一单独进行介绍。教材中神经调节是从神经系统的组成和神经调节的基本方式两方面展开学习的，在教学安排上是两个课时，本节课——"神经调节的基本方式"为第 2 课时。本节课的学科核心知识是人体反射的概念及反射弧的结构；能力要求是通过实验初步学会实验数据的记录与分析；学科价值应体现在感受人体结构与功能相统一，体验人体的精妙上；教学难点是应用学科知识分析解释相关生活实例。

（三）学情分析

纵观学生的 8 年学习生涯，系统地学习神经系统方面的知识还属首次。学生在前期学习中对于各大系统在维持人体生命活动中相互依存、分工合作的关系有了一定的认识，上节课学生通过学习已对神经系统的组成及作用有了一定的掌握，从学生原有的知识累积来看,学生对神经系统的调控认识是不全面、不完整的,而本节课关于神经调控方式的内容又是比较抽象的,所以需要教师用形象、直观的教学方法引导学生亲身体验并主动参与教学过程。

(四) 基本思路

结合上述分析,从学生发展需求出发,从学以致用的角度考虑,教学目标的设定应设置到学生"跳一跳才能摘到"的程度,因此除了学生能概括出反射的概念、阐述反射弧的组成等学科知识外,还要提高学生对实验数据的处理能力和分析问题的能力。

因此教师尝试运用"体验—分析—应用"的教学模式组织教学,以体验式活动为载体,搭建易学善思的平台,为学生的学习提供助力;以实验活动为载体,创设获得直接经验的情境,提高学生记录和分析实验数据的能力;以病例分析为载体,营造生活化的情境,培养学生应用所学知识分析问题、解决问题的能力。

学生在教学活动中体验并主动构建学科知识,在学习交流中产生思维火花的碰撞和感悟,在实例分析中体悟人体的精妙和可贵;同时通过学习,学生更易明白人体各系统功能的协调依赖于神经系统的调节,对正处于青春期的学生,也是把握神经系统得以完善的最佳时机,有一定的实际指导意义。

具体做法如下:

(1)通过观察膝跳反射的演示实验,学生能察觉反射的存在,激发学习兴趣。

(2)通过列举生活活动的实例,学生能体会反射是神经调节的基本方式,初步体会人体的精妙。

(3)通过分析膝跳反射的机理,学生能概括出反射的概念,分析出反射弧的结构组成,落实学科核心知识。

(4)通过病例分析,体会反射弧五部分缺一不可,感受人体结构与功能相统一,提高应用知识分析解决问题的能力,进一步落实教学重难点。

(5)通过比较实验,体会高级中枢的调控作用,再次体悟人体的精妙,并提高实验数据的处理能力。

(6)通过学案交流,能举例说明日常生活中保护自身安全的方法。

二、教学目标

1. 通过分析膝跳反射实验，能表述反射的概念，并列举生活中的实例，体悟反射是神经调节的基本方式。

2. 尝试描述膝跳反射所经历的神经通路并总结反射弧的结构。

3. 初步学会记录、分析膝跳反射实验数据。

4. 能运用反射弧知识分析相关病例，体会反射弧结构完整的重要性。

5. 应用学科知识说出日常生活中保护自身安全的方法，感悟神经调节对人体生命活动的意义。

三、教学重点和难点

（一）重点

反射弧的组成。

（二）难点

1. 体会反射弧结构完整的重要性。

2. 初步学会实验数据的记录与分析。

四、教学准备

教材、多媒体课件、学生工作纸、膝跳反射实验器材等。

五、教学过程

教学内容	教师行为	学生行为	教学说明
	通过演示实验引发学生探究的兴趣，引出课题		
引入——膝跳反射演示实验	1. 游戏：请学生自愿上台来与老师共同完成游戏。坐在讲台上，两腿自然下垂、放松。老师敲击同学膝盖	1. 一位学生自愿坐到讲台上演示，其余学生认真观察，尝试描述现象	情境引入，激发学习兴趣，培养观察能力、语言表达能力，同时为下面的学习活动埋下伏笔

（续表）

教学内容	教师行为	学生行为	教学说明
	请在座的各位同学认真观察老师的动作、同学的举动，交流观察到的现象 2. 在之前的学习中，已经学习了人体八大系统的组成和作用，你能否猜测一下，同学的举动是由人体的哪几个系统直接协调完成的？ 3. 追问：这两个系统中，哪个系统起到了调节和控制作用？神经系统主要是由哪些结构组成的？	交流回答（如：老师敲击膝盖、同学的小腿抬起等） 2. 答：神经系统、运动系统 3. 答：神经系统 答：脑 脊髓 神经	引导学生描述实验过程和现象，回顾复习神经系统的结构与作用；反馈前期知识，为后续学习顺利进行做铺垫
神经调节的基本方式——反射	通过比较分析等一系列活动，能认识到反射是神经调节的基本方式		
	1. 概念生成 (1) 今天我们就来探究和学习神经系统到底是如何调节人体的生命活动的。我们把神经调节的基本方式称之为反射 (2) 刚才的这个游戏实际上就是每个正常人都有的反射活动，下面我们以膝跳反射为例进行后面的探究学习。我们可以把刚才的叩击看作是一种刺激，那么同学伸小腿的动作就是一种对刺激做出的反应 (3) 你能说说生活中人体接受刺激产生反应的其他例子吗？ (4) 在刚才同学们所列举的例子中，我们不难发现相对于某一种刺激，我们做出的反应是固定的，有规律的。如膝跳反射是每个正常人都具有的，那么只要叩击膝盖下方，就会出现伸小腿的现象 (5) 组织学生尝试归纳反射概念（补充学生在构建概念时的不足，如体内刺激）	(1) 尝试列举。 （如：被针刺了缩手、听到有人喊回头等） (2) 尝试构建概念（如：刺激产生反应、神经系统控制产生反应等）；理解刺激不仅仅来自体外，体内也可以产生	通过对演示实验的分析引导学生列举生活中的反射实例 联系生活实际

（续表）

教学内容	教师行为	学生行为	教学说明
	举例：时间已接近中午,你的胃有什么感觉?你会怎么做?实际上感到肚子饿去进食就是人体对于刺激做出的反应。这一刺激与刚才膝跳反射中老师叩击膝盖下方这一刺激有什么差异? (6)引导学生圈划并朗读教材中的概念 2.实例分析 (1)提问：反射在生活中随处可见,你能说说以下四幅图片中的反射活动吗? (2)根据图片指出两类反射(条件反射和非条件反射)的差异 (3)在膝跳反射中,刺激怎样转换成人体的反应?	(3)观察并描述 回答：排尿、遇烫缩手、听到发令枪跑步、摔跤后啼哭	构建概念知识,落实教学有效性,体验成功喜悦 巩固核心知识 检测核心知识的落实,与日常生活相结合,逐步形成运用新知识解决问题的能力 简要讲述两种反射的差异,为下一节课做铺垫设疑
反射的基本结构——反射弧	通过观摩课件、病例分析等教学活动,学生能尝试描述反射的基本结构——反射弧		
	1.推测结构 (1)播放反射弧结构动画 (2)提问：你认为膝跳反射需要哪些组织和器官参与? (3)继续播放动画,引导学生推测反射弧结构,并通过对缩手反射等的分析加以巩固与反馈 (4)教师归纳反射弧五环节并板书 (5)指导学生阅读教材41页并完成工作纸第一题 (6)提问：试想一下,五环节中的某一环节发生病变或障碍,反射活动还能进行吗? 2.反馈分析 出示图片,组织学生就五环节的缺一不可性进行病例分析 3.拓展应用 看图分析,说出自身保护方法及其重要性	(1)观看视频,描述参与反射的组织器官 (2)回答：肌肉、神经、脊髓等 (3)尝试运用类比的方法推测反射弧的各结构组成 (4)阅读,完成工作纸 (5)思考交流 (6)预设答案：不能,因为反射弧被阻断了 尝试运用所学知识进行分析	初步体验反射弧的结构组成 搭建思维平台和学习脚手架,易于学生形象地记忆 检测核心知识的落实,感受人体结构与功能相统一 提高应用学科知识分析解决生活实际问题的能力 潜移默化地体现学科育人价值

（续表）

教学内容	教师行为	学生行为	教学说明
	膝跳反射比较实验,体验脑对脊髓活动的调控 分析婴儿排尿的过程,再次强化反射弧五部分缺一不可这一核心知识		
大脑对脊髓活动的调控	1. 实验探究 (1) 设问:我们的中枢主要由两个部分构成——脑和脊髓,而控制膝跳反射的中枢是脊髓,那么脑能不能控制这一反射的进行呢?让我们通过以下活动来体验 (2) 组织开展学生实验,强调实验中应注意的环节 (3) 提问:分别在腿部放松与腿部绷紧的状态下叩击同样部位,你观察到的现象是否有差异?为什么? 2. 评价反馈 婴儿为何不能控制排尿?	(1) 尝试回答 (预设:脑应该可以控制;脑不能控制) (2) 实验探究 完成工作纸第二题 (3) 思考 交流回答 (4) 结论:大脑对脊髓活动的调控 (5) 完成工作纸第三题 (6) 交流回答	体会高级中枢的调控作用,提高实验数据的处理能力 提高发现问题、解决问题的能力,为后续排尿反射的案例分析埋下伏笔 尝试运用所学知识分析解决问题
课堂小结	通过本节课的学习,你有什么收获?	学生归纳总结	进一步理解:人体活动的整体性和协调性是在神经系统调节下实现的
课堂反馈	你能根据今天所学的内容分析一下生活中常见的反射实例吗?	运用所学知识进行实例分析	对于所学知识的反馈,落实效度
作业	完成导学案		

六、板书

神经调节的基本方式——反射

1. 概念
2. 基本结构——反射弧

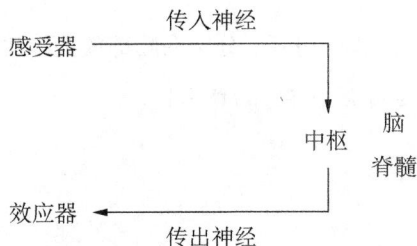

感受器 —传入神经→ 中枢（脑、脊髓）—传出神经→ 效应器

七、导学案

神经调节的基本方式

学生自主导学案

姓名：_____ 班级：_____

1. 阅读教材 41 页，归纳反射的基本结构

(1) 反射的基本结构_____：

(2) 根据所学知识，说说保护自身的方法。

2. 膝跳反射比较实验

(1) 记录：请在下表内如实记录实验现象。

（提示：有伸小腿现象用"＋"表示，无则用"－"表示）

状态 \ 次数	1	2	3	…
腿部放松				
腿部绷紧				

(2) 分析：分别在腿部放松与腿部绷紧的状态下叩击同样部位，观察到的现象是否有差异？为什么？

（3）结论：我得到的结论是＿＿＿＿＿＿＿＿＿＿＿＿＿＿＿＿＿＿＿＿

3. 思考讨论

婴儿为何不能控制排尿？

八、评析

吕老师的这份教学设计要素齐全，思路清晰，学情分析全面，教学目标明确、具体，教学环节完整，内容翔实，信息技术应用合理，是一份规范的、值得借鉴的教学设计。

本节课以膝跳反射实验引入新课，在激发学生学习兴趣的基础上为后续学习活动的开展埋下伏笔。通过列举生活中反射活动的实例，引导学生逐步构建反射的概念，并联系生活实际，体会反射是神经调节的基本方式。以设问"在膝跳反射中，刺激怎样转换成人体的反应呢？"启发学生深入思考，通过视频播放、体验分析等教学活动，将神经冲动的传导过程展现在学生面前，化静为动、化抽象为形象，增强学生的感性认识，使枯燥乏味的生理过程变得直观生动，学生通过多媒体技术所呈现的情境进行联想、观察和思考，尝试运用类比的方法推测出反射弧的结构组成，分析膝跳反射的机理。通过病例分析，体会组成反射弧的五个部分缺一不可，并通过看图分析活动，关注日常生活中保护自身安全的方法，进一步落实学科的育人目标。最后通过学生体验活动，比较并分析实验中出现的现象差异，体会高级中枢的调控作用。这一系列教学活动的设计充分体现了吕老师对学科教学的理解，教学活动从学生的日常生活出发，与学生的经历和经验相联系，注重学生的亲身体验，通过实验、讨论、探究等为学生提供了更为广阔的学习空间，适时地引导学生设疑、质疑、释疑，使学生在兴趣盎然中获得更多发展潜能的机会，助推学生在学科思维、实践能力和情感态度价值等方面的发展。

（梅守真）

初中《基因与遗传规律》

上海市江宁学校 朱 沁

一、设计思路

本节课是《生命科学初中第一册(试用本)》(上海教育出版社)第2章"人体生命活动的调节"第3节"基因与人体性状"中关于基因与染色体相关内容的第3课时。第3节的教学内容与教材中前面所学内容没有直接关联,又比较抽象,所以是章节的教学难点。

学生在第3节的前面2个课时中,学习了染色体的结构,了解了人体染色体数目,知道了染色体、DNA、基因的关系,有一定的知识基础,但是对于遗传规律这个难点,传统的教学方式是以教师讲解为主。现在利用多媒体技术,可以将基因和遗传规律等相关需要教师讲解的知识点,制作成微视频,上传到邮箱,学生在课前可以下载自学,根据自己的实际情况选择观看遍数,或者截取其中某一个片段反复学习。学习中遇到的问题可以通过同伴之间的相互讨论解决,对于无法解决的问题,可以进入课堂后重点讨论。

在课堂中,教师组织学生通过网络搜索、教师指导甚至是专家教师在线答疑等各种途径学习,帮助学生了解遗传规律,解决这个难点问题,提高学习的有效性。这些学习方法在传统教学中都会受到时间的限制,而现在提供给学生思考的时间和空间,感受多媒体技术给学习带来的乐趣,不仅让学生掌握了知识,而且更重要的是掌握了一种学习方法,提升了生命科学的学科素养。

二、教学目标

1. 知道基因在染色体上,基因控制性状。

2. 经历自己和双亲的几种遗传性状的调查,感受遗传研究的比较法。

3. 体悟遗传是有规律的。

三、教学重点和难点

(一)重点

基因控制性状。

(二)难点

遗传是有规律的。

四、教学准备

1. 微视频《什么是基因》(教师编辑)。

2. 微视频《遗传规律》(教师自制)。

3. 学生学习使用"学生笔"。

4. 学生了解 PAD 中与课堂学习相关的程序。

五、教学过程

教学内容	教师行为	学生行为	教学说明
预学习——相对性状	1. 编制《自己和父母相对性状的调查表》 2. 指导学生完成调查表	完成《自己和父母相对性状的调查表》	知道自己和父母的相对性状,为学习基因控制性状以及统计遗传规律打好基础
预学习——基因、遗传规律	1. 编辑视频《什么是基因》并上传到公共邮箱 2. 制作视频《遗传规律》并上传到公共邮箱 3. 了解学生自学反馈,针对学生不能解决的问题制订相关的学习方法	1. 下载并自学,了解基因和遗传规律的相关知识 2. 结合自己的实际情况与同伴讨论	通过媒体,让学生自学相关知识,通过同伴互助解决一些问题,并带着问题进入课堂

（续表）

教学内容	教师行为	学生行为	教学说明
由预学习内容引入课题	1. 从预学习后学生提出的问题出发，汇总介绍数据 2. 从学生提问中，提炼9个核心问题并归纳出三个大类： （1）基因 （2）遗传规律 （3）综合	了解同伴们在预学习以后的各种问题，结合自己的情况思考解决问题的方法（学生提出了116个问题，去掉重复的、不真实的还剩下54个问题，经过归类整理，老师梳理出了9个亟待解决的问题和6个综合性的拓展问题）	教师在课前要了解哪些知识学生通过自学和同伴互助可以掌握，哪些问题是难点，必须在课堂中讨论
基因	显示学生的5个问题，并针对问题播放视频。为学生提供各种途径自主学习 1. 学生关于基因的问题如下 （1）什么是基因？ （2）基因有什么作用？ （3）基因由什么组成？ （4）基因与性状有什么关系？ （5）什么是显性基因和隐性基因？ 2. 提供学习途径 （1）相关网页搜索 （2）教师现场指导 （3）课堂外专家答疑（建立一个聊天群） 课堂讨论以后，利用各种形式的反馈练习，帮助学生循序渐进地理解、掌握知识	通过教师展示的5个问题，知道本节课需要学习的知识点 1. 观看视频，了解基因的知识，为后面的自主学习作铺垫 通过课前预学习，有个别学习能力强的学生可以先举手发言，交流自己对这些问题的观点 接着，学生选择合适的方法自主学习并继续尝试解决5个问题 2. 课堂讨论 3. 反馈练习	利用网络和多媒体设备，提供多种学习途径，让学生根据自己的喜好和能力，提高学习的有效性 运用教师指导，专家在线和资料收集的方法，开阔学生学习的思路 这个环节的学习过程体现了学生的主体地位，学生选择自己喜欢的方式来学习，尊重学生个体间的差异。但是，教师在课堂指导中要多关注那些需要同伴互助的学生，帮助他们了解最基本的知识点
遗传规律	显示学生的几个问题，例如 1. 有哪些遗传专家？ 2. 微视频中只有孩子与父母相同的遗传图解，那么孩子与父母都不同的遗传图解呢？ 3. 血型可以用遗传图解来解释吗？ 利用不同教学方法，帮助学生解决以上3个问题 1. 视频介绍两位遗传学家 2. 展示图片，帮助学生讨论	通过教师展示的几个问题，知道本节课需要学习的知识点 1. 观看视频，了解孟德尔和摩尔根的生平 2. 通过图片的学习，归纳出子女与父母的相对性	介绍遗传专家的生平资料，学生可以体验到科学家为研究遗传规律，不断进行实验的艰辛，体会到他们的努力为后人带来的累累硕果，我们要把这些精神化作学习的动力，将来也能造福人类 与传统教学方法比较，利用"学生笔"的多媒体技术，大大提高了统计的效率，教师可以对学生的反馈情况一目了然，进行有效指导

（续表）

教学内容	教师行为	学生行为	教学说明
	并得出结论，了解不同的遗传规律。 指导学生根据三种遗传规律重新分组（性状与父母双方相同的为一组；性状与父母一方相同的为一组；性状与父母双方不同的为一组） 3.　遗传图解 （1）统计《自己和父母相对性状调查表》，请学生交流完成调查表以后的想法 （2）调查表统计出的三种情况，可以通过遗传规律来解释 （3）指导学生一起利用多媒体"学生笔"选择 （4）指导学生书写自己小组的遗传图解 （5）师生一起讨论遗传图解	状的三种情况： （1）子女与父母双亲都相同 （2）子女与父母一方相同 （3）子女与父母双亲都不同 3.　选择几项相对性状统计调查结果，根据三种情况重新分组；尝试书写基因型和性状；在教室周围的电脑中书写遗传图解；全班讨论	学生利用电脑触摸屏直接书写遗传规律，同步直观地显示在教室屏幕上，师生都可以及时看到自己小组和其他小组的学习情况 　　这个学习过程中，教师可以巡视指导学生，学生也可以同时在线提问专家，充分给学生思考、讨论、学习的时间和空间 　　设计探究人类的血型遗传图解，学生兴趣非常浓厚，不仅可以推测自己和父母这两代人的图解，还可以加入祖父母、外祖父母三代人，学生通过基因的表现型感受到了生物遗传的各种规律，同时也了解了基因决定性状的重要知识
综合	出示学生提出的综合问题 1.　变异 2.　染色体和 DNA 3.　转基因工程 4.　人类染色体序列 5.　返祖现象 6.　克隆 让学生根据自己掌握的学习方法，课外继续探究问题	了解问题，激发兴趣	让学生了解人类关于遗传的研究从来没有停止过，这里还有许多需要进一步研究的问题，激发学生对生命科学的学习兴趣，同时让学生知道科学知识源于生活，服务于生活，现在学习储备各种知识是为了将来让自己成为一个能为社会作贡献的人才。我们要提升自己的科学素养，了解生命，尊重生命，热爱生命
小结	遗传学的知识有趣而丰富，通过这一堂课，我们初步认识了基因，了解了遗传规律，但是，正如我们所看到的，许多遗传现象还等着我们去进一步揭开它们的神秘面纱，希望同学们能够认真学习，将来为科学事业贡献自己的一分力量		
作业	基础作业：完成练习册 提高作业：选择自己有兴趣的遗传知识，完成一份研究学习小论文		

六、评析

朱老师的这份教学设计在教学方式上做了积极的尝试：采用了"翻转课堂"教学模式，课前学生自学教师录制的微视频，提出自己的疑问并网上留言。课堂上师生共同梳理学生提出的问题并进行归类，提炼出本节课要解决的核心问题，并通过网络搜索、教师指导、专家在线答疑等途径帮助学生解决这些问题，在学生的提问与教师的解答中，有效达成教学目标。

与传统课堂相比，翻转课堂赋予学生更多的学习自由，学生可以根据自身情况来安排和管理自己的学习进度，观看视频的节奏可以自己把握，可以反复观看或停下来思考和记笔记。翻转课堂增加了课堂学习中的互动，学生可以提出自己的问题和想法，与教师和同伴交流，从而获得学习上的主动权。朱老师正是在这种理念的引领下来精心设计这节课的。在这节课中，朱老师制作了两个微视频《什么是基因》和《遗传规律》，对相关知识进行梳理，帮助学生自学"基因与遗传规律"等相关的基础知识，确保课前学习有效、深入地进行。课堂上师生有针对性地解决了几个核心问题，如：基因、基因与性状的关系等，留出充裕的时间以保证师生、生生之间的沟通和交流，引发思维的碰撞，将问题讨论引上更深层次，从而深化学生的认知。当然我们也应理性地看到翻转课堂中出现的一些问题，如：学习环境未必支持、教师未必胜任、学生未必适应等等，这是一种挑战，本教学设计体现了朱老师大胆尝试、勇于挑战的精神。

若能在教学设计时，对课程标准的要求和教材内容的分析再透彻一些，对教学环节中的细节问题表述得更具体、清晰一些，则不仅可以提高教学设计的规范性，而且更有利于其他同行学习借鉴。

（梅守真）

初中《观察和解剖鲫鱼》

上海市辽阳中学　凌秀梅

一、设计思路

　　"鲫鱼的观察和解剖"是《生命科学初中第二册(试用本)》(上海教育出版社)第4章"生物的类群"第2节"动物"中的一个实验,是初中学生最感兴趣的实验之一。该实验取材方便,操作性强,成功率高。但是在实践中发现整个实验的过程容易出现如下问题:教师往往将教学重点放在如何顺利操作上,而忽视引导学生思考为何这样操作;学生往往急于解剖而忽视对鲫鱼外形的观察及对鲫鱼结构和功能如何相适应等问题的思考,这当然和老师的教学设计及课堂管理密切相关。再如,在解剖鲫鱼前应该如何对鲫鱼进行处理才能减少它的痛苦?解剖的时候之所以只去除一侧的体壁进行观察,是为了遵循解剖的原则,在能看清结构的前提下,尽可能使创伤面最小,不破坏其内部结构。诸如此类关于学科德育方面的问题也是本节课中值得老师和学生共同思考的。结合学校"抑讲扬学"的要求及本节实验课的特点,通过演示实验、组织小组合作、设计学生任务单等方式,力求在老师有效的引导下给学生充分自主学习的机会。

二、教学目标

(一)知识与技能

1. 观察鲫鱼的外形特点,知道其与水生生活相适应的形态特点。
2. 观察鲫鱼的内部结构,知道各器官的分布和功能。
3. 初步学会解剖鲫鱼的技能。

（二）过程与方法

通过分组实验、讨论交流等方法，理解鲫鱼形态结构与其水生生活相适应的特点。

（三）情感态度与价值观

1. 逐步形成生物体的结构与功能相适应，生物与环境相适应的生物学观点。
2. 学会尊重生命、关爱生命。

三、教学重点和难点

（一）重点

1. 初步学会解剖鲫鱼的基本方法。
2. 知道鲫鱼的外部形态特征和内部器官分布。
3. 理解鲫鱼的形态、结构和其水中生活相适应的特征。

（二）难点

1. 鲫鱼的解剖和内部器官的观察。
2. 理解鲫鱼的形态、结构和其水中生活相适应的特征。

四、教学准备

鲫鱼、蜡盘、解剖剪、镊子、解剖针、放大镜、铁丝、纱布、吸水纸、修改的实验报告单。

五、教学过程

教学内容	教师行为	学生行为	教学说明
引入——播放有关鱼类的视频	提出问题：视频中的生物属于哪一类群？你对这类生物的生活习性了解多少？	思考并回答老师的问题	学生在日常生活中对鱼类有一定的了解，但他们所了解的鱼类知识有些是正确的，有些可能并不正确。了解学生的前概念有利于有的放矢地调整教学内容及教学进度，提高教学效率

（续表）

教学内容	教师行为	学生行为	教学说明
实验任务一——观察鲫鱼的外形	1. 我们通过观察鲫鱼,来认识鱼类的形态结构 观察鲫鱼应该按照什么顺序? 2. 指导学生观察鲫鱼的顺序:由前往后、由上往下、由表及里 3. 布置观察任务 需要观察的内容有鲫鱼的体形、体色和头部器官,包括眼、鼻、鳃盖等 鳞片的排列方式,鳞片上的小孔连成的侧线 运动器官鳍,偶鳍和奇鳍的区分 具体观察内容参照学生实验报告 4. 组织学生讨论鲫鱼的外部特征是怎样与其水生生活相适应的	1. 思考并回答老师的问题 2. 以小组为单位,按照老师下发的实验报告的要求,按照一定的顺序观察鲫鱼的外形 3. 思考鲫鱼的外形特征是怎样与水生生活环境相适应的	修改练习册上的实验报告,使之更符合学生的年龄特点和认知规律 让学生参考实验报告,有目的地、有序地开展实验,避免盲目性。 组织学生讨论鱼类的形态与生活环境的适应性,有利于学生理解生物与环境相适应是普遍存在的,帮助学生理解生命科学的基本原理
实验任务二——观察鲫鱼的内部器官	提问:解剖鲫鱼前应该对鲫鱼如何处理才能减轻它的痛苦? 取活鲫鱼放在40℃温水中处死,5 min后取出 演示解剖鲫鱼的过程 提问:解剖鲫鱼的基本过程有哪些? 要使实验成功,需要注意哪些细节问题? 强调细节:剪刀头应向上挑起并分析原因	1. 思考并讨论老师提出的问题 2. 观看并复述解剖鲫鱼的过程,归纳解剖鲫鱼的要点 3. 分小组解剖鲫鱼,填写实验报告	课前,听说要解剖鲫鱼,很多学生都感到十分残忍,有的同学还提出了"鲫鱼会不会痛"之类的问题。为了解除同学们的疑虑,在解剖前讨论如何善待动物是十分有必要的,这也是开展学科德育的一个方面 实验前做好充分的准备是保证实验成功的关键 讨论实验细节并明确原因,保证实验的顺利开展 分组解剖,有利于小组成员分工合作,取长补短
小结——交流与分享	组织学生进行实验的交流和总结	1. 每个小组将解剖的结果以照片的形式上传到教师电脑 2. 交流实验结果及成功经验	通过照片展示的形式让学生分享实验的结果照片也可以作为教师评价的依据 通过交流的过程分享实验结果,便于总结成功经验和失败教训
作业	1. 完成实验报告 2. 学生自评和互评		

六、实验报告

《观察和解剖鲫鱼》实验报告

实验名称			《观察和解剖鲫鱼》		
报告人		日期		班级	学号
（共 30 分，每项 10 分）	自评 30％	互评 30％	师评 40％		总评
认真参与实验			实验报告完成情况		
实验方法正确					
善于和同学合作					

实验目的：

　　1. 知道鲫鱼的外形特点，知道其对水生环境的适应。

　　2. 知道鲫鱼的内部结构，加深理解其各器官的功能。

　　3. 初步学会解剖鲫鱼的技能。

材料与器材：

　　鲫鱼、蜡盘、解剖剪、镊子、解剖针、放大镜、铁丝、纱布、吸水纸、修改的实验报告单。

实验步骤：

　　1. 观察鲫鱼的外形。

　　2. 剪去鲫鱼一侧的体壁，观察鲫鱼内部器官。

　　3. 思考鲫鱼的结构是怎样与其生活环境相适应的。并将观察结果及时记录在表格中。

观察	记录	功能
1. 体形：看一看鲫鱼身体呈什么形状？	鲫鱼的身体呈_____形	这种体形有利于_____
2. 体色：比一比背部和腹部的颜色深浅	鲫鱼的身体呈_____色，且背部的颜色较_____（深/浅）	这样的体色有利于_____
3. 体表：摸一摸体表鳞片，有什么感觉？		

（续表）

观察	记录	功能
4. 鳍：数一数鳍的数目,鳍的数目是偶数的叫偶鳍,鳍的数目只有一个的叫奇鳍	胸鳍____个 背鳍____个 尾鳍____个 腹鳍____个 臀鳍____个	水中运动、保持平衡
5. 鼻孔：用解剖针插入鲫鱼的鼻孔,是否是通的?	鲫鱼的鼻孔是____(通/不通)的	由此可知,鲫鱼的鼻孔____(有/没有)呼吸功能
6. 侧线： (1) 找一找鲫鱼身体两侧的一条线状构造,用镊子取侧线上一片鳞片,用放大镜仔细观察上面是否有小孔? (2) 用红色笔画出侧线分布图	(1) 小孔：_____(有/无) (2)	感知水流方向
7. 解剖鲫鱼：按照下图1、2、3的顺序剪去鲫鱼的一侧体壁,观察内部结构 	将观察到的内部结构填写在下图的方框内：鳃、鳔、心脏、肝脏、胰脏、肠,并将这些名称粘贴于鲫鱼的相应位置 	
8. 鳃：用镊子取下一片鳃,观察颜色、形状及其特点;将它放置于装满清水的烧杯中,观察鳃丝	颜色：____形状：____形 鳃在水中分散开,它是由许多丝状的鳃丝组成的	鳃丝在水中展开,从而能从水中获得充分的____
9. 鳔：去除生殖腺,观察鳔的颜色、个数、特点	鳔是_____色,由前后____个_____状的结构组成,里面充满_____	
10. 消化道：用镊子将鲫鱼的消化道整理出来		
11. 生殖腺：观察鲫鱼的生殖腺有什么特点?你观察的鲫鱼是雌性还是雄性?		

七、评析

凌老师的这份教学设计目标明确具体,教学环节完整。围绕如何观察和解剖鲫鱼,设计了"观察鲫鱼的外部形态"和"解剖鲫鱼并观察其内部器官"两个实验任务,帮助学生理解鲫鱼形态结构与其水生生活相适应的特点,初步形成生物体的结构功能与环境相适应的生物学观点。

本实验是初中学生第一次接触活体动物解剖的实验,学生或有极大的兴趣或有畏惧的心理,如何让学生在实验与心理上找到一个平衡点,养成科学对待实验动物的态度,是本实验首先要解决的问题。凌老师在教学设计中充分考虑到这一点,在解剖前让学生思考"对鲫鱼进行怎样的处理,才能减轻其在解剖中的痛苦",组织学生讨论如何善待动物;解剖时强调解剖鲫鱼的技能与方法,关注实验细节;解剖后组织学生按照一定的顺序观察鲫鱼,并做好观察记录,使学生在获得实验方法与技能的同时,也获得情感态度与价值观的教育,体现生命科学学科独特的育人功能。

作为一节实验教学课,本教学设计中"观察鲫鱼的内部器官"这个环节设计得过于简单,解剖鲫鱼后观察哪些结构?怎样观察?这些问题需要教师一一点拨,仅靠"填写实验报告"恐怕很难落实教学目标;对学生活动中的一些问题的讨论也应有所预设,以增强可操作性。

(梅守真)

初中《生物与非生物环境的关系》(第 2 课时)

上海市丰庄中学　陆燕凤

一、设计思路

　　"生物与非生物环境的关系"是《生命科学初中第二册(试用本)》(上海教育出版社)第 5 章的重要内容,学生在学习了生物的类群基础上继续学习生物与其生存环境之间的联系。通过上节课,学生已经认识到非生物环境有哪些因素及非生物环境对生物的影响,也产生了疑问:生物会不会对环境造成一定的影响呢? 如果环境改变,那么生物能不能适应变化的环境? 因此学生对本节课有一定的主动探究意识。教学中就抓住这一点,将整节课设计为一个探究实验,旨在促进学生积极主动地获取生物科学知识,体验科学过程与科学方法,形成一定的科学探究能力,培养学生的创新精神。同时,通过本节课的学习,让学生体会、感悟生物与环境的关系,并有意识地渗透保护环境、尊重生命、关爱生物的教育。

二、教学目标

(一)知识与技能

1. 知道生物对环境的适应和影响。

2. 知道生物的保护色、警戒色和拟态等适应现象及其意义。

(二)过程与方法

1. 描述生物的保护色、警戒色和拟态,感受生物对环境的适应。

2. 进一步尝试科学探究的科学方法。

（三）情感态度与价值观

1. 初步形成生物的形态结构、生活方式与环境相适应的观点。

2. 关注生物生存的环境。

三、教学重点和难点

（一）重点

描述生物对环境的适应性和影响。

（二）难点

初步形成生物的形态结构、生活方式与环境相适应的观点。

四、教学准备

多媒体课件、学生收集的相关文字和图片资料。

五、教学过程

教学内容	教师行为	学生行为	教学说明
引入	展示：草原上的马群图片 提问：生活在草原上的马会受到哪些因素的影响？	回忆，思考，回答	复习上节课所学，激起学生的疑问
提出问题	生物会不会对环境造成一定的影响呢？如果环境改变，那么生物能不能适应变化的环境？	产生疑问，从而产生探究欲望	进入探究的第一环节
做出假设	引导学生做出合理假设	假设生物能适应环境并对环境有影响	明确探究目的
制订计划	启发学生运用适当的方法论证假设	展示所准备的资料	明确探究方法，激发学生的参与意识

（续表）

教学内容	教师行为	学生行为	教学说明
实施探究——生物对环境的适应	1. 播放视频：沙漠之舟——骆驼 提问：它们能否适应环境以及如何适应？ 图片展示：长颈鹿、鲸、企鹅 提问：它们能否适应环境以及如何适应？ 2. 提问：动物还通过哪些本领来适应环境呢？ 3. 展示：稻田上的蝗虫图片，猜一猜这块稻田上有几只蝗虫 播放视频：展示稻田上蝗虫活动 提问：刚才你们为什么说是四只呢？ 及时小结：蝗虫就用这种方式来迷惑敌人，这叫保护色 4. 展示：枯叶蝶图片 提问：图片上有几片枯叶？分别在哪？指出枯叶蝶的位置，问是否是枯叶 小结：拟态 5. 展示：毒蛾幼虫、金环蛇等图片 提问：保护色和拟态都是动物的隐身术，但这些动物为什么颜色如此鲜艳？如果它会讲话，你认为它会说什么？ 小结：这叫警戒色 6. 提问：植物有什么特殊的本领呢？ 播放视频：仙人掌 7. 归纳：每一种生物都具有与其生活环境相适应的形态结构和生活方式，生物的适应是普遍存在的 8. 提问：生物是否能绝对适应环境呢？ 9. 阅读"信息库"（爱"打扮"的雷鸟） 10. 师生共同总结：生物的适应是普遍存在的，但适应也具有一定的相对性	1. 结合课本"你知道吗"（骆驼为何能成为沙漠之舟），小组讨论、分析并回答 2. 思考 3. 反应激烈，回答："一只""两只""四只"… 发现竟然有五只 回答：有的没看出来 4. 努力观察、辨别 5. 齐答：别碰我，我有毒 6. 思考、观察、分析 7. 听讲 8. 积极思考，找证据 9. 分析：雷鸟能否总是适应环境？ 10. 深入理解	提高学生分析问题的能力 得出结论：动物能适应自己的生活环境 过渡到动物的其他适应性特点上 教师不作回答，请学生充分观察 视频资料明确显示答案通过对比，加深学生的印象，有力论证了"生物能适应环境" 区别保护色和拟态，丰富对生物适应环境的认识 形象地揭示出警戒色的含义，利于学生接受 过渡到植物对环境的适应 引发进一步思考 通过阅读分析，得出"适应具有相对性"的结论 得出结论：生物能适应环境，但只是相对适应

(续表)

教学内容	教师行为	学生行为	教学说明
实施探究——生物影响环境	1. 提问：生物的活动会不会对环境造成一定的影响呢？ 比如植物在哪些方面会影响环境？ 指导各小组讨论以下问题，引导学生互相答疑 （1）你认为植物对气温会有什么影响？如何才能知道是否有这样的影响呢？ （2）你需要哪些材料用具？ （3）对测量环境有什么要求？你认为只测植物丛中的温度可不可以？为什么？ （4）只测一次可以吗？ （5）如中午在绿地内测出了三组数据，应如何处理这些数据，应取最大值、最小值还是平均值？ 2. 指导学生利用收集到的资料分析动物对环境的影响 3. 归纳：在生物与环境相互作用的漫长过程中，环境在不断改变，生物也在不断进化，适应环境。生物与环境的相互作用造就了今天欣欣向荣的生物圈 4. 你认为生物圈中对环境影响最大的动物是什么？ 视频：乱砍滥伐、大气污染、捕杀野生动物……	1. 回答：净化空气、除尘、消除噪声、调节气温…… 小组热烈讨论，相互解答疑问 2. 分析资料，同学间交流 3. 听讲 4. 答：人类 学生看到以上情境，表现出愤慨	过渡到本节第二个问题，并引出"探究植物对气温的影响"的课题 解决疑难，利于课后探究 学会合作学习 反思：我们应当怎么做？引导学生思考：作为学生，我们应当从小学习如何规范自己的行为，从一点一滴做起，爱护环境，"关爱环境是现代人的美德"，进行环保教育
小结	再次展示本节的假设，启发学生得出结论	答：生物能适应环境，并对环境造成影响，生物与环境是一个统一的整体	完成探究
作业	调查探索我们学校的生物与环境，可对你感兴趣的问题进一步探索，写一篇小论文《我们校园的生物与环境》		

六、评析

初二学生对生物的适应现象并不陌生,但对适应的认识大多是零散的、不全面的,需要教师对具体的实例作详细的分析和概括。《生物与非生物环境的关系》(第2课时)教材内容主要包括"生物对环境适应的普遍性"和"生物对环境适应的相对性"两部分,课程标准对该部分内容的学习水平要求为A级,强调生物与环境之间的密切关系。

陆老师在教学设计中,关注了三维目标的设计。教学过程中精选了很多视频、图片等教学资源,以增强学生的感性认识,运用具体实例引导学生感受生物对环境适应的普遍性和相对性。同时将生命科学知识和环境教育有机结合,唤起学生的环保意识,从而引导学生关注生物生存的环境,懂得保护生物生存环境的重要性。

陆老师在教学设计中不拘泥于教材的限制,拓展了"生物影响环境"这一教学内容,设计了小组讨论环节,围绕一系列问题的讨论,力图让学生了解科学探究的过程和方法,培养学生的探究意识和探究能力,也为学生课后的探究提供支持。

建议在教学设计时,首先要关注课程标准的学习要求,在教材内容分析和学情分析的基础上确立教学难点,教学过程设计应突出教学重难点的突破,体现教学目标、教学过程的一致性;此外本教学设计的容量偏大,若在1课时内完成,则可能会影响教学目标的落实。

(梅守真)

高中《生物催化剂——酶》

上海市松江一中　顾巧英

一、设计思路

本节是《生命科学高中第一册(试用本)》(上海科学技术出版社)第4章"生命的物质变化和能量转换"第1节"生物体内的化学反应"第2课时的内容,《上海市中学生命科学课程标准》中规定"酶"这一内容为B级要求。学生在第1课时中学习了新陈代谢的概念以及生物体内化学反应的基本类型,已经了解了每时每刻都在进行的新陈代谢实际上是通过一系列有序的化学反应完成的,而且这些化学反应与无机反应相比是极其复杂的。那么是什么保证了这些化学反应的正常进行呢? 本节课试图通过酶的高效性实验让学生体会到生物催化剂的魅力,为后面学习光合作用和呼吸作用做好铺垫。为了使学生的学习基于情境并且来自真实的生活情境,教学将围绕多酶片展开。

学生已有的学习基础:第一,学生在前两个主题中已经对生命的物质基础和结构基础有了一定的认识,具备了学习新内容的认知基础;第二,学生已经对无机化学催化剂有了一定的了解。可能遇到的问题:第一,在探究酶的高效性实验中,第一次经历完整的对照实验设计,有部分学生可能因为没有对照的思想,而在实验设计环节遇到困难,在实验操作环节,学生会因为不明晰实验步骤而手忙脚乱;第二,探讨为什么温度与pH能够影响酶活性,要从酶的化学本质出发思考这个问题,估计部分学生会遇到一定的困难。

本节课有2条线索,明线为对药物多酶片的认识以及如何正确服用多酶片;暗线为酶的特性、命名、化学本质、影响酶活性的因素、酶发挥作用的场所以及酶的概念和应用。明暗两条线相互交织，一方面学生能够在有意义的情境中学习关于酶的知识，另外一方面能够在一定程度上指导学生如何服用药物。

在知识与技能目标的设计上，本节课的一个核心任务是构建酶的概念。在经过对酶特性、化学本质、影响因素等的学习之后，自主归纳酶的概念，可谓水到渠成。

在过程与方法目标的设计上，通过学生实验探究酶的高效性以及通过对相关资料的分析，得出酶的专一性。

在情感态度与价值观目标的设计上，主要是引导学生感悟之所以生物体内的新陈代谢能够在常温、常压下如此高效、有序地进行，酶作为生物催化剂功不可没。

二、教学目标

（一）知识与技能

1. 理解酶的特性：高效性和专一性。

2. 理解酶的化学本质及影响酶活性的因素，概述酶的概念。

3. 知道酶的命名、酶发挥作用的场所以及酶的应用。

（二）过程与方法

1. 开展"探究酶的高效性"实验。

2. 分析药品说明书中的内容，学习酶的专一性、影响酶活性的因素等内容。

（三）情感态度与价值观

1. 感受实验设计、合作、分享的乐趣。

2. 感悟酶的高效性和专一性保证了生物体内的新陈代谢能够在常温、常压下正常进行。

3. 关注酶在生产和生活中的应用实例，认识生命科学的价值，激发学习科学的热情。

三、教学重点和难点

（一）重点

酶的作用和特性。

（二）难点

酶的专一性。

四、教学准备

多酶片、双缩脲试剂、探究酶高效性实验所需要材料、PPT。

五、教学过程

教学内容	教师行为	学生行为	教学说明
导入	由消化不良需要服用多酶片引入	观看	从学生熟悉的生活事件引入，激发学生的学习兴趣
酶的特性——高效性	1. 由无机催化剂可以催化 H_2O_2 分解引出过氧化氢酶 2. 要求学生设计实验探究酶催化的高效性 3. 进一步明确实验操作步骤及相关注意事项 4. 指导学生实验 5. 分析实验现象 6. 得出酶具有高效性的结论 7. 结合生物体内过氧化氢酶催化 H_2O_2 分解的实例，探讨酶高效性对生物体的意义	1. 听讲 2. 设计实验 预设1：若没有设计对照组，则提示修正 预设2：若设计了无机催化剂的对照组，则表扬 预设3：若还设计了加蒸馏水的对照组，则重点表扬 3. 和教师一起明确实验的基本操作后进行实验 4. 全班交流 预设1：全部小组都观察到了以酶为催化剂的装置使线香复燃了，而以 $FeCl_3$ 为催化剂的装置没有，则说明实验很成功，可顺利得出结论 预设2：若个别小组没有成功则应该帮助他们分析原因	单一变量原则是生物实验设计中的一个基本思想，学生初步接触对照组设置 为了最大限度地减少学生在实验中的盲目性 学生通过动手实验，直观地感受到酶的高效性 通过对实验现象的分析，尤其是一些不成功的现象的分析，使学生认识到科学实验的严谨性 感悟生物体内的化学反应能够在常温、常压下进行，与酶的高效性密不可分
过渡：原来酶有这么高的催化效率，怪不得可以治消化不良。我们继续来看药品说明书			
酶的特性——专一性	1. 播放PPT：药品说明书中的[药理和毒理]部分	1. 得出酶催化的专一性 预设：学生能够根据说明书上所描述的内容做出回答	药品说明书是这节课的明线，第二次用到

（续表）

教学内容	教师行为	学生行为	教学说明
	2. 提问：酶催化具有专一性的原因是什么？ 3. 设问：酶催化的专一性对生命活动有什么意义？引导学生思考：要借助显微镜才可见的细胞中每时每刻都在发生着数百个甚至更多的化学反应，是如何做到的？以光合作用为例说明生物体内的化学反应是一系列酶促反应以人体内黑色素不能正常形成会导致白化病进一步说明酶催化专一性的重要意义	2. 阅读课本相关段落，分析原因 预设：学生能够准确答出，因为书上有原话 3. 边思考，边感悟	培养学生带着问题阅读教材的好习惯 学生能够体会到生命的"巧然天成"和高度有序

过渡：目前人类已经发现并命名的酶有8 000多种，为了研究的方便，我们给酶起了名字。来看看说明书上提到的酶，酶是怎样命名的？

酶的命名	引导阅读	得出酶命名的规律	

过渡：虽然酶的种类如此之多，名字各异，但是它们都被称作为"酶"，是因为它们有共同的化学本质

| 酶的化学本质 | 1. 引导学生思考酶的化学本质
2. 演示实验，证明酶的本质 | 1. 思考，回答

2. 观察现象 | 回顾蛋白质的鉴定实验，通过演示实验中颜色的变化，让学生直观地感受到酶的化学本质 |

过渡：现在我们已经了解了多酶片的很多信息，那么服用此药时还应该注意哪些事项呢？

| 影响酶活性的因素——温度和pH | 1. 给出服药的几个注意事项及部分提示
2. 演示实验：高温煮沸的猪肝匀浆实验组 | 1. 思考，讨论

2. 借助课本图片和老师给的信息分析"为何多酶片不能嚼碎吃？"从而得出pH影响酶活性的结论 | 反复回到说明书，让其成为组织课堂教学的线索部分比较难回答的问题给出了思考的方向，学生容易找到答案，从而体验到学习的乐趣 |

过渡：酶是在细胞内发挥作用还是在细胞外发挥作用？

| 酶的作用场所 | 提问
引导学生思考：大部分酶在细胞内发挥作用，消化酶在消化道内发挥作用，但是在细胞的溶酶体内也有消化酶的生物学意义 | 思考，回答 | 激发学生思考细胞怎样处理好矛盾的普遍性与矛盾的特殊性 |
| 酶的应用 | 展示班级学生使用加酶洗衣粉的调查结果，引导讨论正确使用洗衣粉的方法 | | 应用生活实例，认识生命科学的价值，激发学生学科学的热情 |

（续表）

教学内容	教师行为	学生行为	教学说明
酶的概念		学生自己得出	
小结	新陈代谢是生命的基本特征,是生物体内各种化学反应的总称;而化学反应的正常进行依赖于酶的催化,所以酶对生物体来说是极其重要的		

六、评析

本教学设计分析了教学内容"酶"以及由内容所反映出的学科思想方法,并阐明了核心概念。从教学内容和学情分析方面全面归纳了教学的三维目标。根据教学内容和学生的实际生活,以常用的药物多酶片来创设情境,使学生获得对生活中的酶的感性认识,将所学习的内容"酶的特性、命名、化学本质、影响酶活性的因素、酶发挥作用的场所以及酶的概念和应用"等串联起来,引导学生去探究,激发学生的兴趣、贴近学生的生活,体现了教学的创新和课程的理念。

教学过程环环相扣,并有详细的过渡语。安排的实验设计能够有效地培养学生自主探究和创新能力的发展。对学生学习行为有一定的预设,做到心中有数,临阵不乱,可以充分利用学生课堂生成的资源为教学服务。

建议在教材分析中体现对内容整体的研读,例如栏目内容和图片,与文本内容有什么关系,在教学中如何使用等。

在撰写教学过程的时候,需注重教学流程逻辑性的表述和学生学习方法的显性体现,如组织学生如何分析实验的现象,可以得出什么结果等;还需明确学生作业的内容。

（王生清）

高中《脊蛙反射》

上海市园南中学　赵运高

一、设计思路

生命科学是生命教育的主战场。学生实验"观察牛蛙的脊髓反射实验",是高中生命科学教程中唯一的一个伤及高等动物生命的学生实验,其地位的重要性自然不言而喻。也有不少人觉得此实验很残忍,伤及牛蛙的性命何来生命教育?

脊蛙实验涉及一只牛蛙生命的终结,教学过程中对学生进行合理的引导,使学生理解生命的意义,并理解要发扬为人类的科学研究奉献生命的精神。脊蛙的牺牲让我们懂得身体各个部分对于生命存在的价值,让我们学会保护自己,我们更应该向这些牺牲的牛蛙致敬。

脊蛙反射实验是《生命科学高中第二册(试用本)》(上海科学技术出版社)教材第5章第2节的内容。教材实验中利用脊蛙完成了脊髓反射,并证明了感受器和神经中枢这两部分对反射活动来说是不可缺少的,但是对这只脊蛙的利用尚不够充分。所以设计此课时,尝试在课本实验内容的基础上对实验方案进行改进,通过合理的实验步骤证明反射弧五个部分缺一不可,使学生能更好地理解反射弧结构的完整性是完成反射的基础,从而认识到反射和反射弧结构之间的关系,形成生物体结构与功能相适应的观点,并建立基本的科学探究素养。

脊蛙实验的教学素材是生命科学教程中唯一的一个直面生死存亡的生命教育素材。新的实验方案重在引导学生在充分利用实验材料的基础上自主重新设计实验探究方式,并增加对比实验来加深对反射弧与反射关系的认识,让学生明白我们身体的每一部分包括反射弧的各个部分的存在对于我们完成正常生命活动都是不可缺少的,今后一定要倍加保护我们的身体不受伤害。

二、教学目标

(一)知识与技能

1. 认识反射弧是完成反射的基础。

2. 知道对于完成反射,反射弧五部分缺一不可。

(二)过程与方法

1. 通过对反射弧不同部位进行不同方式的处理,理解反射弧存在的意义。

2. 通过实验设计,培养科学创新和科学实验探究能力,同时提高综合分析判断能力和逻辑推理能力。

(三)情感态度与价值观

1. 学会小组合作和共享实验方案,学会合作学习。

2. 通过实验环节,激发对科学实验研究的兴趣,学会基础的科学实验技能。

3. 通过生命教育,体会生命的意义,感悟生命美育,理解身体各个部分对于生命存在的价值,从而在将来的生活中注意保护好自己的身体。

三、教学重点和难点

(一)重点

认识反射弧的五部分是完成反射活动的基础。

(二)难点

设计实验去验证反射弧各部分对完成反射活动的重要性并实施、评价。

四、教学准备

实验材料:牛蛙、铁架台、剪刀、镊子、解剖针、脱脂棉、0.65%生理盐水(蛙的生理盐水浓度)、0.5%HCl溶液、蒸馏水、小纸片、电刺激器、刺激电极等。

PPT、学案、教案。

五、教学过程

内容	教师行为	学生行为	教学说明
引入	1. 动物在突然接收到伤害信息时会做出怎样的保护反应？这种反应是否需要大脑的协调？ 2. 提问：神经调节的基本方式是什么？其结构基础又是什么？（结合模式图说明各部分功能） 3. 如果它被破坏了是否还能完成调节过程？如何去探究呢？	学生思考回答问题，思考要解决这些问题可以用什么方法，引出脊蛙反射实验	让学生明白，反射活动会让生物趋利避害，使自身能够更好地适应环境
脊蛙实验	1. 脊蛙制备 将牛蛙仰放在台面上→蛙脑感觉到身体不平衡，翻正反射→用解剖剪从口角处插入口腔，沿着鼓膜后缘减去牛蛙的头背部，用 0.65％生理盐水洗净伤口→挂在铁架台上备用 2. 观察曲腿反射和搔扒反射 教师演示曲腿反射（去趾尖皮肤前后）和搔扒反射（捣坏脊髓前后）→观察思考：脊蛙曲腿反射和搔扒反射的反射弧各部分在哪里？破坏皮肤和脊髓对反射会有什么影响？ 3. 分组探究反射弧各部分对完成反射活动的作用 (1) 必须遵循对照原则和单一变量原则，那如何控制单一变量？ (2) 进行分组实验（4 组），通过观察（破坏反射弧某结构前后）现象探究 破坏反射弧其他部分的方式：破坏坐骨神经——从脊蛙后肢大腿肌肉丛找到坐骨神经，并在两端用细线将其结扎，然后从中间部分将其	1. 观察并思考为什么要去除蛙脑？（排除脑对脊髓的控制作用） 怎样才能说明蛙脑已经去除干净了呢？ （仰放在台面上，无翻正反射，说明蛙脑去除干净） 2. 观察实验操作要点，在教师指引下逐一思考脊蛙的曲腿反射和搔扒反射是怎么进行的？ 3. 如何控制单一变量？ 破坏某单一结构前相应反射存在 4. 交流讨论如何破坏反射弧某一结构来加以验证？ 分别破坏感受器、传出传入混合神经、效应器和神	提倡学生大胆设想，培养学生严密的思维方式，对实验设计的科学性、创新性思考要到位 对学生提出的生成性问题也可做必要研究，发挥学生主体作用 为降低难度，教师事先可准备实验报告，根据实验报告的提示，小组商量确定实验步骤

（续表）

内容	教师行为	学生行为	教学说明
	剪断（坐骨神经兼有传入和传出的功能且不容易分离） 破坏效应器——剪断相关肌肉 （3）设计实验：设计合理的步骤，通过一只牛蛙来验证反射弧各部分缺一不可	经中枢来分析反射弧各部分作用 5. 完成实验报告横线填写部分，包括结果预期	合理的实验步骤设计既能锻炼学生能力，又充分利用实验材料，也是对生命的尊重
	实验方案（实验步骤）设计完成后，小组派代表交流，师生讨论评价该方案的可行性，并进行探究尝试（实验成功的关键是破坏脊髓的步骤需放到最后，若有将破坏脊髓放在前面的，则刚好通过分析说明脊髓为多种反射的低级中枢的重要性）		
	（4）实验、记录结果并解释原因 （5）实验结论：教师引导学生对实验结果进行分析得出结论，对假设进行判断	6. 动手实验，观察实验结果，与假设进行对比；思考实验中存在的问题和进一步需探究的问题等 7. 得出结论，体会反射弧结构对反射活动的重要性	
实验小结	对实验过程进行评价，对实验中存在的问题进行说明及更正 对学生进行合理的引导，理解生命的意义，脊蛙的牺牲让我们懂得身体各个部分对于生命存在的价值，让我们学会保护自己，我们应该向这些牺牲的牛蛙致敬	学生交流实验心得 体会我们身体的每一部分，包括反射弧的各个部分的存在对于完成正常生命活动是不可缺少的，今后一定要更加注意保护我们的身体不受伤害	教师总结此实验课的意义——生命教育
作业	1. 习题训练 2. 思考并解释：婴儿尿床→? →截瘫病人尿失禁		

六、板书

实验 5.1 脊蛙反射

(一)反射弧组成:感受器→传入神经→神经中枢→传出神经→效应器

(二)脊蛙实验

1. 脊蛙制备。

2. 观察曲腿反射和搔扒反射。

3. 实验探究反射弧各部分功能。

七、练习

1. 在牛蛙的脊髓反射实验中,若要证明感受器是完成曲腿反射必不可少的环节,下列操作不合适的是(   )

A. 环割后肢脚趾趾尖的皮肤   B. 用探针破坏牛蛙的脊髓

C. 用 0.5%HCl 溶液刺激趾尖   D. 剪去牛蛙的脑

2. (2004 上海高考 35)反射是在神经系统参与下,机体以内、外环境变化做出的应答,有人做了脊蛙反射实验,请分析并回答下列问题:

(1) 实验前须将蛙头部剪去,其目的是_____。

(2) 将浸有 0.5%硫酸溶液的小纸片贴在蛙右后肢下端的皮肤上,可看到_____现象。

(3) 若破坏蛙的脊髓,再重复上述(2)中的操作,可观察到的实验现象是_____,其原因是_____。

(4) 在上述反射活动过程中,兴奋以神经冲动的形式由一个神经元经_____传到下一个神经元。

八、实验报告

实验 5.1 观察牛蛙的脊髓反射现象

实验小组:组长_____ 组员_____ 实验日期:_____

（一）实验目的

通过去脑牛蛙的脊髓反射实验探索脊髓的功能。

（二）材料

牛蛙。

（三）主要仪器和试剂

铁架台、剪刀、镊子、解剖针、脱脂棉、0.65％生理盐水（蛙的生理盐水浓度）、0.5％HCl溶液、蒸馏水、小纸片、电刺激器、刺激电极等。

（四）实验方法

1. 制备脊蛙

剪刀从口角处插入口腔，剪去牛蛙的头背部，用0.65％生理盐水洗净伤口，观察其是否存在翻正反射以确定脑是否去除干净，挂在铁架台上备用。

2. 实验步骤

实验步骤				预期结果	实验现象	解释原因
1. 观察曲腿反射和搔扒反射	（1）右后脚趾进入蒸馏水				无反射	缺少刺激
	（2）右后脚趾浸入0.5％HCl溶液			/	曲腿反射	反射弧完整
	（3）沾0.5％HCl的小纸片贴蛙腹部				搔扒反射	反射弧完整
2. 探究反射弧各部分对于反射活动的作用	（1）破坏_____	破坏前	_____	/		/
		破坏后	_____			
	（2）破坏_____	破坏前	_____	/		/
		破坏后	_____			
	（3）破坏_____	破坏前	_____	/		/

（续表）

	实验步骤		预期结果	实验现象	解释原因
(4)破坏——	破坏后	_____			
	破坏前	_____	/		/
	破坏后	_____			
3. 实验结论					

九、评析

该教学设计对教材的分析和把握透彻、挖掘深入、体现了生命教育。针对学生基础和学生发展性目标,增加了切断坐骨神经后进行实验的内容,来证明反射弧是缺一不可的,使学生通过实验完整地体验知识内容,既符合学科特点,又能激发学生的兴趣,处理方式新颖,有所创新。

三维目标的制订符合课程标准和教学内容的要求;结合学习内容和学生的知识背景来确定重点和难点,适切性强。

教学过程设计安排巧妙,教师先做演示实验,然后引导学生大胆设想,设计实验方案并交流,学生分组实施实验方案,在实验过程中注重学生的生成性问题,并适时加以引导解决。整个实验教学过程思路清晰,逻辑性强,表述详细,不仅引导点拨,而且重视学生的自悟与发现,能反映教师的教学策略以及师生的活动。

该设计中预设了学习有困难的学生在实验设计中可能出现的问题,准备了实验报告作为提示为其提供参考,以便在有限的课堂教学时间中完成教与学。

板书设计简洁、学生的形成性练习完善,实验报告完整。

本教学设计的课容量很大,有演示实验,学生设计实验方案并讨论交流,分组实验和讨论。增加剪断坐骨神经的实验内容,以表示缺少传入和传出神经不能完成反射这个过程,也比较费时间。建议该部分实验由教师演示完成,这样的话,有助于学生设计方案和进行实验,且讨论交流的时间更为充分。

（王生清）

高中《植物生长素的发现》

复旦大学附属中学　赵　玥

一、设计思路

（一）教材分析

"植物生长素的发现"是《生命科学高中第二册（试用本）》（上海科学技术出版社）教材中第 5 章第 5 节"植物生长发育的调节"中的内容。这章节的教学内容安排在"内分泌系统中信息的传递和表达"之后，看似独立，实际具有一定的连续性。学生通过进一步学习植物生命活动的调节方式，能更好地了解动植物调节方式具有的明显区别，也有利于学生对生命系统形成整体的认识。

教材以科学家探索生长素的发现历史为主线，分别介绍科学家们如何通过发现问题—提出假设—设计实验—实施实验的科学探究历程，发现植物向光弯曲的原因、生长素的产生部位和作用部位，以及生长素的运输方式。通过科学发现史的学习，引导学生体验科学家发现生长素的科学探索过程，加深对有关概念的理解，初步学习科学研究的基本方法并感悟科学家们具备的科学素养；通过评价探究生长素运输方式的实验设计和结论，训练学生逻辑思维的严谨性，培养学生如何根据已知的知识、给定的事实和条件，归纳相关信息，并对自然科学问题进行逻辑推理和论证，得出正确的结论或做出正确的判断。同时引导学生学会依据科学实验的要素来分析实验设计的严密性，提出改进意见，运用科学探究的一般方法。

（二）学情分析

学生已学习了本册教材中"生物对信息的传递和表达""神经系统中信息的传递和表达"以及"内分泌系统中信息的传递和表达"等相关内容及动物激素对生物

体的调节方式和意义,这些知识积淀对学生进一步探究植物激素的调节方式有一定的帮助。同时,学生通过生命科学第一册的学习,基本掌握了科学探究的一般方法,具有一定的生命科学学科素养,这也将有利于学生更好地探究"生长素的发现过程"。此外,复旦附中的学生具有较强的学习能力,并具备一定的思维水平和语言表达能力,这为教师在本节课中开展学生探究性学习、提出大胆的实验猜想、设计并改进实验设计等教学环节提供了有利的教学保障。

(三) 基本思路

本节课是以科学家探索生长素的发现历史为主线,并将科学家的探索实验和科学的实验方法贯穿于整堂教学内容中。

首先,教师以在日常生活中植物向光性的现象作为问题引入,在课前引导学生提出"植物向光性原因"的大胆猜想,激发学生对本节课学习内容的兴趣。在课堂上,先请学生交流、分享实验设计的初步方案,教师再介绍达尔文对植物向光性研究所提出的假设、实验设计和实验假说,引导学生跟随达尔文的科学探究的历程,讨论实验设计的成功因素,并初步学会如何根据实验结论提出实验假说。根据达尔文父子提出的假说:"胚芽鞘尖端受单侧光刺激后,就向下传递某种影响,造成植物向光弯曲生长",引导学生思考:"怎么证明这种影响是从胚芽鞘尖端传递到尖端以下部位的?"通过学生的讨论和回答,引出鲍森·詹森的验证实验。接着,教师继续追问:"这种影响与光照有关吗? 这种影响是如何使胚芽鞘弯曲生长的呢?"激发学生探究的积极性,并引出拜尔的验证实验。随后,教师进一步提问:"你认为这种影响会是什么? 科学家会如何进一步探究呢?"引导学生进一步探究这种"影响"的实质,从而引出温特的实验及生长素的命名等相关知识。植物生长素的探索历程经历了 50 多年,在课堂上,教师通过层层递进的"问题串"形式,激发学生对植物生长素的探秘,并通过"生生互动"和"师生互动"的形式,解开生长素的奥秘。同时,在学生探究性学习和探索科学发现史的过程中,初步学会科学实验设计的基本思维和研究方法,这为接下来评价实验设计和结论奠定基础。其次,学生在课堂上经历科学家们对"生长素发现史"的一系列探索实验,感悟科学家们善于观察日常生活中熟视无睹的植物向光性现象并设计实验来研究,经历一代又一代人的探索,才能一步一步接近事实真相的科学探究的精神。

接着,教师通过出示"单侧光引起生长素分布不均匀的假说"以及"关于植物向光性原因的争议"等资料,激发学生进一步思考"生长素对植物向光弯曲原理"。由于有关植物向光性原因的探究还在继续,因此教师可以通过学生的讨论和思考,引导学生体会科学往往就在类似这样的争议中不断发展和前进,让学生明白如何客观、理性地思考和探究客观真理。

然后,教师通过教材"技能训练"环节,让学生通过评价实验设计和结论来体会、运用本节课学习的科学实验设计思维和方法。同时,引导学生学会如何严密地设计实验,如何从实验结果推理出结论,培养严谨的科学态度,并能初步学会如何对实验方案进行改进。接着请学生通过对实验设计的改良来总结、归纳生长素的产生、运输和分布。

最后,教师先请同学总结、归纳本节课的学习重点,接着提问:"你认为成为一名科学家必须具备哪些条件呢?"激发学生对于科学家科学思维、科学素养和科学探究精神的深入思考,感悟科学家的探究精神和不断研究的科学态度。

二、教学目标

(一)知识与技能

1. 知道植物生长素的发现过程。
2. 理解发现生长素的过程和方法。
3. 初步学会实验设计的方法。

(二)过程与方法

1. 通过对科学实验材料的分析,经历植物生长素的发现过程。
2. 通过阅读补充材料和文字,感受科学是在争议中不断发展的。
3. 通过评价实验设计和结论,初步学会科学探究实验的一般方法。

(三)情感态度与价值观

1. 体会植物激素对其生命活动调节的意义。
2. 感悟科学家追求客观真理、科学探究和不懈探索的精神。

三、教学重点和难点

（一）重点

生长素的发现过程。

（二）难点

1. 探究生长素发现过程的实验方法。

2. 科学实验设计严谨性分析。

四、教学准备

多媒体课件、教材。

五、教学过程

教学环节	教师行为	学生行为	教学说明
引入——出示植物向光性图片	请学生根据已完成的预习学案《植物生长素的发现》，引导学生提出植物向光性原因的猜想 	根据预习的结果在课堂上大胆猜想导致植物向光弯曲的原因	采用课前预习的形式可以给予学生充分思考的时间，同时也有利于激发学生的学习兴趣，培养学生发现问题、提出假设的科学思维方法，并提高教学效率
生长素发现史探究	1. 与达尔文一同思考 介绍达尔文父子的实验材料：金丝雀虉草 	1. 了解达尔文实验设计的方法，如设置对照实验等基本的实验方法，明白他提出的假说并思考这种影响如何传递到下部	教师带领学生经历科学家对于探究植物生长素的一系列实验，引导学生初步学会如何根据实验结论提出实验假说；通过"问题串"激发学生探究的积极性，通过实验探究活动，初步学会科学探究

（续表）

教学环节	教师行为	学生行为	教学说明
	出示"达尔文的实验示意图" 提问：(1)"为什么要分别遮盖胚芽鞘尖端和它下面一段呢？胚芽鞘弯曲生长的是哪部分呢？感受单侧光刺激的又是哪一部分？你怎么解释这一结果？" 2. 与鲍森·詹森、拜耳同感"影响" 通过设问"怎么证明这种影响是从胚芽鞘尖端传递到尖端以下部位的？"引出鲍森·詹森、拜耳等人的实验，并提问：这种影响与光照有关吗？这种影响如何使胚芽鞘弯曲生长呢？	 2. 思考如何设计实验证明这种"影响"的存在和作用原理	实验的基本思维和方法，激发学生对植物生长素的研究兴趣，解开生长素的奥秘

（续表）

教学环节	教师行为	学生行为	教学说明
	3. 与温特同获"物质" 根据上述实验推测的结果提问：你认为这种影响会是什么？如果你是科学家，你会如何进一步探究呢？ 4. 归纳植物向光性的原因 请学生通过上述实验结论，试着归纳植物向光弯曲的内因和外因	3. 学生思考、分组讨论并交流自己设计的实验思路；通过经历温特实验，进一步理解生长素的作用 4. 总结、归纳、交流	
对向光性的争议性讨论	出示"单侧光引起生长素分布不均匀的假说"以及"关于植物向光性原因的争议"等资料；并引导学生正确、辩证地看待事物的发展 	初步尝试提出质疑并进一步探索植物向光性的可能原因	引导学生体会科学往往就在类似这样的争议中不断发展和前进，让学生明白如何客观、理性地思考和探究客观真理

（续表）

教学环节	教师行为	学生行为	教学说明
技能训练	1. 出示生长素极性运输的阅读资料,并提问:这个实验设计是否严密? 从实验结果到结论之间的逻辑推理是否严谨? 要验证上述结论是否正确,应该对实验方案如何改进?　2. 引导学生结合整节课中一系列的实验探究来归纳生长素的产生和运输方向,并做出归纳	1. 阅读、讨论、交流并初步学会如何评价实验设计并对实验设计进行修改,比如:没有考虑将胚芽鞘倒过来放置的情况;没有证明生长素不能从形态学下端运输到形态学上端;应增加一组胚芽鞘形态学上端朝下的实验,以研究生长素能不能从形态学下端运输到形态学上端　2. 归纳生长素的产生、运输和分布	引导学生运用本节课学习的科学实验设计的基本方法和设计原理来评价并修改实验设计,使实验设计更加严密,逻辑推理更加严谨　引导学生学会对现有材料、已学知识进行归纳,培养学生学会描述生物学现象和生物学原理以及总结概括的能力

（续表）

教学环节	教师行为	学生行为	教学说明
	胚芽鞘尖端细胞产生的生长素在向下运输的过程中，受到单侧光的刺激，生长素向背光侧运输，导致背光侧细胞伸长。		
小结与感悟	请学生回顾、小结本节课所学的重点知识并提问：你认为成为一名科学家必须具备哪些条件呢？感悟：人类的许多科学发现，就是像这样经过一代又一代人的探索，才一步步地接近事实的真相。每一位科学家所取得的进步可能只是一小步，众多的一小步终将汇合成科学前进的一大步。	归纳、总结、感悟	培养学生总结、归纳的能力，引导学生感悟科学家的探究精神和不断研究的科学态度
作业	布置课后作业：完成《植物生长素的发现》学案		通过学案的形式进一步复习本节课的核心知识，并通过习题对课堂所学知识进行拓展

六、学习单《植物生长素的发现》的预习

	描述实验现象
图1	图1中的植物放在黑暗处一段时间后，植物_____生长

（续表）

	描述实验现象
 图2	图2中的植物给予均匀光照一段时间后，植物_____生长
 图3	图3中的植物给予右侧的单侧光照射一段时间后，植物_____生长
 图4	图4中的植物用锡箔罩住尖端，给予右侧的单侧光照射一段时间后，植物_____生长
思考	1. 你认为造成植物向单侧光弯曲生长的可能原因是什么？ 2. 对于植物向单侧光弯曲生长的现象你有哪些疑问？

七、学习单《植物生长素的发现》学案

（一）生长素的发现过程

1. 科学家们的实验

时间	科学家	实验过程	实验结论
19 世纪末	达尔文	① ② ③ 锡箔 ④ 锡箔	
1910 年	鲍森·詹森	① 云母片 ② 明胶片	
1914 年	拜尔	① ②	
1928 年	温特	① ②	
1931 年	科学家	从人尿中分离出具有生长素效应的化学物质,证明该物质为_____	
1946 年	科学家	从高等植物中分离出生长素,确认该物质就是_____	
以后	科学家	进一步研究,发现其他具有生长效应的物质:_____	

2. 植物具有向光性的原因：_____

（二）生长素的产生、运输和分布

1. 生长素的产生部位：_____

2. 生长素在胚芽鞘、芽、幼叶和幼根中，进行_____运输。（极性运输/非极性运输）

在成熟组织中，通过韧皮部进行_____运输。（极性运输/非极性运输）

3. 生长素在植物各器官中都有分布，相对集中分布在_____部位，如：____

（三）拓展

某研究性课题小组的同学对植物生长素非常有兴趣，设计了如下实验以探究单侧光是使胚芽鞘尖端的生长素转移了，还是将生长素分解了。请回答下列问题。

1. 某同学研究植物向光性的原因时，进行了如下图甲、乙所示的实验证明：_____，理由是_____。

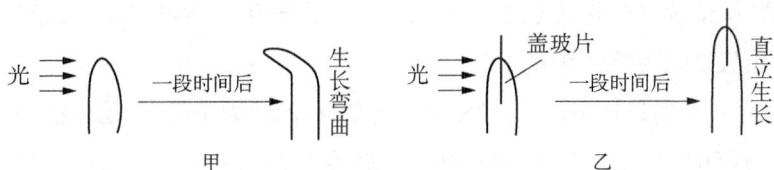

甲　　　　　　　　　　　乙

2. 另一同学设计了如下图丙、丁所示的实验，将经过图丙处理后的琼脂块分别放在切去胚芽鞘尖端的切面上，一段时间后，观察胚芽鞘的生长情况。

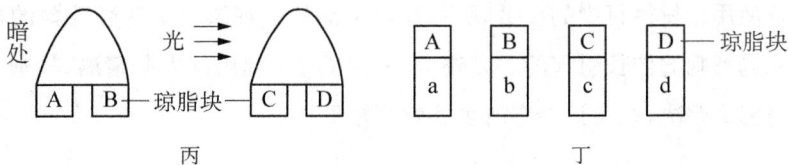

丙　　　　　　　　　　　丁

八、实验结果

（1）若胚芽鞘的长度关系为_____（用 abcd 及数学表达式表示），则说明单侧光使胚芽鞘尖端的生长素转移了。

（2）若胚芽鞘的长度关系为_____（用 abcd 及数学表达式表示），则说明单侧光将_____。

拓展部分参考答案：（1）单侧光引起生长素从向光侧更多地移向背光侧，图乙中向光侧的生长素若被光分解了，则植物应弯向光源生长。

（2）① c＜a＝b＜d

② c＜a＝b＝d　生长素分解了

九、评析

本教学设计重点分析了生长素的科学发现史所承载的科学家探究过程与方法，科学家创造性的研究思路和严谨的科学态度，体现了注重挖掘情感态度价值观的教育理念。目标设计符合课标、学科内容特点和学生实际。

根据资优学生的特点，将教材中的演示实验安排到了预习中，采用课前指导预习的方式，给予学生充分思考的时间，有利于激发学生的学习兴趣，培养学生发现问题、提出假设的科学思维方法。

在教学过程的设计中，以科学史实为背景，以问题为中心，以逻辑推理为手段，并配以资料和图片，指导学生寻根问底，走进科学家的探究历程。在学习过程设计中，引导学生描述生物学现象，总结归纳生长素的产生、运输和分布，培养学生观察、表述、归纳的能力。学生通过体验生长素的发现过程，既加深了对有关概念的理解，领悟了科学研究的方法，又能在情感态度价值观方面得到发展。

建议使用教材栏目中的显微观察，使学生能从微观层面了解胚芽鞘的弯曲是由于背光侧细胞的伸长引起的。另外，学生在预习中提出的大胆猜测，教师在教学过程中需怎么解决，在设计中有所表述就更好了。

（王生清）

高中《植物生长发育的调节》(第 1 课时)

上海市建平世纪中学　邵向东

一、设计思路

(一)教学理念和设计思路

注重以学生为本,学生不再是被动的接受者,而是主动的参与者和探究者。整节课的学习过程就是学生在教师的引导下,对植物的向光弯曲生长及其原因的"自主探究"过程,即从现实生活中植物的向光性生长,进而启发学生思考植物向性运动的原因。整个教学过程中共设计了三位科学家的探究环节。让学生在探究中学会大胆猜想,鼓励学生合作讨论,设计实验方法进行验证,能够结合自己的实验结果归纳出植物向性的原因。这样有利于学生探究意识的养成,同时有利于培养学生的创新意识、实践能力和严谨的科学态度。

(二)学情分析

高二学生的特点是抽象思维能力和综合思维能力不强,但对生命科学课程的学习有着浓厚的兴趣。他们在初中曾学过植物激素调节的相关内容,但是对此了解得很浅,没有深入到植物向光性运动原因的水平。因此,教学中可以利用学生的知识基础并遵循学生的认知规律,通过适当的启发指导,使植物向性运动及其原因等新知识有效地整合进学生原有的知识网络中,使学生的知识体系得到丰富和发展。

二、教学目标

(一)知识与技能

1. 能说出植物生长素的探索史中有关科学家的名称。

2. 能解释植物产生向光性的原因。

(二) 过程与方法

1. 通过观看实验对照图片,培养观察、分析、归纳等能力。

2. 通过对植物生长素的探索史的学习,初步学会用实验去探究生命的能力,初步学会设计实验的方法。

3. 通过本堂课的学习活动,掌握植物生长素的有关知识,提高理论和实际相结合的能力。

(三) 情感态度与价值观

在探讨生长素发现的过程中,体会和领悟科学家在做科学研究时展现出的科学精神。

三、教学重点和难点

(一) 重点

生长素的发现过程。

(二) 难点

对生长素的发现过程中的实验设计理念的理解,初步学会设计对照实验的方法。

四、教学准备

自制教具、课件、多媒体设备。

五、教学过程

教学内容	教师行为	学生行为	教学说明
引入	植物既没有神经系统,也没有内分泌系统,那么植物是如何来调节自身的生命活动,适应相应的自然环境的呢? 以叶绍翁的《游园不值》引入	思考,回答问题	创设情境,激发学生强烈的求知欲

（续表）

教学内容		教师行为	学生行为	教学说明
		设疑：1. 这是植物生长中的什么现象？ 2. 环境中哪种刺激引发了红杏出墙？ 3. 出墙对它的生长有什么益处？ 过渡：向光生长是自然环境长期选择的结果，是适应自然环境生存的一种表现，是植物长期进化的结果。光照只是引起向光生长的外因，那么调节"红杏出墙"的内因又是什么呢？让我们带着疑问一起探索，引出本课课题		
生长素的发现史	达尔文父子的实验	1. 很多人对植物的向光生长熟视无睹，但达尔文父子却对此进行了探究实验，简单回顾探究的基本过程。该实验遵循什么原则？达尔文父子选用胚芽鞘作为研究材料 介绍胚芽鞘（指出尖端和尖端下面一段），提出问题：胚芽鞘的向光弯曲生长与胚芽鞘的哪部分有关？（教师用探究的基本过程进行分析讲解，同时PPT照片展示，强调对照原则、单一变量原则） 2. 紧接着达尔文父子又提出了怎样的问题？做出了怎样的假设？ 3. 如何设计实验验证？又得出了怎样的结论呢？ 教师展示PPT照片 4. 同时提问：胚芽鞘弯曲生长的部位在哪里？ 5. 感受光刺激的是胚芽鞘尖端，而弯曲的为何是尖端的下面一段？为何会向光弯曲呢（内因是什么）？ 背光侧生长快，向光侧生长慢，用教具展示 6. 引出达尔文父子的假说 达尔文父子提出的假说：胚芽	1. 思考 实验提出问题、做出假设、设计实验、实施实验……得出结论 分析实验，得出结论：胚芽鞘生长弯曲与尖端有关 2. 胚芽鞘感受单侧光刺激的部位在哪里？假设：感受单侧光照射的部位在尖端 3. 学生思考回答并得出结论：感光部位在胚芽鞘的尖端 4. 学生观察照片回答问题：弯曲部位在胚芽鞘尖端下部 5. 学生思考：尖端可能产生了某种物质并向下传输，之所以会向光弯曲生长可能是因为这种物质分布不均匀导致的不均匀生长	培养学生分析、比较、发现及解决问题的能力；培养学生严谨的科学态度

（续表）

教学内容	教师行为	学生行为	教学说明
	鞘尖端的细胞受光照后会产生某种物质,这种物质作为化学信号从尖端传递到下部,影响下部细胞的生长,导致向光一侧与背光一侧的细胞生长不均匀		
杰逊的实验	1. 过渡:可惜的是达尔文并没有就自己的假说继续探究下去。其他的科学家接了达尔文抛出的假说继续进行研究 2. 请同学们分析一下杰逊的实验,他探究的问题是什么?单一变量又是什么?结果如何?得出什么结论? 3. 呈现杰逊的实验(介绍明胶和云母片的作用) 提问:杰逊选择"明胶"和"云母片"作为实验材料证明了该物质有什么特点? 4. 该实验设计中还缺少什么环节?	1. 学生看书,分析杰逊实验,回答问题 2. 得出结论:胚芽鞘尖端受光照后会产生某种物质,引起背光一侧更快生长 3. 学生思考:胚芽鞘尖端产生的该物质传递给下方 4. 对照组实验	
温特的实验	1. 过渡:既然该物质可以透过明胶起作用,那么有没有一种实验材料能将胚芽鞘尖端产生的物质分离出来,单独研究该物质的作用? 2. 介绍琼脂 3. 多媒体呈现温特的实验 分析温特的实验 (1) 该实验的实验变量是什么? (2) 第1组和第4组都是对照组,那么能否去除第4组呢? (3) 通过比较第1组、第2组和第4组,你能得出什么实验结果? (4) 通过比较第1组、第3组和第4组,你能得出什么实验结果? (5) 现在的研究表明,植物在黑暗的环境中也能合成生长素,那么我们反过来再看温特的实验,你觉得有没有需要改进的地方?	分析温特实验设计,得出实验结论	

（续表）

教学内容	教师行为	学生行为	教学说明
郭葛等人分离生长素	1934年,荷兰科学家郭葛等人从一些植物中分离出了这种物质,经鉴定这种物质是吲哚乙酸,吲哚乙酸具有促进植物生长的功能,因此给它取名为生长素	看图片	
结论	通过上面实验的探究,能否总结一下植物在单侧光的照射下向光弯曲生长的原因(Flash动画)	学生总结植物向光弯曲生长的原因:植物向光弯曲生长是由于生长素在单侧光照下向背光侧聚集,导致背光侧细胞生长快于向光侧细胞	
植物生长素探索史小结	1880年,达尔文 1913年,杰逊 1926年,温特 1934年,郭葛 引导学生思考以下问题,体会科学发现史中的艰辛与曲折 1. 生长素的发现历时多久? 主要经过几位科学家的实验? ——54年,经过多位科学家的共同努力才得以发现 2. 你有何感触? ——科学家发现生长素的过程漫长而又曲折,每位科学家的一小步发展,积累成科学前进的一大步	计算出发现生长素所经历的时间,体会科学研究工作的艰辛 随机抽几位同学谈谈感触	培养学生持之以恒、锲而不舍的科学精神
作业	实验设计:尖端下面的生长素为什么会在向光侧和背光侧分布不均呢? (可能是生长素在尖端发生了横向运输或是尖端向光侧的生长素被分解了),请设计实验验证 导学案		

六、评析

教学设计中对学情的分析比较客观,也能关注科学探究的过程和学生的思维能力、实践能力和严谨的科学态度的初步养成。

在教学过程的设计中,能创设一定的情境,引导学生随着教师的提问进行观察、思考和回答问题,也能引导学生阅读教材文本和图示,不仅落实了知识目标,而且从科学家发现生长素的科学研究实验中体会每位科学家对科学成果所付出的艰辛和努力,落实情感态度价值观的目标。

教学目标虽然清晰但不够全面,建议需重视教材文本内容的知识线索的分析,如其核心是什么,由内容所反映的学科思想方法,承载了哪些情感态度价值观的教育,准备通过怎样的过程与方法来落实等。栏目内容如何运用,教师的演示实验如何安排,这些都需要教师在教学设计中清晰地表述。

（王生清）

高中《遗传信息》(第 1 课时)

上海交通大学附属中学闵行分校　孙　音

一、设计思路

　　本节课是《生命科学高中第二册(试用本)》(上海科学技术出版社)第 6 章"遗传信息的传递和表达"第 1 节"遗传信息"第 1 课时的内容,目标是学习 DNA 是遗传物质的实验证据。该课的关键问题是"为什么说 DNA 是遗传物质",教材中呈现了一个经典的实验证据——"噬菌体侵染细菌"。如果只是就教材讲教材,则很难激发学生的探究欲望,在情感态度价值观的教学目标设定上也较难与学生达成共鸣。作为课堂教学的执行者,在前期的设计上需要考虑两个问题:想给予学生什么? 学生可以学到什么? 交大附中闵行分校高一年级的学生已经具备一定的自主学习能力,教师无须在识记类知识的教学上花费大量时间。关于如何将知识的学习过程完整地呈现出来,问题探究是一种较好的教学策略。利用曾经在科学界争论很长时间的问题——"DNA 和蛋白质究竟哪个是遗传物质"引入新课,同时故意指出赫尔希和蔡斯的实验进一步证明了 DNA 是遗传物质,学生的质疑将一下子被激发出来。以艾弗里的实验为引子,重点剖析"噬菌体侵染细菌"实验过程,凸显了技术在推动生命科学研究中的作用。根据以往的教学经验,利用同位素标记法对实验结果进行分析,学生在理解时可能存在一定困难,因此自制噬菌体和细菌的教具,形象地演示噬菌体和细菌混合后可能出现的几种情况,学生逐一排除各类可能性,整堂课就在老师引导下,学生层层抽丝剥茧恍然大悟,明白 DNA 为什么是遗传物质,为下节课的 DNA 结构、复制、转录相关内容奠定了基础。

二、教学目标

1. 说出噬菌体侵染大肠杆菌的五个步骤,理解 DNA 是生物主要遗传物质的含义。

2. 领悟科学研究的过程和方法,培养分析实验的能力;探讨技术在证明 DNA 是遗传物质中的作用。

3. 重温科学家的探究历程,领悟科学的过程和方法,最终得出结论;感悟科学家在探究过程中勇于探索、敢于质疑的精神以及严谨的科学态度;体会技术推动生物科学的研究和进步。

三、教学重点与难点

(一) 重点

DNA 是遗传物质的实验证据。

(二) 难点

科学实验探究的基本方法。

四、教学准备

PPT、自制简易教具(噬菌体和细菌模型)。

五、教学过程

内容	教师行为	学生行为	教学说明
引入	热身小游戏——寻找亲人 提问:细胞内各种化合物中,哪种物质可能成为遗传物质?	根据教师给出的两代人的照片,学生对亲代和子代进行匹配 回答、思考	通过找亲人的游戏,让学生发现父母与子女之间性状上的相似性,从而思考亲代传给子代的是什么物质,导致两者存在遗传现象结合细胞的物质组成,激发学生探究遗传物质的兴趣

（续表）

内容	教师行为	学生行为	教学说明
遗传物质具备的条件	（1）1869年瑞士研究生米歇尔发现核质（染色质） （2）动植物体细胞内有一定数量的染色质 （3）染色质的化学成分是DNA和蛋白质 提问：遗传物质是DNA还是蛋白质？ 作为遗传物质的条件： （1）储存数量巨大的遗传信息 （2）能够精确地进行自我复制并遗传给后代 （3）化学性质稳定 根据上述几个条件，猜测哪类物质是遗传物质（组织学生讨论） 根据当时的认知，大多数科学家认为遗传物质是蛋白质，因为蛋白质的结构更复杂	学生根据DNA和蛋白质的组成单位，猜测谁可以成为遗传物质 有学生认为蛋白质是由20种氨基酸组成的，比4种核苷酸组成的DNA结构上复杂；还有同学认为DNA是双螺旋结构，性质更稳定 教师可以指出DNA双螺旋结构是在1953年提出的，当时根本不知道DNA的结构	通过呈现有关细胞核的研究资料以及遗传物质具备的条件，了解当时科学家对遗传物质认同上的差异性
探究遗传物质的相关实验	提问：几乎所有的生物都含有蛋白质和核酸，如果你是当时的科学家，会选择哪种生物作为实验材料？ 提问：证明DNA或蛋白质是遗传物质的实验中最关键的设计思路是什么？ 呈现探究遗传物质的两个实验事实。 美国科学家艾弗里，在前人的基础上用肺炎双球菌转化实验第一次证明了DNA是遗传物质。可惜的是实验中提取的纯度最高的DNA中还有0.02%的蛋白质，因此有人仍对实验结论表示怀疑 直到1952年美国科学家赫尔希和蔡斯利用噬菌体侵染大肠杆菌实验，进一步证明了DNA是遗传物质 介绍噬菌体结构 提问：（1）为什么选择噬菌体？ （2）你认为在实验过程中可能遇到的最大困难是什么？ 　　教师根据学生回答，启发学生采用何种手段将微观的过程通过一定方式显现出来。举例光合作用中讨论产物氧气的来源 利用同位素标记法标记噬菌体的蛋白质和DNA 提问：分别用哪类元素标记DNA，用蛋白质？ 分别用^{32}P标记噬菌体的DNA，用^{35}S标记蛋白质	学生从下列生物类群中挑选，并说说选择的理由 高等动物、高等植物、低等动植物、细菌、病毒 大部分学生都选择细菌和病毒作为研究对象，认为它们结构简单，繁殖周期短 回答噬菌体的组成和结构 学生提出由于噬菌体体积很小，因此无法用肉眼观察侵染细菌并繁殖后代的过程，是实验研究最大的困难	理解科学家获得成功的原因主要是两个——恰当的实验材料和科学的实验方法 理解技术推动生物科学的研究

（续表）

内容	教师行为	学生行为	教学说明
	噬菌体利用大肠杆菌繁殖它的后代,只要探究噬菌体是整个侵染细菌还是某部分侵染细菌,就能证明遗传物质是哪个 介绍实验过程 (1) 将 ^{32}P 标记的噬菌体和细菌混合,培养一段时间后离心,得到上清液和沉淀物 (2) 将 ^{35}S 标记的噬菌体和细菌混合,培养一段时间后离心,得到上清液和沉淀物 分小组讨论噬菌体进入细菌的方式(整体进入还是只有蛋白质或 DNA 进入)及上清液和沉淀物具有放射性的可能性 展示赫尔希和蔡斯的放射性分布实验结果,对照先前讨论的几种可能性,让学生明确原来噬菌体侵染细菌是将 DNA 注入细菌内部,利用 DNA 繁殖了子代噬菌体 实验结论:噬菌体的各种性状是通过噬菌体 DNA 传递给后代的,DNA 是遗传物质 提问:噬菌体是如何侵染细菌的? 播放动画演示侵染过程: 吸附→注入→复制合成→组装→释放	复习 DNA 和蛋白质的元素组成 学生两人一组,根据下发的学案,假设几种可能性,确定放射性分布的位置 教师巡视每组讨论的结果,并选择一组学生,一人利用噬菌体和细菌的教具,在黑板上演示噬菌体侵染细菌的几种可能性,另一学生画图标注每一种假设得到的放射性分布情况	引导学生沿着科学家的思维轨迹进行分析(在人类前行的文明史上,每一个伟大的假设都跟随着一个伟大的发现) 通过讨论活动,让学生能深入理解实验的设计过程,通过假设演绎的方法,加深对实验结论的理解
课堂练习	1. 完成表格的填写 		亲代噬菌体	细菌细胞内	子代噬菌体	实验结论
---	---	---	---	---
第一组实验	^{35}S 标记蛋白质	无 ^{35}S 标记蛋白质	外壳蛋白质无 ^{35}S	DNA 是噬菌体的遗传物质
第二组实验	^{32}P 标记 DNA	有 ^{32}P 标记 DNA	DNA 有 ^{32}P 标记			讨论、回答	进一步巩固实验结论,理解 DNA 是噬菌体的遗传物质

（续表）

内容	教师行为	学生行为	教学说明
	2. 判断下列说法是否正确 （1）一切生物的遗传物质都是 DNA （2）噬菌体侵染大肠杆菌的实验证明了 　　DNA 是主要遗传物质		
进一步探究	没有 DNA 的生物，例如烟草花叶病毒，遗传物质是什么？说说设计思路 	学生根据提示的信息，提出实验方案：分别用病毒的 RNA 和蛋白质侵染正常的烟叶细胞，观察叶子什么时候出现花斑，从而证明 RNA 是遗传物质	学会知识迁移
总结	1. 绝大多数生物的遗传物质是 DNA，所以说，DNA 是主要遗传物质 2. 没有 DNA，只有 RNA 的病毒，其遗传物质为 RNA		
课后拓展	除了病毒还有一类只有蛋白质而无核酸的生物——朊病毒，那么它的遗传物质又是什么呢？	课后查阅资料	认识到对遗传物质的探究是不断深化和发展的
作业	完成练习册上的相关习题		

六、板书

6.1　遗传信息

1. 遗传物质具备的 3 个基本条件

2. DNA 是遗传物质的探究实验

方法：同位素标记法

结论：DNA 是噬菌体的遗传物质

侵染过程：吸附→注入→复制合成→组装→释放

七、评析

遗传学的知识和内容是人们日常生活中经常关注和议论的话题,让高中生较好地从分子水平——DNA 的层面来初步理解生命奥秘并不容易,因为学生的知识、技能储备及实验室条件都无法直接、直观地得到有关的实验证据。孙老师的教案设计以过程体验中获取知识的思路来实施教学,通过模拟和"推演"了科学家所做过的一系列实验,让学生"身临其境",进行探究式过程的学习,在这种注重过程的学习中,学生获得的基础知识、实验分析及综合能力都更加扎实和深刻。教师设计的教学目标达成度高,在重温、模拟科学家的探究历程中,培养提升学生的科学精神,加深对科学研究的方法、技术的理解,有利于同步提高学生的科学及人文素养。

有好的教学设计思路还必须配之以精心的备课,诸如为达成教学目标所需的各种信息、资料的筛选和组合、合适的教具运用、教学内容的各环节和细节的考虑等等。孙老师准备得比较充分,例如教师提问的节点;又如模拟的一系列问题探究过程,内在的逻辑性强,符合学生的认知规律。从遗传物质具备的条件开始,层层深入,到探究遗传物质的相关实验,由浅入深,由表及里地推进,最后烟草花叶病毒的探究和课后拓展的安排,既考虑学生现有的知识储备和他们的思维特点,又充分调动了他们的学习兴趣。

这节课知识容量较大,所以有些内容可调整为学生课前预习。

（邓无畏）

高中《植物细胞的有丝分裂》

上海市格致中学　徐红玲

一、设计思路

（一）教材分析

"植物细胞的有丝分裂"是《生命科学高中第二册（试用本）》（上海科学技术出版社）第7章"细胞分裂和分化"的第2节"有丝分裂"的第1课时。《上海市中学生命科学课程标准》与此相对应的要求是："有丝分裂的过程、特征和意义"，学习水平为B级。"细胞分裂和分化"一章包括"生殖和生命的延续""有丝分裂""减数分裂""细胞分化和全能性""克隆技术"。"有丝分裂"在学生学习了"遗传信息的传递和表达"及"生殖种类和生命的延续"的基础上，从细胞水平上分析遗传信息的传递，了解细胞在分裂过程中遗传信息的传递途径和规律，从而帮助学生从整体角度认识遗传信息在生物体内的传递，又为后续学习"实验：植物细胞的有丝分裂的观察""减数分裂""遗传和变异"等主题知识奠定基础。"有丝分裂"属于学科核心知识，在整个生命科学学科内容中占有很高的地位。"有丝分裂"教学内容主要包括"有丝分裂的概念、过程和意义""实验：植物细胞的有丝分裂的观察""动植物细胞有丝分裂的异同""细胞周期"，共需理论课2课时和实验1课时，本节的教学内容"植物细胞有丝分裂"是理论课第1课时，主要内容包括有丝分裂的过程、特点和意义，其核心知识是在有丝分裂过程中细胞染色体的行为变化特点和数目变化规律。

（二）学情分析

根据高中不同年级段学生的认知发展规律和心理发展特点，选择恰当的教学方法。高一学生在认知方面以接受知识信息为主,属于认知发展的低级阶段,而高二学生则由吸取信息转到输入输出信息并用,属于认知发展的第二阶段。从心理学角度看,高二学生较高一学生心智更成熟,抽象思维能力和综合思维能力较强。他们在初中曾学过"细胞通过分裂产生新细胞"的内容,但是对此了解很肤浅,没有深入到细胞分裂过程的水平。鉴于部分同学在生命科学拓展课中对细胞不能无限长大的原因进行了模拟实验探究,因此教学中可以利用学生已有的"遗传信息的传递和表达"的知识基础并遵循学生的认知规律,通过适当的教学策略,使新知识有效地整合到学生原有的知识网络中,让学生的知识体系得到丰富和发展。我校为上海市实验性示范高中,学生综合素质较高,学习能力较强,此班为我校理科班,学生接受能力和理解能力都较强,理科素养较高,课堂信息容量相对较大,学生的不足之处是不善表达和沟通,与人相处的能力相对较弱。

(三) 基本思路

本节课的教学设计主要以"互动探究性教学"为教学理念,注重知识的主动获取,切实落实主体性教学,从而培养学生的科学探究能力和创新思维意识,这也是《上海市中学生命科学课程标准》强调的实施素质教育的重点之一。互动探究性教学是以学生为主体,以学定教,为学服务,教师要眼中有学生,心中有教材,操作有策略。构建和制作模型就是一个科学探究的过程。有人用"笼天地于形内、观古今于须臾"来描述构建模型和模拟实验方法的奇功。米勒等人的实验把发生于数亿年前的生命起源的悠长历程,仅以几天时间再现于小小的玻璃容器中供人们观察和研究,它从一个侧面显示了运用模型方法在科学技术研究中的独特作用。

在教学过程中通过构建和制作模型,提高学生自主探究与分组合作的能力,充分培养学生的创新思维;通过分组小组合作的方式增进学生之间的交流和沟通,使学生学会尊重他人,与人和谐相处,分享成功喜悦。模型的构建不能一蹴而就,而是需要学生有严谨的科学精神、诚实的科学态度和坚忍不拔的意志。因此,模型的构建可培养学生的科学态度和精神,挖掘"有丝分裂"的情意价值,整合三维目标。

在活动设计上,本节课堂教学的起点是课前的模拟探究实验,终点是 DNA 和染色体数学模型构建,使学生领悟模拟实验的科学研究方法和构建模型的学习方法,学生有自主学习、自主探究和动手制作模型的学习过程,师生互动、学生互动,师生在愉悦的课堂氛围中共同展开教学活动。

在思维引导方法上,围绕着本节课核心内容有丝分裂的过程及其主要变化特点,设置了一系列的问题串,学生独立思考和小组讨论相结合,课堂气氛有张有弛,使学生认识到细胞分裂是细胞发展的必然阶段;学习了纺锤体出现的作用和染色体形态变化的生物学意义,进一步加深对有丝分裂重要特征的理解,深刻认识生命的本质和领悟生命活动调控机制的神奇。

在内容组织上,结合投影仪、视频和模拟动画课件等现代多媒体教学手段,帮助学生建立更直观的印象。本节课教学内容的重要特点在于细胞分裂过程的连续性很难在教材的静态图片中有效地表现出来,学生在实验中很难直观地观察到细胞分裂的连续过程,从而不容易对细胞分裂的连续性形成正确的认识。对此,利用多媒体播放真实细胞分裂视频和细胞分裂模拟动画课件,能帮助学生建立更直观的印象。

二、教学目标

(一)知识与技能

1. 举例说明细胞分裂是生物体生长、发育、繁殖的基础。

2. 概述植物细胞有丝分裂的过程。

3. 理解有丝分裂最重要的变化特征。

(二)过程与方法

1. 通过模拟探究实验,激发和点燃对生命科学探究的兴趣和热情,初步认识细胞不能无限长大,细胞分裂是细胞发展的必然生命现象。

2. 观察视频、模拟课件和阅读教材,通过自主学习、独立思考,概述有丝分裂过程。

3. 通过分组活动完成有丝分裂各时期的染色体结构模型和细胞结构模型制作。

4. 通过讨论、分析染色体和 DNA 的数目变化特征，归纳、总结有丝分裂最重要的变化特征。

5. 通过构建 DNA 和染色体数目变化规律的数学模型，培养和锻炼逻辑思维能力和推理能力。

（三）情感态度与价值观

1. 感悟模拟实验的科学研究方法和构建模型的学习方法。

2. 感悟和体验实事求是的科学态度和一丝不苟的科学精神。

3. 体验生命的神奇。

三、教学重点和难点

（一）重点

1. 有丝分裂的过程、有丝分裂各时期的特点。

2. 有丝分裂最重要的特征和意义。

（二）难点

1. 有丝分裂各个时期的特点和图像判断。

2. 染色质、染色体和染色单体的关系。

四、教学准备

1. 课前一周指导选修课兴趣小组学生完成模拟探究实验"细胞大小与物质运输的关系"。

2. 细胞有丝分裂的真实视频、模拟细胞有丝分裂过程的动画课件和教学 PPT。

3. 构建模型的材料：粗、细有色导线若干，废弃的白色泡沫板和灰色硬塑料边框若干，粗、细水笔，细铅丝少许和钳子。

4. 学生课堂制作的染色体和细胞结构模型部分照片。

五、教学过程

教学内容	教师行为	学生行为	教学说明
引入 大象和小象的个体大小悬殊的主要原因： A. 因为大象体内细胞数目比较多 B. 因为大象体内细胞体积比较大 图1 细胞的大小 • 原核细胞的直径一般1-10um； 　如：大肠杆菌3um • 真核细胞的直径一般10-50um； 　红细胞 7um　　人卵　　100um 　变形虫 100um　草履虫 180um 　棉纤维长可达3-4cm 　人体内神经纤维可达1m以上 图2	1. 出示图片"大象和小象"，引导学生观察图片(图1) 提问：大象和小象体积悬殊的主要原因是什么呢？若有学生回答B，则教师出示细胞大小的数据(图2)，让学生产生认知冲突，从而进一步得出正确的答案	1. 观察图片，讨论与思考 学生可能回答A或B 积极思考、讨论交流、解决问题	创设情境、提出疑问、激发和点燃学生对生命科学探究的兴趣和热情
 边长：4 cm　边长：2 cm　边长：1 cm 含酚酞的琼脂块模拟不同大小的细胞 图3 • NaOH模拟被细胞吸收的物质 • 经测量，NaOH扩散进入三块琼脂块的深度是一样的，说明NaOH的扩散速度也是一样的。 图4	学生回答A时，教师引导思考：为什么细胞不能无限长大呢？限制细胞长大的主要因素是什么呢？ 2. 引出生物兴趣小组同学在拓展课上进行模拟探究实验"细胞大小与物质运输的关系"，指导生物小组的同学介绍主要过程、实验意图和实验现象	2. 生物小组成员讲解实验过程 (1) 制作三种大小不同且含有酚酞的琼脂块(图3) (2) 浸泡在NaOH溶液中30 min，纵向切开，测量酚酞浸入琼脂块的厚度(图4)	感悟模拟实验的科学研究方法，让学生从源头上认识到细胞分裂是细胞发展的必然生命现象

（续表）

教学内容	教师行为	学生行为	教学说明

边长/cm	体积/cm³	表面积/cm²	比值(表面积与体积) /(m²/cm²)	NaOH扩散的深度/cm	比值(NaOH扩散的体积/整块琼脂块的体积)
1	1	1	6	0.2	0.784
2	8	24	3	0.2	0.488
4	64	96	1.5	0.2	0.271

NaOH扩散的体积与整个琼脂块的体积的比值,反映了NaOH扩散的效率。

图 5

教师行为：
3. 组织学生观察实验现象,思考、交流和讨论
教师引导：从细胞层面上分析,细胞数目增多是生物体生长的主要原因
教师提问：细胞通过什么方式增加数目？

学生行为：
（3）填表、计算,比较三块琼脂块内部红色区域是否相同(图5)
3. 回答：细胞分裂

我们上一节课学习了生殖的种类,想一想细胞分裂对于单细胞生物意味着什么？对于多细胞生物呢？

细胞分裂的方式和意义

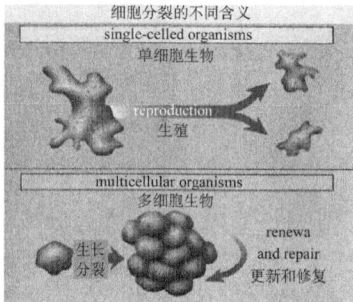

图 6

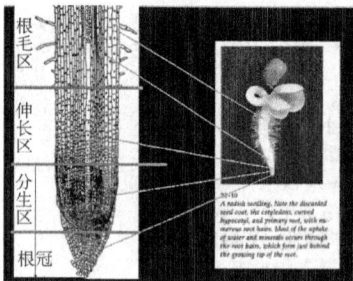

图 7

教师行为：
1. 出示图片(图6),引导学生回忆思考归纳总结细胞分裂的意义
2. 简单介绍三种细胞分裂的方式,出示植物根尖图片和装片显微镜图(图7),引出动植物细胞的主要分裂方式——有丝分裂

学生行为：
1. 回忆所学内容,结合图片,回答问题互相补充完善
2. 聆听、思考

教学说明：
对细胞分裂意义的分析和总结,能帮助学生主动构建获取新知的过程,提升学习能力引出课题

（续表）

教学内容	教师行为	学生行为	教学说明
有丝分裂的过程 （播放视频）	组织学生观看细胞有丝分裂的真实视频 提问：一个母细胞经过有丝分裂后产生几个子细胞？	观察视频 回答：一个母细胞有丝分裂产生两个子细胞	通过观察细胞分裂真实视频，帮助学生对细胞分裂的连续性形成正确的认识

过渡：细胞的分裂是个连续的过程，为了学习和研究方便，人为地将细胞有丝分裂分为分裂间期和分裂期，分裂期又分为前期、中期、后期和末期。分裂间期是为分裂前做准备的时期，此时，细胞内部发生了怎样的变化？分裂期的四个时期又是依据什么来区分的呢？

| 间期——染色体复制
完成 DNA 复制和有关蛋白质的合成

图8 复制前染色质结构模型

图9 复制后染色质结构模型 | 1. 组织学生阅读教材72页内容，思考细胞分裂间期细胞中发生了什么变化？

引导学生回忆染色质的有关知识以及其主要组成成分
引导学生回忆一个 DNA 分子复制后形成了两个子代的 DNA 分子染色体复制后数目加倍了吗？
教师对学生的回答并不马上做出评价
2. 由于染色质的结构微小抽象，所以我们借助有色导线构建染色质结构模型
演示制作：取长约80 cm的有色导线，中间某个部位用同色的细导线缠绕几圈模拟，将导线少许弯曲（图8）
模型介绍：一根粗导线模拟一条染色质，中间缠绕的细导线模拟染色质的着丝粒，着丝粒两端是染色质的臂。一般来说一条染色质具有一个着丝粒
讲解：正常情况下，每条染色质上有一个 DNA 分子，这根导线的一个铜丝芯就模拟染色质上的 DNA 分子（染色质：DNA＝1∶1）
演示制作：取两根相同长度的有色导线，中间用同色的细导线固定模拟着丝粒，将导线弯曲少许（图9） | 1. 阅读、思考、讨论
回答：染色质是由蛋白质和DNA 组成
可能的回答如下
回答1：染色体数目加倍
回答2：染色体数目不变

2. 观察模型构建和制作过程，聆听老师讲解

聆听、观察、思考、交流
理解复制前后，染色质与DNA数量比例关系；染色质与染色单体的关系 | 学生自主学习，主动获取知识回忆旧知，为学习新知打下基础

学生体会模型构建和制作的科学研究方法

通过观察染色质的结构模型制作过程有助于学生理解染色质、染色单体与 DNA 的相互关系 |

（续表）

教学内容	教师行为	学生行为	教学说明
图 10 前期染色体结构模型	模型介绍：复制后，每一条染色质是由一个着丝粒连着的两条染色单体组成，两根导线模拟两条染色单体；由于着丝粒只有一个，故染色质数目还是一条。此时，每条染色单体上有一个 DNA 分子，故一条复制后染色质本身数目不变，其上的 DNA 分子数目加倍（染色质：DNA＝1：2） 2. 组织学生观看细胞有丝分裂的动画课件视频，引导学生思考以下几个问题 母细胞中有染色质几条？产生的两个子细胞有染色质几条？ 在细胞分裂过程中，细胞内最明显的变化是什么？ 3. 教师引导：我们根据分裂期细胞染色体行为变化的特点，人为地又将分裂期分为前期、中期、后期和末期 教师演示制作前期染色体模型：取已做好的间期染色质结构模型（复制后），将四段导线分别缠绕在较细的笔套上，使导线成螺旋状，再将水笔抽出，朝一个方向用力压一压，再将导线少许拉伸（图 10） 引导学生思考：染色体和染色质是什么关系？	2. 观看动画课件，讨论交流 回答：母、子细胞都是四条 回答：染色体的变化 3. 聆听思考讨论回答：染色质和染色体是同一物质的两种不同形态	通过观察模拟动画课件，使学生掌握染色质行为变化是细胞分裂过程中最重要的变化 通过染色体和染色质直观模型结构，大大降低学生理解染色体与染色质的关系的难度，使抽象的内容直观化
学生分组制作染色体结构模型 图 11	1. 根据所提供的实验材料（图11）：粗、细有色导线，粗、细水笔，怎样制作不同时期的染色体结构模型呢？ （1）学生分 6 个小组，每小组 6 人 （2）每组学生分工合作，每一组制作一套染色体结构模型（包括间期和分裂各个时期） （3）全班评选出最好的两套染色体结构模型备用 2. 评选学生制作的优秀染色体模型	1. 师生、学生之间讨论、交流，根据不同时期染色体的形态特征，最后选择不同粗细的水笔制作不同时期的染色体结构模型	通过学生动手制作染色体结构模型，使学生所学知识逐步深入，并把记忆中的知识转变为实际中的能力体验，感受动手制作的快乐，养成科学思考的习惯

（续表）

教学内容	教师行为	学生行为	教学说明
图12	评价标准 （1）结构科学合理 （2）大小比例适当 （3）线条流畅美观 出示教师课前制作的中、后和末期的染色体结构模型，作为评选学生作品的参考依据（图12）		经过师生、生生之间的评价，挑选出制作优秀的各个时期染色体结构模型各两套，评选的过程使学生体会成功的喜悦
归纳染色体行为特点 图13	1. 组织学生观察动画课件中细胞在分裂期的染色体形态变化特点及染色体在细胞中的位置变化 2. 师生共同归纳总结处于分裂期的细胞中染色体的行为变化特点（图13）	观察模拟课件，交流、讨论，纷纷回答	学生通过观察模拟动画课件，体会染色体结构的变化是划分分裂期各个时期的依据，理解纺锤体的出现对于染色体在细胞中移动的作用
学生分组制作并展示细胞模型 图14	1. 提供材料（图14）：废弃的泡沫板、塑料边框和挑选出来的学生制作的染色体结构模型、细铅丝和钳子等 2. 引导和组织学生制作细胞结构模型	学生交流讨论，分工合作，有的利用废弃的泡沫板制作细胞模型；有的挑选相应时期染色体结构模型并固定在细胞相	通过共同构建和制作细胞结构模型，深刻理解细胞进行有丝分裂时细胞的主要变化特征；同时学会与他人合作、尊重

（续表）

教学内容	教师行为	学生行为	教学说明
	思考：所制作母细胞中共有染色体几条？子细胞中呢？	应的位置中，有的用水笔在细胞相应的位置画出纺锤丝、细胞板、细胞核和核仁等结构的形态	他人 经过师生和生生互评，挑选优秀的细胞结构模型陈列在学校画廊展览，让学生体验成功的喜悦 引出下一环节的教学内容
	引导学生思考和讨论有丝分裂过程中，染色体和DNA数目变化	师生共同概括有丝分裂的重要特征和意义	加深理解有丝分裂的特征和意义
	过渡：如果细胞分裂时调控机制上出现了问题，导致染色体分配不均，则会引起生物性状的变异，导致疾病的发生，如唐氏综合征等。可见，细胞在分裂过程中是否能精确地平均分配其DNA，对于生物体维持性状的稳定性具有十分重要的意义，想一想小小的细胞是如何做到的呢？		
有丝分裂的重要特征和意义	引导学生思考 1. 从分裂期出现纺锤体有何生物学意义？ 2. 为何细胞分裂过程中染色体出现了周期性的变化（染色质—染色体—染色质），有何生物学意义呢？ 教师引导学生从保持遗传信息的完整性和遗传信息传递表达的过程来考虑 3. 教师最后归纳总结	1. 学生讨论交流，可能出现的回答如下 回答1：细胞必须平均分配DNA，否则性状就不稳定 回答2：应该是在纺锤丝的牵引下，染色体移动并平均分配到两个子细胞中，DNA也随着染色体而平均分配，才能维持生物体性状稳定 2. 学生热烈讨论交流 回答1：为了更好地使子细胞得到一样多的染色体和DNA 回答2：分裂期使染色体的形态便于分离，不至于断裂，才能保证DNA结构完整 回答3：最重要的是染色体结构保持完整，DNA分子中蕴藏的遗传信息才不会丢失 回答4：可能是由于高度螺旋状态下的DNA不利于发挥功能 回答5：间期进行DNA复制和转录等生理过程中，DNA分子必须在解螺旋的状态下才能完成 3. 学生各抒己见	通过分析、讨论，使学生感悟生命活动调控机制的精确性和生命现象的神奇；同时，进一步使学生形成生物体结构与功能相统一的观点，为树立辩证唯物主义的自然观、科学观和世界观打下基础

（续表）

教学内容	教师行为	学生行为	教学说明
建立染色体和 DNA 数目变化的数学模型 　1.完成有丝分裂过程中染色体数目变化规律数学模型构建 （纵轴：一个细胞中的染色体/DNA数目，刻度 4n、2n；横轴：间期　前期　中期　后期　末期） 　2.完成有丝分裂过程中DNA数目变化规律数学模型构建 （纵轴：一个细胞中的染色体/DNA数目，刻度 4n、2n；横轴：间期　前期　中期　后期　末期） 图 15	1. 引导学生构建染色体和 DNA 数学模型，用数学坐标曲线图表示染色体和 DNA 在细胞分裂过程中的数目变化规律（图 15） 2. 用实物投影仪展示学生作品；教师点评学生所做的曲线	学生认真思考、讨论交流，将细胞分裂各个时期的染色体和DNA数目描成点，连成曲线图	有助于培养和锻炼学生的逻辑思维能力和推理能力，使学生更好地理解有丝分裂的特征和意义
小结 1. 有丝分裂是动植物细胞分裂的主要方式，由分裂间期和分裂期组成 2. 根据染色体的变化特点，将分裂期分为前期、中期、后期和末期四个时期 3. 经过有丝分裂，间期复制的 DNA 平均分离，产生两个染色体数目和形态结构与亲代细胞完全相同的子细胞，保证亲、子代之间遗传性状的稳定性和连续性	通过本节课的学习，你对"有丝分裂"有何新的认识？引导学生归纳学习要点	学生回顾所学，各抒己见	通过回顾总结，从理论上加深学生对所学内容的理解，提升对知识的认识程度，构建新知整体框架

六、作业设计

为进一步落实学生对本节课内容的掌握,巩固所学知识,培养学生的理解和应用能力,提高课堂教学的有效性,提升学生的生命科学学科素养,设计如下作业。

1. 查阅有关资料,了解细胞在有丝分裂过程中的调控失常可能带来哪些疾病?

2. 说出右图中各个字母所指结构名称

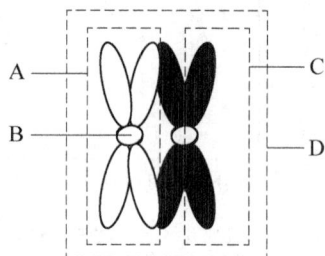

A. _____

B. _____

C. _____

D. _____

3. 正常情况下,人体内体细胞含有染色体 46 条,思考:一个骨髓造血干细胞在进行有丝分裂时,分裂前期细胞中含有染色体_____条,DNA_____个;后期细胞中含有染色体_____条,DNA_____个;产生的子细胞中含有染色体_____条,DNA_____个;该细胞连续分裂 10 次后,所产生的每个子细胞中染色体数目为_____条,DNA_____个。

4. 小王在实验室中观察某植物根尖的有丝分裂,他在显微镜下看到了一系列不同的细胞,并且用有丝分裂模式图的形式将这些细胞依次画在了下面。请根据他画的这些模式图回答下列问题。

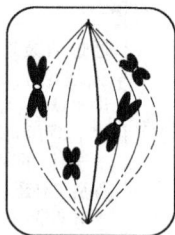
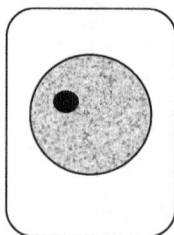
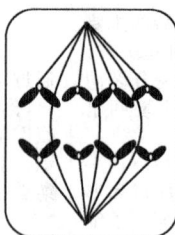

A　　　　　　　B　　　　　　　C　　　　　　　D

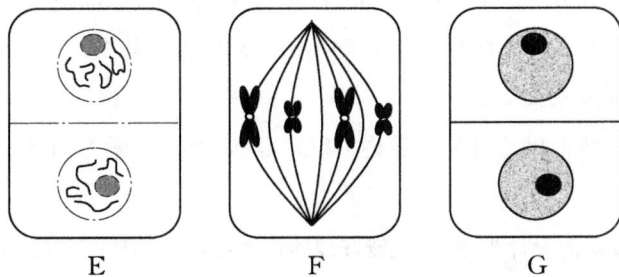

E   F   G

（1）请你帮小王把这些图按照有丝分裂的正确顺序排列   （ ）

A. B→D→A→C→F→G→E   B. B→D→A→F→C→E→G

C. B→A→D→F→C→G→E   D. B→A→D→C→F→E→G

（2）请你告诉小王，其中C图处于有丝分裂的_____期，并告诉他这样判断的依据是_____。该细胞中染色单体的数目有_____条。

（3）这种植物的体细胞中有_____对同源染色体、_____个DNA分子。

（4）着丝粒与染色体数目之比为1∶1的是上面各图中的_____。

七、评析

徐红玲老师的《植物细胞的有丝分裂》教学设计体现了一位教师精湛的教学业务和善于把握学科育人的良好素养。该教学设计的特点表现在以下几个方面。

充分熟悉学生的知识和心智水平，教学设计针对性强，教学效果明显。本节课信息容量较大、知识难点较多，徐老师主要通过学生探究和构建模型（结构模型和数学模型）的教学策略和方法提高了学生的学习能力和学习质量，难懂的内容直观化了，学生学得主动，思维活跃。同时徐老师的教学中对相关知识的逐步深化，在培养提高学生思维和能力方面处理较好，如建立染色体和DNA数目变化的数学模型放在学生动手制作结构模型、观看动画课件及教师指引归纳之后进行，使学生的思维水到渠成地上升至数学建模的高度。

教学手段多样化，侧重不同，相互补充。虽然这节课的教学方法突出了构建模型,但是课堂上当场制作的模型毕竟很粗陋,徐老师就利用视频、动画课件和文字归纳等其他的教学手段使学生能较科学地加深理解染色体的结构和有丝分裂中染色体的行为特征及意义。

徐老师能有效地整合课外与课内、基础课与选修课的学习内容,拓展教育教学的空间。

徐老师在教案的设计中,始终能较好地体现生物体的结构与功能相统一的生命科学的核心思想,让学生感悟生命世界的神奇和精致,提升学生的科学精神和人文素养。

因时间较紧,教学引入部分可以精简,建议教学过程中"学生分组制作并展示细胞模型"部分可放课后完成。

(邓无畏)

高中《致"限量版"的自己——减数分裂》（第 1 课时）

上海财经大学附属中学　刘　奕

一、设计思路

（一）教材分析

《生命科学高中第二册（试用本）》（上海科学技术出版社）第 7 章"细胞的分裂和分化"以生命的延续为主线，主要介绍生殖的基本类型和细胞的分裂方式，包括有丝分裂和减数分裂、细胞分化的特点以及细胞的全能性。第 3 节"减数分裂"主要讲述减数分裂的概念、减数分裂时连续两次分裂过程中染色体的行为变化情况以及高等动物精子和卵细胞的形成过程。此教学内容的知识基础是第 3 章"生命的结构基础"、第 6 章"遗传信息的传递和表达"以及该章第 1、2 节"生殖和生命的延续""有丝分裂"，同时也为后面学习生物的遗传规律、变异中的基因重组以及染色体组、多倍体、单倍体等内容打下基础。对减数分裂中染色体行为的理解是学好遗传和变异的关键，因此"减数分裂"一节具有非常重要的承上启下作用。

（二）学情分析

学生通过先前对细胞结构、DNA 复制、有性生殖（卵式生殖）和有丝分裂等知识的学习，已经具备了一定的认知基础，但可能对于染色体的行为变化、细胞分裂各个时期图像以及染色体、染色单体、DNA 数量等知识还存在疑惑。

学生通过对有丝分裂的学习，初步具备了识图、描述、比较、分析和归纳有丝分裂各个时期特点的能力，并理解了有丝分裂的意义。

（三）基本思路

"减数分裂"在《上海市中学生命科学课程标准》的学习水平为 B 级,基于以上对于教材和学情的分析,本节课采取的教学策略是"翻转课堂"。课前提供给学生资源——网易公开课 Crash Course《十分钟生物学》第 13 集"减数分裂",课前完成基本概念的了解,建立初步印象,如:减数分裂与有丝分裂的区别、什么是同源染色体和减数分裂的概念意义。在课堂上教师通过设计活动,借助平板电脑多媒体互动,来完成对减数分裂各个时期染色体行为变化的学习,从而加深对课前学习内容的理解。通过课前测试教师能够及时了解学生的前概念,在课堂上给予有效的转化,同学之间的相互交流更有助于促进学生的知识吸收与内化过程。

二、教学目标

（一）知识与技能

1. 理解减数分裂的概念和意义。

2. 理解减数分裂过程中染色体行为变化的规律和各时期的主要特点。

（二）过程与方法

通过平板电脑模拟操作减数分裂过程中各时期的染色体行为变化规律,多媒体演示同源染色体的联会和交换现象,进一步提升识图、描述、比较、分析和归纳的能力。

（三）情感态度与价值观

1. 通过减数分裂知识的学习,感悟有性生殖生物个体的独一无二,从而学会敬畏生命,珍爱生命。

2. 通过学习精子和卵细胞的形成过程,感悟生物体结构与功能相适应的精妙。

三、教学重点和难点

（一）重点

1. 减数分裂的概念和意义。

2. 减数分裂各时期的特点。

(二) 难点

1. 同源染色体的概念。

2. 联会和交换。

四、教学准备

教学课件和相关视频。

五、教学过程

教学内容	教师行为	学生行为	教学说明
引入	讲个爱因斯坦的幽默小故事,故事的真伪无法考证,但孕育健康、聪明和美丽孩子的愿望普遍存在于每个家庭;课前,同学们通过网易公开课观看了《十分钟生物学》,板书减数分裂,今天就让我们来揭示一下其中的奥秘	看PPT,聆听;回忆网易公开课内容;有些学生已认真看过,有些学生可能因种种原因没有观看预习	暖场,调整进入上课状态
课前测试	1. 通过减数分裂能产生: A. 精细胞 B. 卵细胞 C. 肝细胞 D. 脂肪细胞 2. 人类通过减数分裂产生的细胞中染色体数目是: A. 23 条 B. 46 条 C. 22 条 D. 44 条 3. 有性生殖的生物如何保持染色体数目恒定? A. 有丝分裂 B. 减数分裂 C. 受精作用 D. 卵式生殖	通过平板电脑做选择(限时2分钟) 预计第1、2题正确率较高,第3题会漏选C 通过选择题,学生思考:如果按照有丝分裂形成配子进行有性生殖,后代会怎样?	测试通过课前视频的观看,学生对减数分裂和有丝分裂的区别、减数分裂的概念和意义的掌握情况
减数分裂过程	PPT展示染色体、染色单体和同源染色体的关系 活动1:2n=4,在平板电脑上模拟摆放一下减数分裂过程中染色体的行为变化,提	四位同学为一小组,组员之间比较交流以下两个时期自己的摆放结果: 减数第一次分裂后期; 减数第二次分裂后期	重点2和难点1:同源染色体分离;非同源染色体自由组合是变异的来源之一

（续表）

教学内容	教师行为	学生行为	教学说明
	示学生可参考教材 82 页的图 7－14 活动过半,大屏幕上同时随机显示四个学生的 PAD 屏幕,检验一下学习的效果	一起看大屏幕上同学的染色体摆放 非同源染色体的自由组合方式各异 常见的错误:同源染色体用同一种颜色表示;染色体向两极移动时,着丝粒被牵拉,染色体运动的方向反了	
精子和卵细胞的形成过程	视频:多媒体动画演示同源染色体联会和非姐妹染色体交换 活动2:有关涂色的提示如下,同学可以用黑白两种颜色分别表示来源于父方和母方的染色体,减数分裂过程中要体现自由组合或连锁交换,两者能同时体现更好	观看视频 尝试涂色 组员之间比较所画精子和卵细胞的染色体组成情况 精子和卵细胞中染色体的组成情况各异	难点 2:同源染色体联会,非姐妹染色单体交换是变异的另一来源
受精作用	活动3:将活动 2 涂色结果中任一精子与卵细胞结合,绘制受精卵的染色体组成图	绘图,组员之间比较受精卵的染色体组成情况 受精卵中的染色体组成情况各异	重点 1:进一步理解减数分裂和受精作用对于染色体数目恒定的意义
小结	三个活动最后的结果表明,在座没有一位同学绘制的受精卵染色体组成是一样的,而且我们今天只是考虑两对同源染色体和一次交换,我们人却有着 23 对同源染色体,可以说在这个地球上,你就是"独一无二"的存在!	看 PPT,聆听 思考:减数分裂过程中染色体的哪些行为增加了后代的遗传多样性? 精子和卵细胞分裂方式和结果不同,有什么意义?	感悟有性生殖生物个体的独一无二,敬畏生命,珍爱生命 感悟生物体结构与功能相适应的精妙
作业	练习册7.3减数分裂	聆听,记录	复习巩固

六、评析

　　刘奕老师撰写的《减数分裂》教学设计,篇幅虽然较短,但无疑是一篇教师的精致备课、内涵丰富、给人以很多启发的好设计,显示了一位优秀教师业务功底扎实又敢于创新的良好特质。

"减数分裂"知识容量和教学难度都比较大,为了在有限的课时内较好地完成教学目标,"翻转课堂"的教学策略是一个不错的选择,课前布置的教学视频使学生对相关知识有初步了解,也有不少疑惑。带着问题进一步去学,学生会有更大动力,老师也应利用腾留出的时间来指导解决重难点问题。

课堂上刘老师精心设计了三项学生活动,每项活动间互有关联,呈层次性递进,又各自重点突出,目标指向明确。无论是在平板电脑上模拟摆放减数分裂各阶段染色体的行为变化还是染色体涂色以及涂色后的"精卵细胞"的组合,设计均富有创新性、想象力和观赏性。学生经历了前期预习及测试,带着问题进入了饶有趣味的三项团队活动,学习动力和兴趣高涨。经过活动中动脑动手及思想火花的碰撞,最后学生们收获的不仅是知识本身,还能感悟超越知识本身的东西,这就是学科育人的魅力所在。

教学设计中除了流畅的设计思路,还可看出刘老师很注意教学的细节,对课堂教学过程中学生可能生成、新呈现的问题都有预判和对策,如课前预测和三项活动中可能出现的错误,通过设疑、图片、动画视频和讨论等予以解决。

翻转课堂的预习阶段,能否确保每一个学生顺利进行还有待进一步研究实践。

（邓无畏）

高中《细胞分化和植物细胞的全能性》（第 1 课时）

上海市澄衷高级中学　徐雪君

一、设计思路

"细胞是如何分化的?"是《生命科学高中第二册(试用本)》(上海科学技术出版社)教材第 7 章第 4 节提出的核心问题。《上海市中学生命科学课程标准》将其定位为 A 级,即知道层面的学习水平,要求学生能够通过实验说明细胞分化和植物细胞全能性。细胞的分裂和分化是两个紧密联系的核心概念,也是生物个体发育的基础。本节内容既是对细胞结构、功能、分裂等知识的拓展和延伸,又为学习遗传、变异打下基础。另外,细胞全能性又是拓展课本中植物组织培养、克隆技术和干细胞技术的理论基础,因此学好本节内容对学习后面的有关知识是非常必要的。

在初中阶段,学生已学习过有关组织、器官、系统的知识,但对于细胞分化的例子认识有限,因此教学中从举例中认识动物细胞的分化现象和通过实验了解植物细胞的分化,一方面通过实验让学生进一步学会高倍显微镜的使用,掌握实验的基本操作技能;另一方面让学生在充分认识细胞分化现象的基础上,总结细胞分化的概念、特点和意义,培养学生的自主学习能力。细胞分化的本质是教学的难点,尽管学生已经学习了基因的表达,但要理解基因的选择性表达还是比较抽象难懂的,所以在教学中通过回忆中心法则、图表示意和问题探究等策略帮助学生理解和突破难点。

帮助学生理解生命科学的本质、树立科学态度、发展科学精神是高中生命科学课程责无旁贷的义务,也是生命科学育人价值的核心体现。通过本节课的学习,学生感悟到细胞分裂和分化对受精卵发育成个体的重要意义,对生命过程具有更完整的认识,逐步建立科学的生命观。同时通过细胞分化意义的探讨,理解细胞分工对于生命活动的意义,延伸到高中生对未来职业选择的探讨,认识到不同的职业分工对社会发展和运转的作用,树立正确的职业价值观。

二、教学目标

1. 通过对细胞分化现象的学习,能说出细胞分化的概念、特点、本质以及细胞分化的意义。

2. 通过对植物细胞分化的实验观察,学会比较各组织细胞的形态结构特点,进一步学会高倍显微镜的使用。

3. 通过学习细胞的分化,对细胞生命过程具有更完整的认识,从而树立辩证唯物主义的自然观,逐步建立科学的生命观。

三、教学重点和难点

(一)重点

细胞分化的概念和特点。

(二)难点

显微镜观察细胞分化,细胞分化的本质。

四、教学准备

教师:多媒体课件《细胞分化》,"植物细胞分化的观察"实验准备。

学生:预习"植物细胞分化的观察"实验,了解实验的方法和步骤,比较与"植物细胞有丝分裂的观察"实验的区别。

五、教学过程

教学内容	教师行为	学生行为	教学说明
引入	通过多媒体出示人体的 6 种细胞,引导学生说出人体细胞的名称和功能	根据已有的知识说出人体细胞的名称和功能	通过多媒体出示并通过教师提问激发学生的学习兴趣和求知欲
认识动物细胞分化	通过多媒体展示"动物体的结构层次"并出示不同组织的细胞结构 提问:成人体内约有 10^{13} 个细胞,细胞类型达 200 多种,这么多的细胞最初都是来自一个受精卵,一个受精卵是怎样形成一个多细胞生物体的?	学生从细胞数目增加和形态结构变化进行讨论分析,思考后回答,分裂和分化	通过具体的例子,学生知道细胞分化是普遍存在的
植物细胞分化的观察(实验)	1. 在小麦幼根装片中观察到哪些形态特征不同的细胞? 2. 根尖伸长区细胞的分化特点是什么?成熟区分化出具有哪些功能的细胞? 3. 为什么观察植物细胞有丝分裂所选材料是根尖前端 2~3 mm 的部分,而观察植物细胞分化实验则选择整个根尖? 深入学生之中指导学生实验,了解学生学习过程中暴露出的问题	学生阅读课本上的实验方法,观察小麦根尖的纵切片,记录实验结果,分析和讨论设置的问题	学生通过动手实验和观察,提高实验操作技能,加深对细胞分化现象的认识
细胞分化的概念	学生在充分认识细胞分化现象的基础上,引导学生从细胞分化的对象和结果两个方面归纳细胞分化的概念	学生观察思考 回答问题 描述概念	加深学生对细胞分化概念的理解
细胞分化的特点	教师引导学生阅读书本,然后说出细胞分化的特点:持久性、稳定性、不可逆性、普遍性,并通过具体的例子来加深学生对细胞分化的特点的理解	学生阅读教材,回答问题,不足之处由教师补充	利用具体的例子使学生明确学习任务,主动地参与到学习过程当中

（续表）

教学内容	教师行为	学生行为	教学说明
细胞分化的本质	1. 细胞的分化是否意味着细胞中的遗传物质发生了改变,为什么? 2. 分化后的细胞中遗传物质没有发生改变,具有相同的基因,那为什么细胞的形态结构和功能发生了改变?	学生回答,细胞分化遗传物质没有发生改变,是遗传物质表达的结果。学生通过图表的辅助,得出基因的选择性表达	通过细胞分化本质的探讨,加深学生对细胞分化概念的理解 帮助学生建立知识之间的联系
细胞分化的生物学意义	教师通过两张图片,引导学生分析细胞分化的意义	学生思考后回答 1. 细胞分化是个体发育的基础 2. 细胞分化使多细胞生物体中的细胞趋向专门化,有利于提高各种生理功能的效率	充分调动学生的想象力,通过具体的图片帮助学生理解细胞分化的意义
思考与讨论	1. 细胞生长与细胞分化的区别 2. 既然细胞分化具有持久性、稳定性、不可逆性,那么已经高度分化的细胞,还能像早期胚胎细胞那样,再分化成其他细胞吗?	学生回忆、思考、总结,得出结论	巩固知识,感悟学习;同时通过问题引起学生对植物细胞全能性的学习兴趣
作业	1. 影响细胞分化的内部因素有哪些? 2. 大家今天都是高中生,将来可能从事各种职业。想一想,如果没有职业分工,社会的运转状况会怎样? 你个人的生活会与现在有什么不同?	学生课后讨论分析	进一步巩固细胞分化的意义;同时对学生进行职业规划教育,正确对待不同的行业和工作

六、评析

　　"细胞分化"的知识内容,课程标准定位为 A 级学习水平。但对于大多数的学生来说,知道细胞分裂,而细胞分化对于他们来说基本是一个陌生的内容,其概念和本质都比较抽象。徐老师在本教学设计中,为达成教学目标,在教学上采用贴近生活、忆旧引新的方法,由感性认识向理性认识深化,提高学生学习的兴趣,在学懂学活相关知识的同时能感悟生命世界的奥秘,科学地认识生命世界,并延伸到今后的工作和生活中。

教材内容的主要对象是植物细胞,但徐老师从动物细胞、学生已知的人体自身的不同组织的细胞入手,并提问"一个细胞(受精卵)怎样形成具有 200 多种类型,数量达 10^{13} 的细胞的个体生命",引发学生思考,随之进行小麦幼根装片的显微镜观察实验。学生观察到了细胞分化,有了感性的认识,老师再引导学生总结归纳细胞分化的概念。在此基础上,让学生阅读并通过师生共同讨论细胞分化的特点,加深理解。细胞分化的本质是知识难点,也是一个从基因水平提升认识生命的节点,老师同样把旧知识延展应用到新知识,突破难点。随后讨论细胞分化的意义等,教学进程流畅,教学效果明显。

教学引入与认识动物细胞分化部分可合并压缩一些,最后建议补充一些与干细胞研究与应用相关的有趣内容。

(邓无畏)

高中《细胞生命历程——"细胞的衰老"》

华东师范大学第二附属中学　吕秀华

一、设计思路

细胞的生命历程,包括细胞增殖、分化、衰老和死亡,《生命科学高中第二册(试用本)》(上海科学技术出版社)第7章重点学习细胞的增殖和分化,对细胞的衰老和死亡并未提及,所以本节课的设计意图在于补充这个环节的内容,目的是使学生完整理解细胞作为生命活动基本单位的整体生命历程,引导学生对细胞衰老原因进行深层探讨,培养学生的研究能力和创新思维。这一节课是学生正确认识衰老和死亡的客观性,也是引导学生关注社会老龄化状况,关爱老年人,关注健康的好机会,在恰当的时间对学生进行健康教育会得到事半功倍的效果,会使学生受益终生。衰老和死亡不仅是每个人都要面对的,更是一个社会问题,通过关爱他人、珍爱生命、关注社会问题的情感感悟提升学生生命科学的核心素养。

衰老和死亡是任何生物体在生命历程中都必经的过程,学生对此现象非常熟悉,所以对于衰老原因的探讨一定非常感兴趣。但是关于细胞衰老和凋亡的原因学生并不是很了解,需要教师提供研究资料,介绍研究背景,设计好问题梯度,逐渐引导,讨论合作,尝试设计研究方案探讨细胞衰老的研究方法。利用已经学习过的细胞结构和功能知识,与个体衰老特征之间建立关联,帮助学生理解细胞衰老与个体衰老之间的关系。

对于中学生来说,衰老和凋亡的话题比较沉重,所以课堂引入时从长寿的讨论开始,要实现健康长寿就要了解衰老和死亡,这样学生易感兴趣,并且激发了他们积极的情感,为了人类的健康长寿我们先要了解衰老的特征和原因,了解疾病才能有针对性地延缓衰老,实现健康长寿。细胞衰老的原因一直是科学家们研究的热点和难点,至今有多种学说,学生接受起来有一定难度。教科书对此处理为选学内容,但这部分内容恰好是学生最感兴趣的,所以选择端粒学说来加以简单介绍,对于激发学生的科研兴趣至关重要。对于细胞凋亡知识可以这样引入:细胞衰老的结果是死亡,但细胞死亡是不是一定要在衰老之后呢?年轻的细胞会不会死亡呢?学生会说受到伤害也会死亡,教师继续问,如果没有受到伤害会不会死亡呢?然后从手的发育过程为例引出细胞自发的主动死亡过程—程序性死亡—细胞凋亡。看一段视频再总结细胞凋亡和细胞坏死的区别。

最后教师引导:细胞凋亡是个体正常发育和维持正常生理状态所需要的细胞死亡过程,一般不会引发疾病,但细胞衰老之后的死亡会引发各种疾病——老年病,引导学生关注老龄化社会现象,理解老年人的处境,对学生进行关爱他人、珍爱生命、关注社会问题的情感教育,并讨论如何延缓衰老、延长寿命。

二、教学目标

(一)知识与技能

1. 描述细胞衰老的特征。
2. 了解细胞体外培养的方法。

(二)过程与方法

通过总结个体衰老和细胞衰老的关系提高归纳总结能力,通过细胞衰老研究历史的学习提高科学思维能力,通过设计实验提高科学探究能力。

(三)情感态度与价值观

通过探讨细胞的衰老与人体健康的关系,关注自己和他人的健康状况,进行与社会老龄化相关问题的分析,养成关爱他人、珍爱生命、关心社会生活的意识。

三、教学重点和难点

(一)重点

个体衰老与细胞衰老的关系,细胞衰老的特征。

（二）难点

设计实验证明细胞衰老的原因。

四、教学准备

相关素材、课件。

五、教学过程

教学内容	教师行为	学生行为	教学说明
引入	展示电视剧《康熙王朝》剧照 提问：无论帝王将相还是平民百姓都希望健康长寿，人的最高寿限是多少呢？ 展示世界卫生组织公布的各国平均寿命数据	观看，倾听，思考，推测	将学生带入对长寿问题的思考情境，激发学生的好奇心
提出问题	为什么我们平均寿命都与最高寿限有较大差距呢？	产生疑问，产生探究欲望	进入问题探究的第一步
引入新课	说明我们都过早衰老了 我们要想长寿就要先了解衰老（板书：衰老）	认同阶段	
个体衰老与细胞衰老的关系	问题：细胞是组成生物体的结构和功能单位，生物个体衰老和细胞衰老是一回事吗？ 1. 展示草履虫和酵母菌图片 过渡问题：多细胞生物最初也是由一个细胞发育来的，经历了怎样的过程？ 2. 展示细胞分裂和分化的图片，分析不同细胞的寿命不同 3. 问题：多细胞生物体内的细胞会永远更新下去吗？ 展示研究图表 4. 启发总结	1. 陈述单细胞生物个体衰老和细胞衰老的关系 2. 总结出多细胞生物个体衰老与细胞衰老是不同的；细胞在不断更新 3. 分析图表得出结论：细胞更新速度逐渐变慢 4. 总结出多细胞生物个体衰老和细胞衰老不是一回事	提高归纳总结能力 引发思考 提高分析实验数据的能力和科学表述的能力

（续表）

教学内容	教师行为	学生行为	教学说明
细胞衰老的特征	1. 展示老人图片,学生思考叙述老年人衰老的特征 2. 展示动物细胞的亚显微结构 3. 问题:人体也是由细胞构成的,那么人体衰老的现象与细胞有什么关系呢? 小结:可见,细胞衰老是个体衰老的主要原因之一 提问:细胞衰老的特征都有什么?	1. 思考整理语言,陈述老年人衰老特征 2. 讨论:在人体衰老特征和细胞结构功能之间建立联系 3. 思考回答	复习细胞结构和各部分结构的功能,跨越宏观和微观建立联系,提高科学逻辑推理能力和归纳总结能力
细胞衰老原因探究	1. 问题:细胞在体外培养时养尊处优,会衰老吗? 展示 Hayflick 的研究文献摘要,并解读 2. 决定细胞衰老的原因在细胞外部还是在细胞内部? 3. 体外培养的细胞分裂次数都是一样的吗?(提示:Hayflick 用的是胚胎细胞,传代最多 50 次) 4. 展示 Hayflick 的实验设计及其结果	1. 文献学习,科学研究方法学习 2. 讨论回答 3. 设计实验 讨论后陈述设计方案 4. 比对科学家的实验设计,修正自己的设计漏洞	培养科学探究的兴趣和能力 培养分析问题的能力,讨论过程中学会合作,相互启发引导 尝试利用所学的方法设计实验
细胞衰老的原因	展示 2009 年诺贝尔生理医学奖获得者及其贡献,介绍端粒学说内容	了解相关知识	拓展知识面
全课总结	1. 展示主要几个国家的老龄化状况,多发老年病问题严重,想想我们的家里人可能正忍受着疾病的困扰,引导学生关注衰老问题的研究现状 2. 思考生活中有哪些因素能影响人的寿命?可采取哪些措施延缓衰老、健康长寿?	思考,结合自家情况谈对健康长寿的认识	生命教育,健康教育,关爱他人、关注社会的教育

（续表）

教学内容	教师行为	学生行为	教学说明
作业	拓展学习综述文献《衰老机制及其学说》,设计实验探究"细胞衰老取决于细胞核还是细胞质",搜集资料分析上海市人口结构是否进入"老年型人口"类型,老龄化社会会有很多问题,选择一个进行课题研究		

六、评析

生命的延续是生命世界的重要特征。高中阶段,从分子、细胞、个体和种群的不同层面探讨了生命的延续规律,但关于"生老病死"和对"死亡"的呈现则相对比较弱。吕秀华老师的"细胞生命历程——细胞的衰老"这节课是对"细胞增殖和分化"内容的拓展,有助于帮助学生理解作为生命活动基本单位——细胞的完整生命历程。在富有吸引力的情境引入后,提问:为什么平均寿命与最高寿限有较大差距呢?学生会对长寿的话题颇感兴趣,探究欲由此可以被有效激发。接着教师由个体衰老引向细胞衰老;在探讨了细胞衰老的特征后,教学设计中重点突出探究环节:细胞衰老的原因在细胞外部还是内部?通过展示科学家的研究文献,引导学生设计实验,讨论后陈述设计方案。最终,本堂课定位于让学生深入思考研究细胞衰老的意义,这样的立意可以说是结合相关知识在生命教育层面上的升华。

本堂课中,设计实验探究细胞衰老的原因这一环节,既是学习的难点,也是教学的难点,若在教学设计中更多地反映教师的预设和学生在课堂中可能的各种表现情况,则对阅读者可能会有更多启示。

（周韧刚）

高中《人类遗传病和遗传病的预防》（第1课时）

华东师范大学第三附属中学　李　丹

一、设计思路

"人类遗传病和遗传病的预防"是《生命科学高中第三册(试用本)》(上海科学技术出版社)第8章第4节的内容。

通过前3节的学习,学生对遗传和变异的实质及规律有了一定的了解,学习了伴性遗传,对人类遗传病也有了初步的认识。在此基础上,将与现实生活有着密切关系的"人类遗传病和遗传病的预防"放在最后,既是对本单元内容最后的总结、梳理和拓展,也能够对课程目标中情感态度与价值观目标进行更好的落实和升华。

本节课是第1课时,重点介绍遗传病的类型和遗传病的预防措施,遗传病的遗传特点与系谱分析放在第2课时,本节课有足够的时间结合教学内容开展生命教育。

结合生活实际,提供学习经历,丰富学习经验。以本校教师参加2007年上海特奥会志愿者的工作引入,以学生采访本校参加特奥会志愿者的教师为主线,将所见、所想和所感的资料进行整理和分享,不仅培养学生的合作、交流和表达能力,而且凸显了《上海市中学生生命科学课程标准》中倡导的"为学生提供多种学习经历,丰富学习经验。关注学生学习的过程,通过创设学习情境,开发实践环节和拓展学习渠道,帮助学生在学习过程中体验、感悟、构建并丰富学习经验,实现知识传承、能力发展、积极情感形成的统一"等课程理念。使学生通过本节课的学习有心灵的震撼,真正感悟生命的美丽在于生命的质量,做到尊重生命、珍爱生命,对于提高人口的生命质量和生活质量都有重要的现实意义。

创设学习情境，拓展基础内涵，加强知识应用。结合教师本人的经历，创设情境，使学生将理论联系实际生活，运用所学知识解决实际问题，让生命科学更加生活化，更加生动，对学生未来有长远的影响作用。同时通过分析和理解，让学生体会父母在其成长过程中付出的一切，学会感恩。

二、教学目标

（一）知识与技能

1. 知道遗传病的概念，知道人类遗传病的常见类型和常见病例。

2. 概述预防人类遗传病的常见措施和近亲结婚的危害。

（二）过程与方法

1. 交流收集的采访资料。

2. 解释优生优育的必要性。

（三）情感态度与价值观

1. 通过人类遗传病类型和典型病例的学习，懂得健康的重要性，激发对生命的尊重和关爱。

2. 通过人类遗传病预防知识的学习，增强提高生命质量的意识和提高人口素质的责任感。

三、教学重点和难点

（一）重点

1. 单基因遗传病的概念和类型。

2. 预防人类遗传病的常见措施。

（二）难点

生命教育和责任教育。

四、教学准备

相关 PPT 等。

五、教学过程

教学内容	教师行为	学生行为	教学说明
引入	1. 出示本校教师参加 2007 年上海特奥会志愿者的工作照片,请学生思考,特奥会是什么性质的运动会?智障的成因有哪些? 2. 引出人类遗传病的概念:人类遗传病指由于遗传物质发生变化而引起的疾病 人们已经深刻意识到遗传病的危害,而在我们身边到底存在着哪些遗传病呢? 面对这些遗传病我们又该做些什么呢? 直接衔接遗传病类型	1. 思考 根据已有知识回答 2. 静静聆听 思考	由身边的故事引入,激发学生的关注度和学习兴趣,引起共鸣
遗传病常见类型	据统计,人类有近 9 000 种遗传病,大致可分为单基因遗传病、多基因遗传病和染色体异常遗传病 遗传病的常见类型 1. 单基因遗传病 概念:指由一对等位基因控制的疾病 基因位于染色体上,而染色体有哪些种类? 常染色体与性染色体,基因又有显隐性之分 类型 (1) 常染色体显性遗传病 出示软骨发育不全症和短指症病例,介绍遗传病症状,请学生根据所学习内容,书写基因型,并分析显性致病基因遗传特点? 带有显性致病基因的纯合子与杂合子是否表现病症? (2) 常染色体隐性遗传病 出示白化病病例(前面已经学习过,不用过多地介绍病症),请学生直接书写基因型,并分析如果父母外观都是正	1. 思考回答旧知,导出单基因遗传病的类型 (1) 观看图片 思考回答:纯合子与杂合子都患病 同时体会遗传病带给人类的危害 (2) 思考回答:根据基因分离定律,患病概率为 25%	通过列举形形色色的遗传病,描述给病人和亲属带来的沉痛打击,让学生受到心灵的震撼,懂得健康的重要性,明白拥有健康才能拥有一切;通过分析遗传特点,让学生从科学的角度看待和理解遗传病的危害

（续表）

教学内容	教师行为	学生行为	教学说明
	常的却都携带白化病基因的杂合子，那么他们的子女患病概率是多少？ （3）X 连锁隐性遗传病 回顾伴性遗传的内容，直接以问答的形式呈现 （4）X 连锁显性遗传病 出示抗维生素 D 佝偻病病例，介绍遗传症状，请学生根据所学习内容，书写基因型，并分析遗传特点 2. 多基因遗传病 概念：多对基因控制的人类遗传病 多基因遗传病常表现出家族聚集现象，且比较容易受环境因素的影响；发病率低，目前已发现的多基因遗传病有 100 多种 简单介绍典型病例（如唇裂、糖尿病等），突出多基因遗传病比单基因遗传病更容易受环境因素的影响。结合生活实际，请学生反思自身有哪些不良的生活习惯会对健康不利 3. 染色体异常遗传病 重点介绍常染色体异常引起的多基因遗传病 例如：唐氏综合征 呈现图片，介绍症状，联系实际——特奥会运动员 简单介绍性染色体异常引起的多基因遗传病（在前面变异一节有所涉及）	（3）思考回答 根据所学习的伴性遗传知识，理解 X 连锁显性遗传 2. 反思自身 积极回答参与 勇于改进 3. 交流采访本校特奥会志愿者教师的所见、所想和所感	致病基因在性染色体上的单基因遗传病，对教材顺序做了调整，先复习 X 连锁隐性遗传，再过渡到 X 连锁显性遗传，通过对比，学生更加容易理解和掌握 多基因遗传病是发病率最高的，重点强调环境因素对一些遗传病的影响，使得学生明确健康的身体来自于平时良好习惯的养成与坚持 展示患唐氏综合征的孩子的生活和乐观的精神状态，让学生畅所欲言发表感想，引发对特殊群体的关注，使学生学会关爱生命，尊重生命 生命教育的体现：平等对待每一个人
遗传病的预防	遗传病固然可怕，但如果早做预防，就可以相对地减少遗传病的发病率和危害性 人类遗传病预防措施如下 1. 禁止近亲结婚 出示"血亲关系图"和我国婚姻法相关规定，请学生解释为什么禁止近亲结婚？ 2. 遗传咨询 出示情境分析，呈现遗传咨询的基本程序和服务对象 3. 避免遗传患儿的出生 出示教师本人唐氏综合征筛查和"大排畸"检查的产检报告，请学生分析检查的目的和意义？	1. 结合教材，能够解释近亲结婚的危害 2. 阅读教材，分析情境 3. 分析真实的案例，体会优生优育的重要性	通过对情境的分析和解释，锻炼学生的语言表达能力 分享教师的亲身经历，设置情境，学生容易产生共鸣，进行情

（续表）

教学内容	教师行为	学生行为	教学说明
	介绍现代产前诊断的检测手段、婚前体检的重要性、适龄生育的重要意义 每一个健康的生命，都离不开父母的关爱，每一个生命的存在都非常珍贵，每一个人都要珍爱生命和学会感恩	产生共鸣，引起心灵的震撼	感教育，珍爱生命，感恩父母 体现责任教育，作为社会的一分子，有责任和义务通过优生优育提高生命的质量和人口素质
总结	本节课的总结，整体梳理病例分析	学生讨论	知识系统化，学以致用

六、评析

高中的"人类遗传病和遗传病的预防"教学内容，是在遗传规律知识的学习基础上的提升与应用。由于人类遗传病是学生非常关注的问题，也是每个人都曾经接触过并在将来可能会遇到的重要问题，因此，在承载知识与技能、过程与方法教学目标的同时，李丹老师在教学设计中非常关注"生命教育"的目标。

学习本内容的意义在于有助于引导学生知道遗传病的发病原理及规律，减少遗传病的发生。一旦遗传病已经发生，尤其是那些会导致个体不幸的遗传病发生后，我们及社会又应该做一些什么？关爱人类遗传病患者的想法自然就凸显出来。所以从本堂课的教学目标看，李丹老师关注"生命教育"和"责任教育"，充分从科学和人文两个方面对本堂课进行了关注。

教学过程的安排中，内容主线自然是遗传病的类型和预防，但同时李老师安排了能引起学生共鸣的事例，如学校老师担任特奥会志愿者，教师自身产前检查报告等，可以有效地提升学习积极性，落实教学目标。

教学内容的设计中，既然是已有知识的整合和提升，则在如何引导学生提炼已经学过的知识和关注知识构建方面还显得稍弱了些。若能安排整体性的思考环节，引导学生自己先总结遗传病的类型及特点，可能对能力的培养更有意义。

（周韧刚）

高中《校园鸟类多样性调查与分析》

杨浦高级中学　刘俊峰

一、设计思路

"校园鸟类多样性调查与分析"课程是杨浦高级中学"生物多样性和体验研究中心"市级创新实验室实施的一个活动项目,以课题研究的模式开展,旨在激发学生主动获取和构建知识体系的热情,学会一些科学思维的方法,逐渐形成正确的生态价值观,提高生物多样性保护意识,同时也为后续课程的开展积累经验。

"校园鸟类多样性调查与分析"是本学期前 12 周的活动项目(不含节假日和学农时段),同学们先后经过对鸟类标本的静态观察和校园鸟类的初步识别,积累了一些识别鸟类的经验,对生态学相关基本概念、生物多样性调查的方法及原理有了一定的了解。由于学生尚不具备完全独立识别鸟类的能力,因此本次调查和数据采集由老师带领完成。

通过调查实践,同学们对设计调查方案、记录数据、统计和分析数据的研究历程有了体验。同时对校园鸟类的栖息环境有了更深入的了解,基本具备了分析各类生态环境中鸟类种群密度和物种丰富度存在差异的原因的能力,也能理解保护生物多样性的意义。

经过 7 个课时的学习和实践,需要对学生进行阶段性评价,评价的一个重要内容是研究报告。通过学生小组汇报的形式,分享学习经验、总结观察和学习历程、探讨研究方案、分析研究结果,对学生系统地了解课题研究的整体结构、提升语言和书面表达都大有裨益,同时也为同学们撰写报告及后续课程的实践打下一定的基础。

二、教学目标

（一）知识与技能

1. 知道样线法的原理及应用。

2. 初步学会调查数据的统计与分析。

（二）过程与方法

学习并应用样线法调查校园鸟类的多样性，分析和讨论研究结果。

（三）情感态度与价值观

通过调查实践，领会科学的态度和方法对于研究的重要性，增强对科学探究的兴趣，提升保护生物多样性的意识。

三、教学重点和难点

（一）重点

知道样线法在多样性调查中的应用。

（二）难点

初步学会科学设计调查方案、数据统计和结果分析。

四、教学准备

1. 观鸟培训。

2. 预调查。

3. 实践。

4. 数据处理。

5. 课件制作。

6. "校园鸟类多样性调查与分析"交流活动。

五、教学过程

教学内容	教师行为	学生行为	教学说明
引入	简要回顾2个多月的课题研究,指出本节课的学习任务	聆听、回顾	通过"校园鸟类多样性调查与分析",阐述通过文献研究、调查和统计分析等实践研究方法,引导学生激发学生主动获取和构建知识的热情,学会设计并开展生物多样性调查,掌握科学研究的基本方法,同时为中小学开展生物多样性调查积累经验、探索教学方法
观察与学习	1. 文献研究 组织学生以小组汇报交流的形式展示阶段性成果,总结观鸟识鸟和调查的经验,分享学习和研究过程中的困难与收获 聆听、观察学生的互动情况,适时对学生的问题进行解答。总结文献研究、观察学习等基础工作对调查研究的重要性 2. 通过标本观察、书籍和网络图片观察,对鸟类进行静态识别演示和回顾学生静态学习历程 3. 校园实地观察和摄影,提升识别技能演示和回顾学生动态实践历程	1. 查文献,咨询老师,初步了解调查对象 2. 小组汇报 3. 小组汇报	以小组汇报交流的形式展示阶段性成果,总结观鸟识鸟和调查的经验,分享学习和研究过程中的困难与收获,寓教于乐、边学习边实践,学生熟练地掌握了相关技能和方法 在阅读一定的文献后,学生了解了常用的鸟类数量调查方法有标图法、样线法和样点法,其中样线法是基于统计学中样本反映总体的思想,通过对样线条带内的个体进行绝对数量的调查,来反映整个地区的种群数量或密度 以图谱和实验室鸟类标本的识别入手,了解上海市区常见鸟类的基本特征 以学生拍摄的校园鸟类的照片、视频、音频为主要素材,通过观图识鸟、听音辨鸟的竞猜互动方式,呈现学生文献研究及观鸟实践的成果,在实践中理解并应用理论知识
设计与实践	1. 预调查 指导学生设计调查表,详细记录调查地点、物种及数量、生境及动物行为特征、影响鸟类活动的因素、调查时间、天气、温度等 为检验调查的方法与内容的可操作性,特安排了预调查。预调查后及	1. 学生结合电子地图与校园图纸,对两条样线的长度、样带的面积和鸟类有效栖息面积进行了估算和实地测量	通过上海市区主要鸟类的图谱和标本静态观察大致了解校园鸟类的种类,通过咨询专家和在社交媒体上交流拍摄的照片、视频、音频及时获取信息,经过反复的观察实践获得基本识别优势物种的能力

（续表）

教学内容	教师行为	学生行为	教学说明
	时调整了有效距离,确定正式调查的时间段 2. 研究目的 学习并应用样线法调查校园鸟类的多样性,分析各类生态环境中鸟类种群密度和物种丰富度存在差异的原因,理解保护生物多样性的意义 3. 调查方法 (1) 分析调查方法的类型和选择 (2) 分析样线布设的科学性和合理性 (3) 强调预调查的重要性 4. 调查实践 (1) 如何布设样线 (2) 样线宽度和不同生境类型的确定 (3) 调查工具和设计记录表 (4) 调查时间的确定	2. 讨论、分析 3. 小组汇报 4. 小组汇报	体现科学的研究观:明确研究目的是研究调查方法的前提,是研究内容的核心 应用样线法调查校园鸟类的多样性,根据地形和生态特征科学设置样线、根据预调查合理调整有效宽度 基于高中生现有的知识基础,同时参考有关文献,将调查研究的内容定位为校园鸟类的种类、种群密度、物种丰富度、对栖息地的利用 肯定同学们积极参与的态度,注重结果,更注重过程体验。主动探索、自主学习才能激活创新性思维
结果与分析	1. 校园鸟类种群密度和栖息地类型分析 共观察到7种鸟,其中雀形目6种,分属6科,鸽形目1种。麻雀、白头鹎是校园中普遍的优势种,喜集群活动。麻雀、白头鹎、乌鸫在建筑物附近、行道树、树林均有分布;珠颈斑鸠经常在草地觅食,而白鹡鸰通常发现于视野开阔的地面;棕头鸦雀喜欢在灌丛中活动,对外界干扰很敏感 2. 样线1和样线2的比较分析 样线1的主要区段是学校的主干道,人为干扰远大于样线2,且两条样线周边的植被类型相	1. 小组汇报、交流 2. 小组汇报、交流	检验观察与学习阶段的成果,渗透客观、严谨、科学的科研价值观 调查结果促进了新一轮的文献研究,进而发现了食物易获性的影响因素,最终做出了更为全面和合理的解释

（续表）

教学内容	教师行为	学生行为	教学说明
	似。而统计分析表明样带1中麻雀和白头鹎种群密度明显高于样带2，这与调查前的预测恰好相反 3. 各栖息地物种丰富度及种群密度差异分析 （1）结合栖息地类型和位置，试分析各栖息地（样线区段）物种丰富度及种群密度存在差异的原因 （2）提出保护鸟类多样性的主要措施 （3）生物多样性保护的意义	3. 小组汇报、交流、讨论	通过比较分析同一样线不同区段的物种丰富度和种群密度的差异的形成原因，学生深刻体会到栖息地对于生物多样性的重要性，对保护生物多样性的意义有了深层次的理解
小结	总结课题研究的意义，寄语同学	聆听、感悟	突出实践的研究性，学生实践贯穿于整个教学的始终，文献研究为调查方法和内容的确定提供科学参考与经验；调查设计突出科学性与操作性，取样及有效样线宽度经实践后得以修正；分组讨论更关注挖掘问题的深度与研究的内涵，更注重学生科学思维习惯的培养和探究能力的发掘
作业	撰写研究小论文		突出研究的完整性和传播性，为后续研究奠定基础

六、评析

本堂课是对一系列校本拓展课实施后的总结环节。生命科学领域研究的方法很多，学生比较熟悉的是在实验室中进行观察、解剖、测量、检验、分析、提取等，而对于宏观生物学领域的实验方法，相对而言陌生程度较高。刘俊峰老师利用校园的鸟类资源，引导学生开展多样性调查，这对拓宽学生的视野，更全面深入理解生命科学的研究方法及其研究价值，无疑有着极其重要的意义。

在观察与学习阶段，组织学生汇报交流，总结观鸟识鸟和调查的经验，由于是学生亲身体验过的活动,因此这对他们来说一定是一个非常充满感情的交流环节。在样线法预调查的基础上,分析和讨论研究结果,认识到合理可行的研究方法对取得理想的科学结论的重要意义。在结果分析阶段,通过具体数据,学生可以非常清晰地感受到人类活动对环境和生物多样性的影响。

　　学生的汇报和讨论交流是本堂课最具特色的教学环节,这其中充满着教学生成,需要教师有足够的智慧驾驭课堂,并引导教学内容主线的顺利贯穿。在这个过程中学生可能会出现哪些情况,教师如何应对可能发生的各种情况,若能把这些想法反映出来,可能对读者阅读和学习有更大帮助。

(周韧刚)

高中《使用传感器探究内环境自稳态调节机制
——以人体酸碱度的调节为例》

上海市鲁迅中学　柯晓莉

一、设计思路

"人体是怎样维持内环境自稳态的"是《生命科学高中拓展型课程（试用本）》（上海科学技术出版社）教材第 2 章第 1 节提出的关键问题，《上海市中学生命科学课程标准》将其定位为 B 级，即理解层面的学习水平。其中维持并调节 pH 的平衡是体现内环境自稳态的重要特征之一，教材利用学生已经掌握的酸碱中和原理解释了细胞外液保持酸碱度稳定的知识。因为涉及内环境的化学成分、理化性质都很抽象，所以学生往往一知半解，甚至还有学生相信"人体有酸性或碱性体质之分，只有碱性体质才健康"的传言。

如何在教学上化解这一认知"瓶颈"呢？笔者尝试改进人民教育出版社高中生物学教材《稳态与环境》中的学生实验"生物体维持 pH 稳定的机制"，在实践活动中丰富学生对内环境自稳态的感性认识，促进稳态概念的构建。

原本的实验方案中，采用了 0.1 mol/L 的 HCl 和 NaOH 溶液作为酸性和碱性试剂，而在生物体的内环境中一般并不存在这两种物质。因此，改为乳酸和 Na_2CO_3 这两种常见的细胞代谢产物。虽然不是强酸强碱，但相同浓度的乳酸和 Na_2CO_3 溶液的 pH 与改进前很接近，完全可以替代原有试剂，也更符合生物体的实际生理状态。

原实验方案通过比较蒸馏水、缓冲溶液（在加入酸或碱时，能使 pH 的变化减弱）和生物材料在加入酸或碱后 pH 的变化，启发学生推测生物体是如何维持 pH

稳定的。传统的实验方法采用 pH 试纸进行定性研究判断,要求学生每滴定一次就用试纸测试一下 pH,每测试一次就用笔在预先设计的记录表中记录下数据,最后再绘制成 pH 变化曲线。这样操作起来较为烦琐费时,而且由于不同学生对 pH 试纸使用的熟练、精确程度以及主观颜色判断上的差异,因此最终得到的 pH 变化曲线图有可能差异较大。通过使用改进后的传感器装置,明显缩短了实验进程,数据采集软件操作简单易上手、实时显示的曲线使结果一目了然,给学生预留了充裕的时间,开展进一步的探究实验,丰富学生的实验体验,自觉形成珍爱生命、珍惜健康的意识。

二、教学目标

1. 解释生物体维持 pH 稳定的机制。
2. 探究生物体维持 pH 稳定的条件。
3. 认识内环境自稳态的重要性,认同强化自我保健的意识。

三、教学重点和难点

(一) 重点

解释生物体维持 pH 稳定的机制。

(二) 难点

探究生物体维持 pH 稳定的条件。

四、教学准备

(一) 器材

Vernier ® Logger Pro 软件系统、Vernier ® LABQUEST MINI 数据采集器、pH 传感器、计算机、环形架和实用夹、搅拌子和磁力搅拌器(Vernier ® STIR Station)、100 mL 小烧杯、50 mL 量筒、吸水纸、长柄镊子、蒸馏水洗瓶、废液缸、乳胶手套、护目镜。

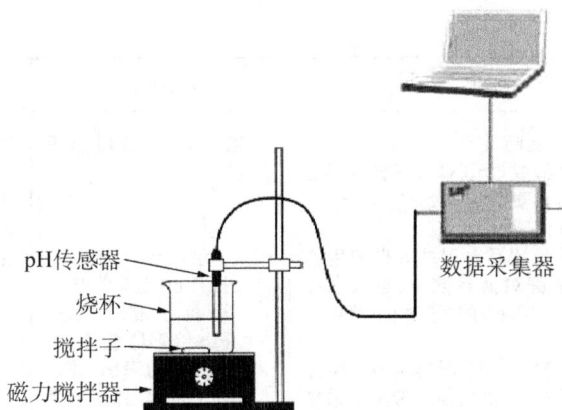

实验装置简图

（pH传感器、烧杯、搅拌子、磁力搅拌器、数据采集器）

（二）试剂

自来水、0.1 mol/L 的乳酸溶液、0.1 mol/L 的 Na_2CO_3 溶液、pH＝7 的磷酸缓冲液、鸡血浆溶液（新鲜、凝固、4℃冷藏二周）、各种生物材料匀浆（植物、动物、真菌等）。

五、教学过程

教学内容	教师行为	学生行为	教学说明
引入	1. 设问启思 　社会上有这样一种说法：人体分为酸性或碱性体质，碱性体质才健康，酸性体质容易导致癌症等等，这样的说法是否科学呢？ 2. 知识储备 　通常细胞代谢会产生许多酸性物质，如细胞呼吸产生的 H_2CO_3 等；人和动物吃的食物消化吸收后经代谢也会产生一些酸性或碱性物质。这些物质进入内环境会导致 pH 发生偏移，但一般情况下，人体内环境的酸碱度通常接近中性，即 7.35～7.45 左右，仅相差 0.1，结合学习过的化学知识，同学们推测人体是如何实现酸碱度相对稳定的呢？ 　今天我们一起通过实验来探究其中的奥秘吧！	1. 思考并回答 2. 运用酸碱中和的化学知识，解释问题，同时明确实验目的和要求	关注社会热点话题，联系人体健康主题，创设问题情境、激发学生思维 培养学生知识迁移的能力，构建学科之间的联系，为实验的实施做好知识的铺陈和准备

（续表）

教学内容	教师行为	学生行为	教学说明
基础实验	1. 教师提问 加入乳酸或 Na_2CO_3 试剂后,鸡血浆溶液是更像自来水还是更像磷酸缓冲液呢? 本实验采用具有缓冲效果的生物材料新鲜鸡血浆溶液、自来水和 $pH=7$ 的磷酸缓冲液进行对照 基础实验一,在三种样本溶液中加入乳酸溶液,然后使用传感器采集实验数据并自动生成 pH 变化曲线图 基础实验二,实验步骤及方法相同,试剂改为 Na_2CO_3 溶液 2. 教师巡视 针对实验中出现的问题及时给予指导和纠正 (1) 是否开启磁力搅拌器? (2) 是否在 Logger Pro 软件中完成了数据采集总时长的设定? (3) 滴加的酸性或碱性溶液的量是否相等? 间隔时间是否相同? (4) 是否完成了三种样本溶液的测定,得到了六组数据? 是否确认保存数据? (5) 每次实验后,传感器是否彻底清洗干净? 是否完成校正? …… 3. 安全提示 实验中所使用的乳酸和 Na_2CO_3 溶液都具有一定的腐蚀性,禽类的血源性溶液也可能具有一定的疾病传染危险性,应避免其与皮肤和眼睛接触,更不要入口。实验过程中,务必佩戴护目镜和乳胶防护手套,若有酸或碱洒落或溅出,要立即用水冲洗 15 min,并及时报告老师	1. 思考问题,并做出假设 两人一组,合作完成 (1) 打开已经安装在计算机上的 Logger Pro 传感器软件,系统将自动识别,并在左下角弹出的【数字仪表】框内显示当前传感器的类型及即时读取数据,确认无误后进行下一步操作 (2) 点击菜单栏【实验】→【数据采集】,在【采集】页面中设置数据采集的总时长以及取样速度等 (3) 用量筒量取 50 mL 自来水加入 100 mL 小烧杯,同时将搅拌子放入烧杯中,然后将 pH 传感器前端插入溶液中(注意传感器前端切勿碰击搅拌棒),开启磁性搅拌器,选择 5 倍转速 (4) 观察左下角【数字仪表】框内即时显示的 pH 数值,待其稳定不再变化后,点击右上角菜单栏内的【采集】按钮,开始采集实验数据 (5) 等待 10 s 后,在小烧杯内加入 5 滴0.1 mol/L 的乳酸溶液,同时观察屏幕中待测溶液 pH 值曲线变化情况,大约间隔 15 s 后再加入 5 滴,如此反复直至滴完 30 滴	按照生命科学探究活动的基本步骤,引导学生养成科学思维的习惯,掌握科学探究的方法 通过实验材料的比较,强调控制变量法在探究活动中的重要性 介绍实验装置,指导学生学会使用 pH 传感器实施实验 关注学生实验过程中的各种生成性问题,及时答疑解惑,为进一步开展探究活动奠定基础 进行必要的实验室保护提示,确保实验过程中的人身安全

（续表）

教学内容	教师行为	学生行为	教学说明
	4. 实验小结 各小组分析得到的实验数据曲线图,得出的结论是? 5. 原因分析 生物体液属于缓冲溶液,其中存在着许多缓冲对,例如 $NaHCO_3$ 和 H_2CO_3、Na_2HPO_4 和 NaH_2PO_4 等物质,它们对溶液酸碱度的变化有一定的调节作用	（6）120 s 后系统自动停止数据采集,点击【文件】菜单→【保存】,为该文件命名,保存至本地磁盘即可 （7）用蒸馏水洗瓶彻底清洗 pH 传感器,直至【数字仪表】框内的数值恢复至中性初始状态 （8）重复以上步骤,完成 0.1 mol/L 的 Na_2CO_3 溶液的测定 （9）按照以上步骤,分别对磷酸缓冲液及新鲜鸡血浆溶液进行 pH 变化的测定,并记录数据 2. 得出结论:鸡血浆溶液类似于缓冲液 3. 观察实验现象,分析实验数据,得出实验结论,掌握实验原理	直观形象的实验结果,有力地改变了所谓人体酸性或碱性体质的传言,引导学生崇尚科学理性的健康观
探究实验	1. 激励质疑 对于前面完成的两个实验,同学们是否还有不明白的地方呢? 教师聆听、观察、思考 2. 组织小组同学改进实验方案并展开深入的探究 探究实验一:在鸡血浆溶液中加入过量的乳酸试剂。在 180 s 的时间内,每隔 20 s 加入 5 滴乳酸试剂,从第 200 s 开始每隔 20 s 依次	1. 学生提问 学生提问一:刚才的实验中为什么不配制 pH = 7 的碳酸盐缓冲液呢? 马上有同学帮助解答"H_2CO_3 属于弱酸极易分解,无法配制出中性的碳酸盐缓冲液" 学生提问二:为什么我们小组的鸡血浆溶液 pH 变化曲线发生了明显的波动呢?是不是因为滴加了过量的酸性或碱性试剂呢? 2. 学生再次分小组,使用传感器装置实施实验,获取实验数据,验证实验假设,推测误差原因 学生提问三:凝固后的	在完成了两个验证性实验的基础上,充分挖掘学生的生成性问题,开展进一步的探究,激励质疑精神,培养科学精神 书本知识活学活用,同伴互助得以体现 新的疑问,进一步的探究,同学们乐在其中 引导学生亲身体会到内环境自稳态只能在一定的范围内

（续表）

教学内容	教师行为	学生行为	教学说明
	加入 10 滴、15 滴、1 mL 直到 2.5 mL 的过量乳酸试剂 探究实验二：在鸡血浆溶液中加入过量的 Na_2CO_3 试剂，实验步骤及方法相同 3. 继续组织小组同学修改实验方案并展开探究 探究实验三：将凝固后的鸡血块配制成溶液，滴加乳酸和 $NaCO_3$ 试剂，观察缓冲效果 4. 整合各个小组同学提出的共性问题，完善改进实验方案，升级实验装置，展开进一步的探究 探究实验四：将三个传感器同时连接在一个数据采集器上，同时采集自来水、磷酸缓冲液和于 4℃ 冷藏二周后的鸡血浆溶液的 pH 变化曲线图 5. 启发学生根据不同生物类型准备实验材料，同时提示学生材料的新鲜程度、细胞活性等也都可能影响实验结果的精确性 探究实验分享组 真菌类（1号小组） 动物类（2号小组） 植物类（3号小组）	鸡血块是否具有相同的缓冲效果呢？ 3. 小组同学合作完成实验 学生提问四：血浆的新鲜程度是否会影响实验结果？冷藏后的鸡血浆溶液是否还具有缓冲作用？如何提高实验效率，同时获取多组实验数据？ 4. 搭建实验装置、讨论完善实验方案、确定单一变量、明确分工合作、实施实验，得出结论：冷藏后的鸡血浆溶液同样具有缓冲效果 学生提问五：除了鸡血浆溶液外，其他生物材料是否也具有类似的缓冲效果呢？ 5. 真菌材料组（酵母菌、金针菇、蘑菇、香菇、草菇） 植物材料组（青菜叶、黄瓜果肉、紫色洋葱鳞茎、胡萝卜块根、马铃薯块茎） 动物材料组（牛奶稀释液、鸡蛋清稀释液、瘦猪肉、唾液稀释液、猪肝） 以上生物材料按照 10% 的浓度比例配制成匀浆后备用 小组之间分析实验数据、分享活动体验、表达研究信息	保持动态平衡，进而认同生命的神奇与脆弱 满足学生的认知需求，拓展课堂教学的深度和广度 学生的灵感小火花为教师实验材料的准备积累了宝贵的经验，教学相长，相得益彰 拓展实验视角，培养发散性思维 引导学生养成实事求是、严谨规范的科学态度
小结	通过以上的实验，请同学们思考以下两个问题 1. 生物体为什么能使 pH 稳定在	聆听、认同、感悟	指导学生树立科学理性的健康观和严谨规范的认知观，感

（续表）

教学内容	教师行为	学生行为	教学说明
	一定的范围内？它有何生物学意义？ 2. 本次实验有哪些收获或体会呢？		悟生命的神奇与脆弱，自觉形成珍爱生命、珍惜健康的意识
作业	1. 制作一份科学小报，改变人体酸性或碱性体质的传言 2. 设计一份实验方案，针对以上实验中存在的疑问展开新一轮的探究	小组合作完成作业，巩固学习效果	设计开放式作业，引导学生学以致用，提升学生的思维品质，激发探究潜能，培养学科兴趣和核心素养，突出学科的育人价值

六、pH 变化曲线图

基础实验一：滴加 0.1 mol/L 乳酸溶液

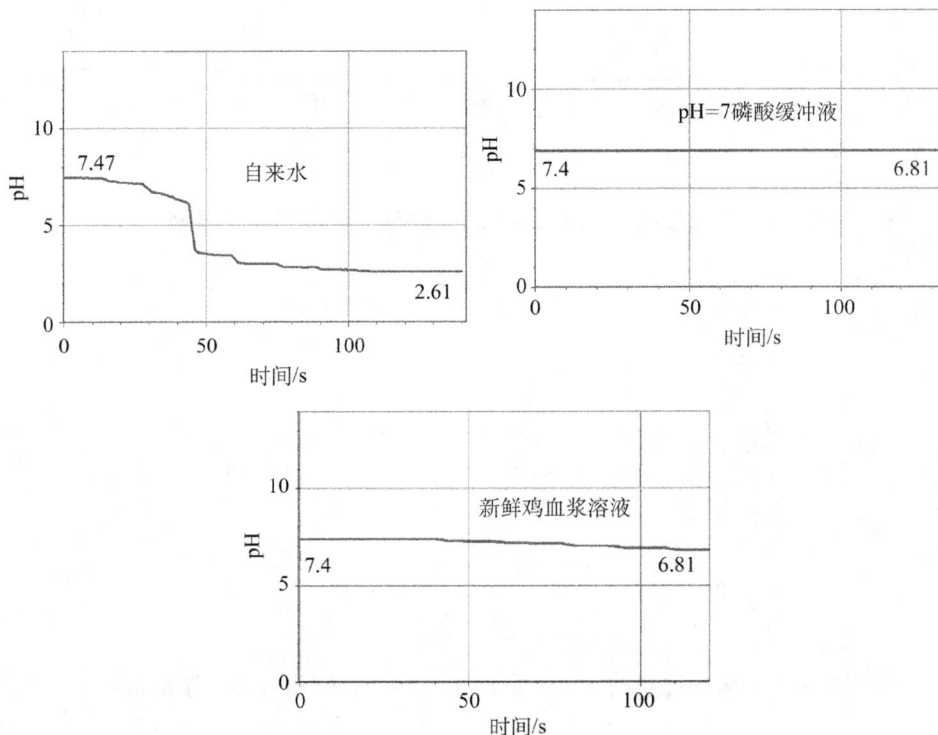

基础实验二：滴加 0.1 mol/L Na₂CO₃ 溶液

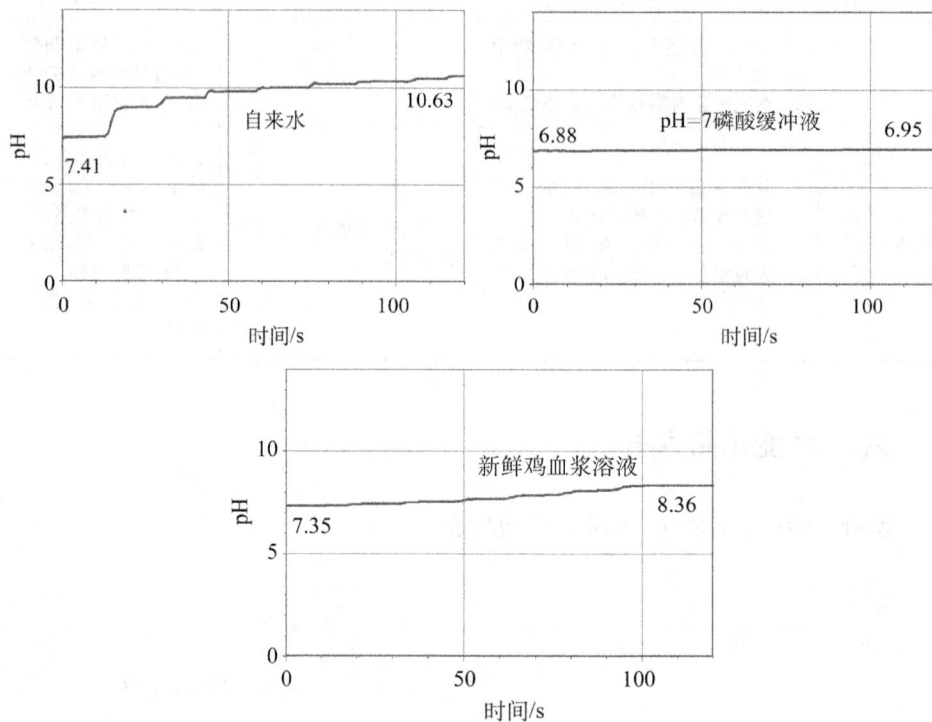

探究实验一：滴加过量的 0.1 mol/L 乳酸溶液（新鲜鸡血浆溶液）

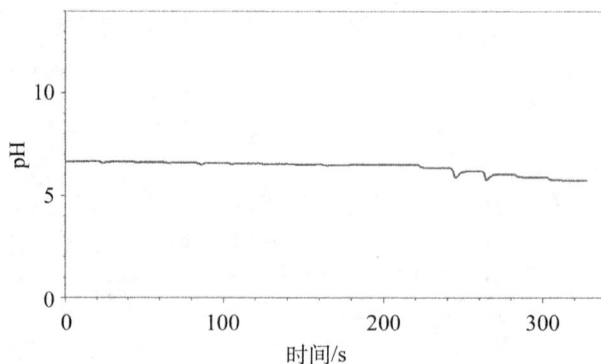

探究实验二：滴加过量的 0.1 mol/L Na₂CO₃ 溶液（新鲜鸡血浆溶液）

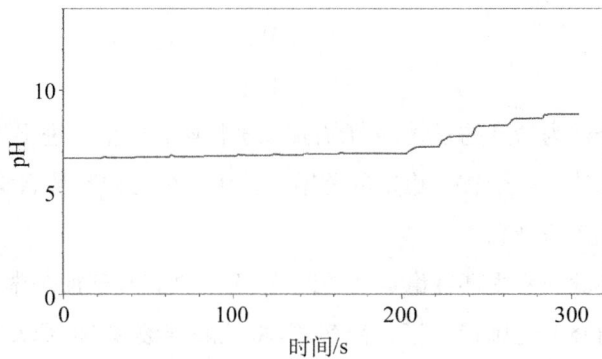

探究实验三：凝固的鸡血溶液是否具有缓冲效果

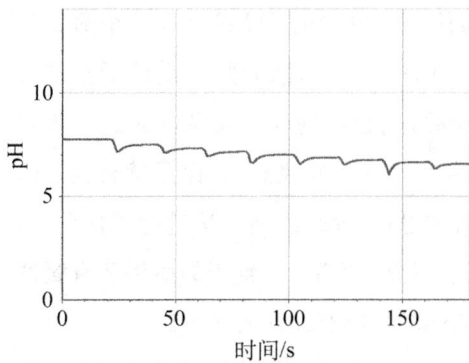

滴加：0.1 mol/L 乳酸溶液

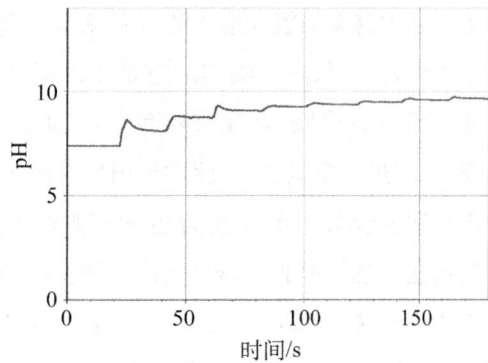

滴加：0.1 mol/L NaCO₃ 溶液

探究实验四：冷藏后的鸡血浆是否具有缓冲效果？

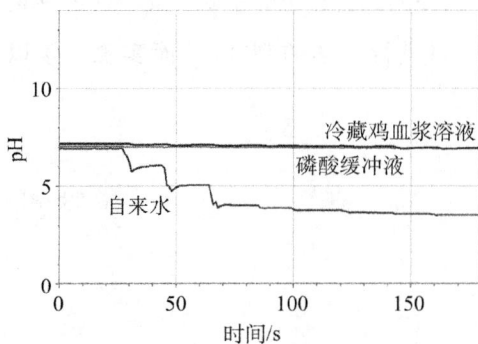

滴加：0.1 mol/L 乳酸溶液

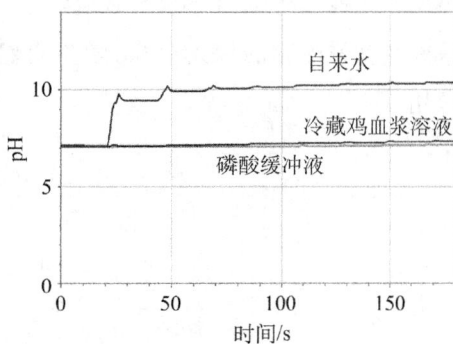

滴加：0.1 mol/L Na₂CO₃ 溶液

七、评析

人体是一个极为精妙的系统,每天有那么多物质和能量进进出出,但内环境的各项指标却能保持在一个较为稳定的范围内。认识维持内环境自稳定的意义,有助于更好地形成生命观念。

通过亲身实验观察内环境稳定性的维持,无疑更有益于加深学生对生命现象的直观印象。柯晓莉老师设计了对照实验,将乳酸溶液和 Na_2CO_3 溶液分别滴入清水、缓冲溶液和鸡血浆溶液中,可以发现不同的变化规律,在鸡血溶液中 pH 的变化与缓冲溶液中的比较相似,而滴入水中后 pH 会发生巨大的变化。由此可见,生物体中有类似缓冲溶液的自我调节机制,使内环境中的 pH 维持在一个适宜的范围内,从而保障了细胞的正常生理活动。在此基础上,柯老师又设计了拓展实验,即加入过量的乳酸溶液和 Na_2CO_3 溶液后,又会出现什么现象?通过实验发现,当超过一定限度后,缓冲作用戛然而止,从而让学生感受到,生命虽然有很强的自我调节能力,但调节能力还是有限度的,若超过这个限度,则无法进行正常调节。当这些观念均形成后,教师设计了进一步拓展研究的实验,如凝固的血块还有缓冲作用吗?这样的问题有助于学生进一步对活体的功能有深入的认识。

由于本实验内容多,预计完成所需时间较长,因此柯老师采用了 DIS 设备进行数据采集,从而大大提高了实验效率。

整堂课中,教师安排了情境主线,即提出问题"人体分为酸性或碱性体质,碱性体质才健康,酸性体质容易导致癌症等等,这样的说法是否科学呢?"通过实验现象观察及有关内容的深入分析,学生自然可以进行科学的判断,从而实现了学以致用。

(周韧刚)

第二篇

教学实录型案例

青春期的"及时雨"

（初中《青春期健康》的教学）

上海市丰庄中学　陆燕凤

一、背景

八年级的学生正处在青春发育时期，他们对自己身体的形态和生理变化，会产生一些疑惑，甚至会产生一些神秘感。他们很想知道自己身体急速变化的原因，虽然在六年级的科学学科中学习了部分知识，但还是一知半解。而且青春发育时期是决定中学生的体质、智力等能否良好地发育和发展的一个关键时期。他们如果能在这个时期学到一些有关人体的生理卫生知识，特别是学到关于青春期健康的知识，并且用所学的知识来指导自己的行为，则可以切实做好青春期的卫生保健，积极锻炼身体，保证青春期身体的正常发育，树立健康的人生观，热爱生命，珍惜青春期金色的年华，从而为一生的健康打下良好的基础。教材中本课内容非常少，用相当精练的语言高度概括了青春期的发育变化特征，用归纳化的语言表述了青春期身心健康的重要性，应该说还远远不能满足学生的需要。因而，应该如何组织教学，以体现生命科学对学生实际生活的指导价值，从而激发学生学习生命科学的热情呢？于是我的课就这样开始了。

二、过程和效果

（一）过程

师：青春期是人生的关键时期，也是人生的过渡时期，走好青春期，是未来成功的基石。有人说，青春期是花季，是雨季，把握好这个黄金时期能助你获得一生的成功。那怎样才知道自己到了青春期呢?

师:课前,老师让大家做过一张调查问卷,那现在我们来看一看汇总后的数据。

男孩

问题	
1. 你是几岁时身高开始突增的?	10 岁(1)11 岁(5)12 岁(4)13 岁(3)14 岁(5)
2. 你的体重有变化吗?	有(19)
3. 你出现喉结了么?	有(19)
4. 你有没有出现遗精(回答"有"或"没有")	有(2)没有(3)不清楚(14)
5. 你觉得你是不是进入青春期了?	是(19)
6. 你有没有突然感到很烦躁的时候? 你是怎么调节自己的情绪的?	有(19)
7. 你有没有喜欢过哪个女生? 你为什么会喜欢她呢?	有(5)没有(8)不清楚(6)
8. 你对自身的发育有没有产生困惑? 是否希望得到老师的帮助?	有(14)没有(5)

女孩

问题	
1. 你是几岁时身高开始突增的?	9 岁(1)10 岁(2)11 岁(4)12 岁(3)13 岁(1)
2. 你的体重有变化吗?	有(11)
3. 你的乳房开始发育了吗?	有(11)
4. 你有没有出现月经? 月经期间你知道如何保护自己么?	有(11)
5. 你觉得你是不是进入青春期了?	是(11)
6. 你有没有突然感到很烦躁的时候? 你是怎么调节自己的情绪的?	有(11)
7. 你有没有喜欢过哪个男生? 你为什么会喜欢他呢?	有(9)没有(2)
8. 你对自身的发育有没有产生困惑? 是否希望得到老师的帮助?	有(10)没有(1)

师:从这组数据中我们可以看出,我们都认为自己已进入青春期,那男孩和女

孩进入青春期的年龄有何差异？

生：女生比男生早，女生平均在 10～12 岁时进入青春期，而男生平均在 10～14 岁进入青春期。

师：从数据中我们也可以看出身高和体重突增是青春期的一个显著特点。此外，你们身体还发生了哪些变化？（同学之间相互讨论）

生：男生嗓音变了。

生：男生长胡须了。

师：功能方面有什么变化？

生：心脏的收缩能力大大增强，肺活量显著增大。

生：肌肉的发育使肌力加强。

生：脑体积虽然增加不多，但内部结构和功能不断分化和发展，调节能力大大增强。

师：同学们讲得非常好，在青春期内身体都会发生变化的，下面请大家把书翻到第 74 页，具体看看我们进入青春期后在形态发育和功能发育上的变化。（2 分钟）

师：进入青春期以后，男孩、女孩的性器官开始迅速发育，并开始出现一些羞于启齿的生理现象（男生可能出现遗精，女生会来月经），这都是正常的生理现象。在这里，老师想说明一下，女生来月经了，男生遗精了，说明你们都有生育能力了，男女同学都应了解。那么，什么是遗精？什么是月经？女生在月经期如何保护自己呢？请大家观看录像解决这些问题。（5 分钟）

师：同学们，通过刚才的视频，问题解决了没有？如果还有问题，你们可以在课余时间询问老师或回家询问你们的长辈。

师：下面我和大家讲讲此次调查问卷中同学们的问题和烦恼，请大家一起来帮忙解决。

师：我的脸上长满粉刺，令我非常烦恼。

生：不必烦恼，这是皮脂腺的分泌物阻塞毛孔引起的，要注意保持面部清洁。

生：这是青春美丽"嘎啦豆"，青春期特有的，我认为除保持面部清洁外，还要注意均衡饮食。

生：压力过大也会引起，尽量找方法减轻压力。

师：同学们讲得非常好，我们的皮脂腺和汗腺在青春期会变得活跃，所以容易出现粉刺和体臭，保持清洁及注意卫生可以预防这些问题哦。

师：月经来了，我还可以做运动吗？

生：我听妈妈说，月经期间进行适当的体育锻炼是可以的。

生：我认为进入青春期后，我们更应加强体育锻炼以促进身体的发育。女同学应根据自己的身体状况进行适当的锻炼。

师：老师认为同学们的想法都是对的，月经来潮并不代表你要停止如慢跑或打球等正常活动。或许有些女孩子在这段时间会感到疲乏，但她们仍可以像往常一样活动，只要不过于激烈就行。

师：有同学发现自己开始长出腋毛和阴毛，觉得很不好意思。

生：这是青春期的变化，正常啊，有什么不好意思的。

生：这是人人都要经历的正常生理现象。

生：这代表你正在长大、变得成熟。

师：同学们讲得非常对，当然青春期的问题和困惑还有许许多多，我们可以在课后慢慢解决，在这里非常感谢同学能大胆地把自己的问题和困惑说出来，老师认为这很好。如果我们在今后的生活和学习中多交流、多理解，那么我们一定会更阳光、更健康。

师：进入青春期以后，除了身体发生变化，你们的内心世界有没有发生与以往不同的变化呢？下面我们看一个小品，这是发生在我们生活中的事例，看看从中你有哪些体会。

小品：张某，男，八年级，父亲长期居于外地，他和妈妈一起生活，妈妈工作较忙，对他要求严厉，说一不二，缺乏关心和理解，小时候不敢顶嘴，现在听到妈妈唠叨就发脾气，甚至现在一回家就进自己的房间，打个招呼都很难。问个什么事，也都是回答"是"或"不是"，多问一下学习上的情况，他就不高兴地大声嚷嚷："说个没完没了的，烦不烦啊"。别人的话都听不进去。总之，你让他向东，他偏要向西。

师：我们用掌声答谢这几位同学的精彩表演。那么，在我们身边有没有类似的事情发生呢？还有哪些事情发生过呢？能不能说给大家听一听。

生：和父母顶撞。

生：认为父母什么都不懂，不爱听他们的。

生：有事不爱和父母交流，想保守自己的小秘密。

师：这些现象体现出我们的心理发生了什么样的变化？

生：叛逆，想独立。

生：情绪不稳定。

生：内心世界开始闭锁。

生：易激动。

生：青春期心理特征还有易兴奋。

师：我们怎样做才能正确地处理好这些事情呢？

生：有一些事情需要和父母商量。

生：多和父母沟通交流，采纳他们的经验和教训。

生：可倾诉自己的想法、坦陈自己的困难，以便与父母达成一致。

生：父母说的不一定都正确，但正确的就应该照做。

生：理解父母对我们的关心，要尊敬他们，要多换位思考。

生：不愿和父母说的事，要和老师、同学或其他长辈说一说。

生：要学好科学文化知识，增强是非观念。

生：遇事要多听听家长的意见，自己也要多想，不能武断。

师：以上几位同学的回答非常好。希望同学们在今后的生活中能处理好与父母的矛盾。在自己认为自己已经长大的同时，性意识也开始萌动，在心理上也发生了一些变化。下面老师再给大家讲一个小故事，看看在我们同学中有没有类似现象发生呢？

小丽是一个聪明又善良的孩子，她爸爸妈妈平时工作很忙，基本上没时间照顾小丽，小丽觉得很孤独。第二学期的时候，班里转来一位男生小亮，小亮身材高大、外表很酷。刚来时，老师安排小亮坐在小丽的后面，从交谈中，小丽才知道小亮从小生活在单亲家庭中，父亲工作很忙，脾气暴躁，平时对小亮又非常严格，所以家庭温暖对小亮来说既遥远又陌生。于是小丽和小亮两人都有一种"同是天涯沦落人"的感慨。渐渐地小丽与小亮话越来越多，话题也越来越广，两颗孤独的心很快就走到了一起。于是小亮就经常以各种名义找小丽去逛街或去玩,一个学期过去了,小丽和小亮的学习成绩在不知不觉中明显下降了。老师多次找他们谈心,他们仍然不为所动。在我们同学中有没有这种现象发生呢?

生:有。

师:下面,同学之间相互交流一下你对这件事的看法。如果你是小亮或小丽,你应该怎样去做呢?(学生讨论)

师:哪些同学能谈谈对此事的看法?

生:我认为他们的做法是不对的。他们应该接受老师的意见,不应耽误自己的前程,有些事情需要等到长大以后再做。如果是我的话,我不会这样做的。

生:双方缺少家庭温暖,因为寻找家的感觉,才走到一起的。但是不应因为交往而耽误学习。

生:应该把握好分寸,毕竟是正常同学关系。

生:进入青春期后,异性相吸,这是正常的心理变化。

生:我们不能因为哪个男生和哪个女生多说了几句就认为他俩怎么好,在背后议论纷纷,并另眼看待等,这样会促成一些不正常现象的发生。如果我自己发生了这样的事情,我一定要正确处理好男女同学关系,建立健康的友谊。因为我们正处于身体发育、智力发展的黄金时期,要把充沛的精力用到学知识、长才干上。

师:是的,青春对每个人都只有一次,有的人在青春的花季利用有限的青春学习无限的知识,发展能力,希望将来结出一颗硕果;有的人的青春却被雨季淹没,整天沉浸在烦恼、怨天尤人、浑浑噩噩之中,将来可能什么事也干不了。

师:同学们,人的一生是短暂的,青春期更是非常短暂。你们怎样做才能利用好这人生的黄金时代呢?(学生讨论)

生:要正确对待自身出现的身心变化。

生:有目标,珍惜短暂的青春,用功学习。

生:我要好好学习,积极参加体育锻炼。

生:我要与同学互帮互助,团结合作。积极参加有益身心健康的活动,发展兴趣特长。

师:希望同学们做青春的主宰者,积极健康地成长,成为祖国的栋梁之材。

最后,让我们用作家王蒙《青春万岁》中的几句诗来结束这节课,请大家带着激情一起朗读:

　　所有的日子,所有的日子都来吧,

　　让我编织你们,用青春的金线,

　　和幸福的璎珞,编织你们。

　　有那小船上的歌笑,月下校园的欢舞,

　　细雨蒙蒙里踏青,初雪的早晨行军,

　　还有热烈的争论,跃动的,温暖的心……

(二) 效果

通过这节课,更让我坚信学生的潜力是无限的,教师应该给他们创造合适发展的广阔空间,为学生服务,使他们充分展示出自己的个性,鼓励他们创新,提高他们的思维能力和表达能力。不但要教会学生书本上的知识,而且要培养学生探究知识的兴趣和方法,将生命科学课堂变成一个开放式的课堂,为学生营造良好的学习环境,真正把学习和生活实践结合起来,增加学生的生活体验,做青春的主宰者,积极健康地成长,成为新世纪的栋梁之材。

三、反思

青春期是人在一生中生长发育的第二个高峰期,是性发育、成熟的重要时期。这个时期的初中生,生理处于发育的质变期,心理处于发展的关键期。作为一名生命科学教师,如何在生命科学课堂教学中结合学生的实际状况适时开展青春期性教育,以促进中学生身心的健康成长,我们责无旁贷。

第一部分以青春期的生理变化为主线,在课堂设计中,使学生处于主导地位。先通过前期的调查问卷,了解自身的生理变化,尽可能地让学生归纳出青春期外在的以及内在的变化,从而延伸到第二性征,学生对第二性征这方面的知识表现得较害羞,教师恰当地引导学生以平常心看待,从而他们能大胆地交流各自对于青春期的疑惑。针对学生在青春期间所出现的一些健康问题如经期保健、青春痘的形成和保健,给予一些建议,真正地使学生能正确运用所学的知识解决生活实际问题。

　　伴随着性生理的成熟,性心理也开始有很大的变化,第二部分就是以青春期的心理变化为主线,创设了情境、角色扮演、案例分析等环节,让学生大胆交流,克服羞涩的心理,使学生将本堂课中所获得的知识应用到实际问题中去,如让学生领会自己与家长之间的"矛盾",认清爱情和友谊的区别,了解异性之间应如何正常交往等实际问题,使寻求解决这些问题的途径成为学生的自身需要。在这种寻求之中使学生养成尊重师长、孝敬父母、与同学友好相处的良好品质。

　　我想这样的一堂课,对学生来说应该是青春期的一场"及时雨"。

关爱生命 不仅仅是一句口号

（初中《常见传染病及其预防》的教学）

上海市甘泉外国语中学　吕晓颖

一、背景

"常见传染病及其预防"是《生命科学》初中第一册（试用本）（上海教育出版社）第3章"健康与疾病"第2节"常见病及其预防"中的第一课时，学生在学习了有关人体知识的基础上，进一步认识影响健康的常见传染病及其预防措施。本节内容的重点是引导学生认识传染病流行的三个基本环节，并能运用传染病流行的三个基本环节知识针对性地提出预防传染病的基本措施。

"健康"与"疾病"这是两个在生活中常见的名词，因此大部分学生在生活中对此都有一定的了解，且具备一定的卫生常识，为本节的学习打下了一定的知识基础与兴趣基础，但也应认识到他们对传染病的认识既不全面也不系统。我校是一所普通的公办学校，由于周边环境影响，学生的综合素质各有不同，另外从心理学角度分析，初二年级的学生正处于青春期的黄金时段，因此他们的思想、言论、行为日趋社会化、多样化、复杂化。考虑到学生的这些特征，以学生为主体的讨论式探究教学是较适宜的。

为能充分体现"以学生发展为本"的理念，结合学生情况和教材情况，从学生成长需求出发，从学以致用的角度考虑，落实生命教育，尝试利用情境创设→认知冲突→知识生成→情感内化的体验式活动教学模式，让学生在交流中进行思维火花的碰撞，在讨论交流中构建知识，引导学生主动参与到学习过程中，从而能辨识引起传染病的病原体及其类别，分析概括出传染病的传播环节；选用人们关注度较高、日趋高发的传染性疾病,如甲型流感、艾滋病、狂犬病等病例,组织学生进行分析讨论,归纳出传染病的传播流行环节和预防方法,落实知识重点;利用教材和学生工作纸,引导学生认识常见的传染病及其病原体,并概括出引起传染病的病原体的类群;通过对艾滋病的讨论、狂犬病的危害和高发原因的分析来进一步落实重点知识,并获得自我防护的技能,同时感悟珍惜生命、关爱生命的重要性,落实生命教育。

二、过程和效果

(一) 过程

师:我们每个人都得过病,你得过什么病? 或者你家人得过什么病? 你知道哪些病?(板书呈现学生所说疾病,并有意识地分成两列)

生:学生说出他们得过或知道的疾病(流感、肠胃炎、心脏病、高血压、糖尿病、艾滋病、禽流感……)。

师:老师为什么把你们说的病分两列写? 你能找出左右两列疾病的差异吗?(让学生以列举的方式交流熟悉的生活内容,既可以激发学生的兴趣,活跃课堂气氛,又能自然地引出学习主题。)

生:学生尝试找出分类依据,即一类具有传染性,一类不具有传染性。

师:对,疾病可以根据是否会传染分为传染病和非传染病两类,今天我们就来学习传染病及其预防,有关非传染病及其预防的内容将在下几节课学习。

师:你能说说这些传染病由什么因素引起吗?(为归纳传染病的定义做铺垫。)

生:学生尝试回答病因,得出传染病与病原体的关系。

师:除了这些传染病,书上还介绍了一些常见的传染病及其病因,请同学把书翻到第82页,阅读信息库,并请完成工作纸第一题。从连线中我们可以看出引起传染病的病原体主要有哪些?(通过简单的连线活动和阅读教材,培养学生阅读分析能力,弥补由于微生物知识的欠缺而导致的认识错误。)

生:学生阅读教材并完成工作纸,归纳病原体主要类群有细菌、真菌、病毒、寄生虫等。

师：根据学生的回答总结传染病的特点（适当引导学生尝试归纳传染病的概念），并指出教材中对传染病的概念。尝试归纳，圈划书中概念。

师：从刚才的讲述中我们知道了传染病是由细菌、真菌、病毒、寄生虫等病原体引起的，如甲型 H1N1 流感是由病毒引起的，老师这儿有一条有关甲流的新闻，让我们先来看一下。（视频资料：《北京进入流感高发季节　今冬甲流预计不会大流行》）

看了这则新闻，你获得了哪些信息？你心中会产生怎样的疑问或想法？（用新闻传媒作为学习内容开场，认知上的冲突激发学生学习的兴趣，使学生更易融入课堂教学中，也为后续的教学埋下伏笔。）

师：什么是甲型 H1N1 流感？为什么说流感高发季节甲型 H1N1 流感反而不会大流行？

师：那是否有了病原体传染病就一定会传播流行呢？造成传染病传播流行的必要环节有哪些？在接下去的课中这些疑问将一一得以解答。让我们就以甲流为例，来看看它是怎么会在 2009 年大爆发的。（播放 PPT 动画）

生：学生通过对甲流的分析讨论交流，归纳出传染病传播流行的环节。

（1）致病病原体。

（2）适宜的传播途径。

（3）易感人群。

师：面对甲流的爆发，我们应该如何应对呢？（假如我是病人或者医务工作者……）

（通过自主讨论落实传染病的传播环节和预防这一重点。）

生：自拟角色，小组交流预防"甲流"的具体措施。

师：传染病传播流行的三个环节缺一不可，如果从这三个环节角度思考，大家想想刚才所说的预防措施（具体）都是从三个环节中的哪个环节着手的？（引导学生从传染病传播流行的三大环节逐步归纳传染病的预防方法。）

师：归纳传染病的预防方法。

师：分析今年流感高发季节，甲型 H1N1 流感反而不会大流行的可能原因。（首尾呼应，充分利用教学素材，对学生前期学习内容初步反馈。）

师：从疫苗的集体注射角度尝试剖析（运用艾滋病和狂犬病进一步落实重点，同时落实关爱病人、关爱生命的教育这一难点）。

师：刚才我们以甲流为例，学习了传染病传播的三大环节以及预防方法，接下来老师想问一下，你知道12月1日这一天与哪种传染病有关吗？在这天各大媒体上都会出现这个标志，你知道它的含义吗？

生：12月1日是世界艾滋病日，这个标志是红丝带，意味着要关爱艾滋病患者。

师：我们以艾滋病为例，谈谈它传播的三大环节。

生：尝试用新学知识对艾滋病的传播进行分析。

师：怎样预防艾滋病？艾滋病和甲流的传播途径是否一样？（引出易感人群）

生：不一样。艾滋病的易感人群是特殊人群，如果能保持洁身自好，不吸毒，不尝试危险行为就能有效阻止艾滋病的传播。

师：（出示相关的疫情数据）以下一系列数据是我国最新的艾滋病疫情态势，从中你能分析出传播途径、易感人群与传染病传播的关系吗？

生：我国艾滋病的增长趋势在下降，但是还有很多人群是隐藏的艾滋病患者，我们应该加强认识，多多宣传艾滋病的传播途径，让我和我们的家人朋友远离艾滋病易感人群。

师：我们应该怎样对待艾滋病患者？请看这段公益广告，思考为什么姚明和患有艾滋病的约翰逊共同吃饭、拥抱，却不会感染艾滋病？

生：因为这些行为不是艾滋病的传播途径，我们应该关爱这些病人，因为生病已经使他们面临死神的威胁，关爱他们、关心他们会让他们感受人情温暖，早日恢复健康。

师：艾滋病似乎离我们距离很远，但有那么一种传染病，它的危害性也十分大，却离我们很近很近。首先我们先做一个小调查，你们家养狗吗？在你与狗嬉戏时是否会有恐惧感？

生：（举手参与调查）不会，狗狗很可爱。

师：家里的猫猫狗狗一旦感染上狂犬病，就有可能通过抓咬使人感染狂犬病。由于它的死亡率高达100%，因此狂犬病的防疫很重要，思考一下我们应该如何降低这种疾病流行呢？给谁防御很重要呢？（出示一系列数据例证）

生：分组讨论狂犬病高发原因和预防方法，应该给狗狗猫猫打狂犬病疫苗，这样才能真正体现爱它的一颗心，这才是善待生命。

师：对，我们不仅要关注自身，更应关心宠物，既然养了宠物就要对它们负责，也就是对我们负责。

师：再次引导学生回顾传染病的三大传播途径以及预防传染病的方法。

师：小结传染病的三大传播途径以及预防传染病的方法。

（二）效果

从本节课的实施效果看，设定的教学目标适合绝大部分学生，采用的教学模式适合学生的心理发展特点，选用的病例适当，能引起学生强烈的共鸣。

基于生活的体验是学生融入学习的平台。在落实传染病流行传播的三大环节时，着重将抽象的内容向具体生活实例转化，如播放一段新闻视频《北京进入流感高发季节　今冬甲流预计不会大流行》，认知上的冲突促使学生产生一系列的疑问，如"什么是甲型 H1N1 流感？""为什么说流感高发季节甲型 H1N1 流感反而不会大流行？"等等，为学生提供思维的载体和途径，让学生在自主的问题意识驱使下积极地投入教学活动，促使他们自主地从学科知识角度认识问题、解决问题。

学生已有的知识和观念是学生构建新知识的脚手架，通过修改和提炼他们现有的概念，把新的概念纳入已有概念之中，来形成新的知识。如在归纳传染病概念时，设计让学生自由表述所知疾病的名称，并有意识地分列引导学生找出两者差异，从而获得传染病的特性，再根据连线活动让学生认识传染病的病因，通过学生的自主思考获得传染病的概念。

学生能否把知识运用到新的情境之中，即能否进行知识的迁移，是对学科知识是否有效落实的良好反馈。在结束以甲型 H1N1 流感为例的传染病三大环节和重要预防措施的讲述后，通过预设的艾滋病和狂犬病的病例分析，进一步落实教学重点，检测教学的效度。

要让学生学会关爱，仅凭说教是很苍白无力的。为了让学生能有真情实感，除利用亲身经历之外，还可以让统计的数据说话，让学生在分析交流中获得感悟。为此，在艾滋病、狂犬病的病例介绍中采集了最新数据，让学生在分析数据中展开讨论交流，感悟到珍惜生命、关爱生命的重要性。

　　疾病与每个生命息息相关,如何获得一定的自护自救能力更是本节课的重点。让学生在情境中展开讨论,利用学科知识提出自护自救的一些具体做法是本节课最有意义和最精彩的一笔。如利用艾滋病的病例分析,让学生讨论如何防止被传染,同学们从切断传播途径入手展开具体方法的讨论。又如,利用狂犬病病例,问学生家中的爱犬是否有证书? 是否定期打预防针? 利用课件对近年来狂犬病的发病情况和死亡率进行介绍,组织学生进行交流,并获得一定的自护自救的方法。

三、反思

　　在进行教学设计时,过多侧重于学科知识点的突破,但忽视了传染病(如艾滋病、狂犬病)症状的介绍,可适当调整教学节奏,普及传染病常识。或在课后提供相关网站,拓展教学时间与空间。

　　问题研讨

　　1. 如何创设教学情境,使学生顺利地进行知识迁移,提高学科核心知识的有效性?

　　2. 如何有效地培养学生的自主问题意识,使之积极地投入教学活动?

　　3. 如何避免苍白的说教,让学生在潜移默化中学会关爱生命,体验生命的宝贵?

附1: 板书

常见传染病及其预防

1. 概念

2. 传播流行环节 { 致病病原体 / 适宜的传播途径 / 易感人群

3. 预防方法 { 控制传染源 / 切断传播途径 / 保护易感人群

附2：作业设计

1. 在下列传染病与病原体之间连线。

常见传染病名称　　　　　　　　感染病原体的名称

脚癣　　　　　　　　　　　　　结核杆菌

疟疾　　　　　　　　　　　　　真菌

肺结核　　　　　　　　　　　　间日疟原虫

乙型肝炎　　　　　　　　　　　甲型 H1N1 流感病毒

甲型 H1N1 流感　　　　　　　　乙型肝炎病毒

从上题中可发现传染病的病原体种类主要有_____、_____、_____、_____等。

2. 分析 2009 年甲型 H1N1 流感传染的原因，归纳出传染病传播流行的环节。

（1）传染病传播流行的环节。

（2）角色扮演。

角色一：如果你是一名"甲流"患者，为了你的家人健康，你应该怎么做？

角色二：如果你是一名奋战在抗击"甲流"一线的医务工作者，每天不可避免地必须接触"甲流"患者，你会采取哪些措施使自己免于被感染？

我选择的角色是_____。我采取的措施是：_____。

（3）依据上述分析，我们可以采取_____、_____和_____的方法加以预防传染病。

（4）请根据所学知识，尝试分析今冬属于流感高发季节，但甲型 H1N1 流感反而不会大流行的可能原因。

3. 通过学习请你谈谈应该以怎样的态度对待艾滋病患者？怎样看待养犬？

做智慧的"旁观者"

（初中《现场心肺复苏》的教学）

上海市辽阳中学　凌秀梅

一、背景

据了解，我国民众在遇到灾害和突发事件时，往往自救和互救能力低下，这也造成了很多完全能够避免的人身伤亡。虽然，现实生活让一些人学会了明哲保身；但更重要的一个原因是因为急救知识和技能的缺乏，使得很多人在面对突发事件的时候束手无策。如果缺乏必要的现场急救技能，又如何达到救人的目的？中学生正处于人生观、价值观形成的关键时期，一方面要对他们进行正确的引导，帮助他们形成良好的道德观念；另一方面，要让他们学会基本的急救技能，这是不可或缺的两个方面。初中生命科学学科"医药常识与医疗技术现场心肺复苏"的教学目标就是让学生能够初步学会现场心肺复苏的基本方法，但真正要实施起来却不那么容易。

二、过程和效果

（一）过程

在"现场心肺复苏"一课的教学中，主要设计了如下教学环节：

（1）视频呈现溺水、煤气中毒等突发事件。

（2）学生讨论处理方法。

（3）播放现场心肺复苏的视频。

（4）组织学生讨论现场心肺复苏成功的关键步骤和操作要点。

（5）分小组进行现场心肺复苏的模拟操作。

由于本课的教学内容本身对学生有较强的吸引力，因此教学形式以视频播放、学生讨论及实践为主，学生的参与积极性较高，整个课堂的气氛活跃。一切都沿着教学预设有条不紊地进行着，直到进入课堂小结阶段。

生："老师，我们学这个到底有什么用？如果是我，在模型上我是敢操作的，但真的碰到真人，我是不敢的。同学们，你们敢不敢？"

同学们纷纷摇头表示不敢，就连平时天不怕地不怕的男生也低下了头。

生："老师，如果你在外面碰到了这种突发状况，你敢救人吗？"

我被突如其来的问题问得哑口无言，既不能违心地说"敢"，又不能在学生面前承认自己不敢。在这个时候承认自己不敢，承认自己在遇到突发事件的时候也没有底气去帮助别人，那么这节课就失去了意义。

生："老师，你还是不要去救了，要是遇到个碰瓷的，那就更惨了！"

这时，下课铃响了，尽管同学们的讨论还意犹未尽，但我必须先打断他们。刚才讨论的话题在我脑海中萦绕，久久不散。该如何解除同学们的困惑呢？要解除学生的困惑，首先得说服我自己。对于我来说，关于现场急救的知识也只是浮于理论阶段，实践操作的对象也仅仅只是模拟人。跟学生比起来，无非就是在模拟人上实践的次数多一些，熟练度高一些。那么如果碰到真人，关系到一个人的生死存亡，我真的敢去冒险吗？况且"碰瓷""敲诈"这种事也屡见不鲜。连我都没有勇气和底气去做的事，凭什么要求学生去做？况且只是在一节课上让学生初步学会现场心肺复苏的要点，真的就能救活人了吗？

那么，这节课究竟要让学生学会什么呢？带着这些问题，我又一次仔细研读了课程标准。《上海市中学生命科学课程标准》指出，初中阶段的知识与技能目标之一为"学会一些医疗保健的方法和技术"。《课程标准解读》指出，学生应该能"初步学会一些意外伤害的救护方法（如日常小伤口的处理方法、模拟练习心肺复苏、止血包扎等）"。尽管本实验的学习水平要求为 A 级，但我认为，人的生命是最为珍贵的，当面临生死的时候，任何生的希望都不应该被放弃。既然我们的课程有这方面的要求，我们就不能只局限于让学生知道心肺复苏的理论知识，而应该切实落实相应的技能技巧，以备不时之需。同时，更重要的一点是让学生能够有意识地参与到助人的过程中,做一些力所能及的事。

于是,利用学校主题教育课展评的契机,我结合这一内容,以《做智慧的旁观者》为题,开展了整个初二年级的年级组德育课程,主要环节如下。

引入:播放《小悦悦事件》视频片段,让学生思考并用一个词语来表达此刻的感受。事件回放:2011 年 10 月 13 日,2 岁的小悦悦相继被两车碾压,7 分钟内,18 名路人路过但都视而不见,漠然而去。最终,小悦悦经医院全力抢救无效而离世。

讨论:

1. 视频中,小悦悦接连两次被车碾压,目睹事件的旁观者分别采取了什么行动?

2. 如果旁观者及时采取合适的行动,结果会有什么不同?

3. 既然旁观者及时的救助对于事件的发展有积极的作用,那么小悦悦事件中的旁观者为什么如此冷漠?

讲述:人物一——彭宇。

2006 年 11 月 20 日早晨,一位老太太在南京市一公交站台等车时被撞倒摔成了骨折,医药费花了不少。老太太指认撞人者是刚下车的小伙彭宇。老太太告到法院索赔 13 万多元。彭宇表示无辜,他说:"我看到一位老太太跌倒在地,赶忙去扶她了,不一会儿,另一位中年男子也看到了,也主动过来扶老太太。老太太不停地说谢谢,后来大家一起将她送到医院。"接下来,事情就来了个 180°大转弯,老太太及其家属一口咬定彭宇是"肇事者"。

法院认为本次事故双方均无过错。按照公平的原则,当事人对受害人的损失应当给予适当补偿。因此,判决彭宇给付受害人损失的 40%,共 45 876.6 元。

"彭宇事件"发生后,凡是出现老太太碰瓷讹钱,或者是老人跌倒无人扶的现象,论者几乎必提彭宇案。网友争议该不该见义勇为,往往一句"想想彭宇吧"就了结了争议。

那么,旁观者的不作为造成了哪些后果呢?

讲述:人物二——梁娅

2014 年 2 月 17 日,35 岁的女白领梁娅倒在深圳地铁某出口的台阶上,并保持这一姿态达 50 分钟。监控录像显示,在梁娅倒下后有发出求救的动作。期间,有 7

位市民从旁边经过,但都是看了看就走了,均未施以援手。救援人员到达现场时,发现梁娅已经死亡。

那么,当他人处于困境的时候,我们到底该怎么做呢?如果采取救助行动,也许会像彭宇一样陷入困境,如果不采取行动,后果则很严重。这时,大多数人面临这种局面都会陷入一种两难境地。那么我们究竟应该怎么做呢?

例一:图片展示。一名中国游客,在美国圣地亚哥海洋公园抢救美国游客的照片走红网络,网友纷纷转载点赞并夸其为"中国好游客"。北京朝阳医院今天向新京报记者证实,"唐神医"系朝阳医院急诊科副主任唐子人医生。

请同学们来评价唐子人医生的行为。如果你是旁观者,你会采取和唐医生一样的方法去开展救助行动吗?

学生会回答不会,原因是因为我们没有专业的知识和技能,贸然采取行动可能结果适得其反。有时我们看到一些新闻,说某人见义勇为,看到溺水者,勇敢地跳入水中救人,结果因为他自己也不会游泳,双双溺亡。其实,我们要救溺水者,可能有很多方法,决不能贸然行事。我们提倡做一个智慧的旁观者,而不仅仅是做一个勇敢的旁观者。尤其是未成年人,救人的前提是先保护好自己。

例二:播放视频(勇敢的《拖把阿姨》和《众人抬车》)。

请学生讨论,说说如何做一个智慧的旁观者。

总结:在他人遇到危险的时候,要依靠自己的聪明才智尽力帮助他人。首先,我们应该要依靠集体的力量,召唤大家一起行动起来;其次,可以顺手拿起身边的"器材",不能赤手空拳;第三,要用合适的方式求救。但无论采取什么样的行动,在行动之前,我们必须先衡量一下,自己采取的行动会不会给自己带来麻烦,我们是未成年人,首先要保护好自己,这是前提。

说一说:如果你是"小悦悦事件"的旁观者,你可以采取哪些行动?

分享你的故事:说说在生活中经历过的或者看到过的、听说过的作为旁观者的智慧的举动。

做一做:分小组熟练操作心肺复苏。

(二) 效果

通过本课的教学,同学们了解了"小悦悦事件"发生的经过,为小悦悦的悲惨遭遇感到痛心和惋惜。同时也认识到,当他人的生命安全受到威胁的时候,旁观者采取合适的措施能影响事情的发展甚至改变事情的结果,从而意识到作为一个旁观者应该要采取救助行动。然后通过几个具体的事例,让学生知道,作为未成年人,可以采取怎样的行动,既保护自身安全,又能帮助别人。整堂课以学生活动为主,课堂气氛活跃,同学们能积极参与讨论、现场角色扮演等活动,充分体现了以学生自主,以教育为主的教育方式,获得了较好的教育效果。

三、反思

以往每次上到这节课,我是心虚的。因为我始终不明确学生通过这节课的学习能得到什么收获。如果仅仅是知识与技能方面的收获,没有实践意义的话,那么究竟有没有必要上这节课? 出于完成教学任务的目的,我也在按部就班地上着这节课,但是对于这节课的价值和意义没有进行深入的思考,直到学生提出了疑惑,我才静下心来去思考这个问题。

孔子的仁爱思想流传千年,时至今日仍具有无限的生命力,传承仁爱思想并将其发扬光大,既是时代的呼唤更是教育的使命。但是,我们的学生受到社会舆论的影响,受到"明哲保身"的告诫,有可能逐渐弱化了仁爱、友善的传统美德。社会主义核心价值观将"友善"作为公民个人层面的价值准则,是公民基本道德规范之一。可见,无论从学科德育的角度还是从学生需要的角度出发,不折不扣地落实这节课的教学都是非常有意义的。

但是要从理论及实践两方面落实这节课的教学内容,仅仅依靠生命科学课堂教学时间显然是不够的。于是,我采取了课堂教学与德育课程相结合的方式。在学科教学中落实理论知识及基本技能,通过德育课程在开展德育教育的基础上进一步加强实践体验,让学生既有理论知识又有一定的实践能力,在碰到实际需要的时候能有意识地、积极地采取行动去做一些力所能及的事,我想这才是这节课的价值所在。

大课堂 小智慧——博物馆奇妙日

（初中馆校合作课程《鸟类》的教学）

江宁学校 朱 沁

一、背景

2016年上海科技馆、上海自然博物馆发起了馆校合作课程的开发研究，我有幸参加了这个活动，结合生命科学教材中关于鸟类如何适应飞行生活的问题，设计了拓展课程，主要是让学生了解鸟类的特征：从外部特征喙、足等结构开始，到鸟类的食性、生活习性以及适应飞行的特征等问题。采用校内先学习相关知识，然后去校外观察、探究的方法教学。可以充分利用自然博物馆中的资源，便于学生理解鸟类的一些知识。

在整个系列的课程中，学生们有三次进入博物馆学习的机会，下面主要介绍的是第三次入馆学习的案例。在自然博物馆这个大课堂的学习中，教师和学生发掘到了点点滴滴的小智慧，教师无须把"保护鸟类"的大道理挂在嘴边，学生们通过体验，感受到了鸟类是人类的好朋友，但是，人类却在不断减少鸟类的栖息地，人类的行为威胁到了鸟类的生存，同学们的心中都由衷地产生了爱护鸟类的想法，生命教育的理念就这样润物细无声地浸润了他们的心灵。

二、过程和效果

（一）过程

师："海阔凭鱼跃，天高任鸟飞"，鸟类的飞行本领惊人。为什么鸟类能在天空中自由飞翔？鸟类的哪些特征是与飞行生活相适应的？我们应该如何保护鸟类呢？

活动1：羽毛的结构

同学们拿到了一些鸟类的羽毛，通过动手实验，大家发现被弄乱的羽毛是可以梳理整齐的，仔细观察，发现了羽毛上的羽小枝和羽小钩结构。

生：怪不得经常看到鸟类会用喙整理羽毛呢！羽毛的结构如此精妙，可以让鸟类不怕雨水。

师：鸟类的羽毛不怕水，但是，如果遇到了石油会如何呢？

生：羽毛上的结构都黏在一起，羽毛不蓬松了，鸟类再也不能展翅高飞了！

师：现在你们能理解石油泄漏事故对水生鸟类的危害了吗？

生：我本来只知道，石油泄漏污染了环境，没有想到还会危害鸟类，鸟类不能飞翔就只能面临死亡了。

活动2：鸟类起飞

通过观察翼的模型，同学们尝试用吹风机模拟鸟类起飞时的风向，深刻了解了逆风起飞的原理。

师：鸟类的这种特殊的飞行器官给人类带来的启发是什么呢？

生：人类根据这个特征研究发明了飞机吧！有了飞机这种交通工具，大大缩短了我们往返各地的时间，可以称得上具有跨时代意义的交通工具大革命吧！

生：我们在鸟类身上学到了很多知识。

活动3：鸟类的骨骼

虽然一些同学已经知道，鸟类的骨骼是空心的，但是真的拿到鸡骨头的时候，大家还是有点小小的激动，因为是第一次看到纵向解剖开的鸡骨头。紧接着，同学们做了一个小实验，比较一下鸽子、兔子、牛蛙、蛇的脊椎骨在水中的沉浮情况。

活动4：鸟类的呼吸

鸟类的呼吸方式是双重呼吸，在这个学习环节中，知识渊博的小榕同学，大胆地走上讲台，为小伙伴们讲述了鸟类双重呼吸的过程，让大家啧啧称赞。

师：知道了鸟类的骨骼和呼吸方式以后，说说你的感受。

生：平时看着小鸟飞来飞去很自由，没想到它们身体的结构如此神奇，中空的骨骼可以减负，气囊的存在可以提供足够的氧气，对于那些需要长途迁徙的鸟类而言何其重要!

生:上海的崇明东滩是候鸟的一个停留地,它们在体力大量消耗以后需要在这里休息补给,但是,我们每年都会在新闻中看到有人偷猎这些候鸟,他们这种行为不仅触犯了法律,而且会让那些鸟类害怕来这里,以后就不会到这里停留,那么,我们就再也看不到它们了。

生:我们要做一个守法小公民,更要劝解那些想偷猎的人,我们要爱护这些人类的朋友。

(二) 效果

在这些丰富多彩的活动中,同学们了解了鸟类适应飞行生活的基本特征,观察与动手能力也得到了锻炼,同学们都说,回去以后还要继续探索鸟类身体的奥秘,更要做一个保护鸟类的志愿者。

本节课的主要内容从表面上看,就是了解鸟类适应飞翔的特征,但是在学习过程中,同学们流露出了对鸟类的真情实意,他们不禁感叹鸟类身体结构的特殊性,而且还真切地感受到鸟类面临的各种危险,同学们有感而发,提出了各种有意义的想法,这个时候,"保护鸟类"已经不单单是一个口号,它已经像一颗种子一样埋在学生们的心里,等待着萌发!

三、反思

生命科学是一门自然科学领域的学科,探究客观世界是自然科学的共同特点。《上海市中学生命科学课程标准》明确指出其"旨在培养学生的生命科学素养"。它以观察作为最基本的学习手段,而课堂外的生命物质、生命现象处处可见,故生命科学的课堂显然不应该仅仅局限于教室。只有走出教室,走进自然,才能感受生命的真实。求真是生命科学学科的育人价值之一。在自然博物馆中,无论是参观鸟类的喙和足,还是走进探究教室,边实验边学习,同学们就这样你一言、我一句,在玻璃橱窗前,在琳琅满目的标本中,在宽松的氛围中,把鸟类的结构特点、生活习性都掌握了。教师 PPT 中的鸟类图片,怎能和学生的亲身体验相比呢?再美丽的图片都无法超越真实的生命物质所带给学生的感受。可见,真实的观察,哪怕再短暂也是难忘的,会让学生对周围的世界产生一种信任感,也会产生一种体验感。

生命科学是一门实验科学。生命科学教育必须改变单一的学习方法,根据学科特点,强调学生的主动学习、实验环节、探究环节。生命科学课堂中的实验对象,无论是植物还是动物,甚至是微生物,它们都是有生命的个体或群体。而同学们接触的鸟类羽毛、鸟类骨骼、鸟类标本,都来源于生命体,它们的存在是为了让我们更好地学习科学知识,所以尊重生命体,在实验中善待它们也是我们必须要做到的。尚善也是生命科学学科的育人价值之一。学生们可以梳理那些小小的羽毛、可以抚摸那些标本、可以研究鸟类的骨骼,透过这样的实验,教师便引导学生认识到:应该善待我们身边的每一个生命体,哪怕只是一片已经没有生命迹象的羽毛。

生命科学的研究对象五花八门。大到宏观世界里绿叶的青翠、鲜花的斑斓、鱼类的水生、鸟类的飞翔、人体的层次;小到微观世界里细菌的三种形态、人类染色体的图谱、DNA 的双螺旋结构,凡此种种,无不展现着生命世界的美。无论是哪种形态的生命体,我们都应该以一颗宽容的心去容纳之。在学习生命科学基础知识和基本技能的同时,在体验探究的过程中,我们更应该形成正确的价值取向,学会悦纳生命的美好。

生命科学作为自然科学学习领域中的一门基础课程,它的学科特征决定着它在培养学生对人类自身的健康和终极关怀等现实问题的关注,这也是它作为落实《上海市中小学生生命教育指导纲要》显性课程所必须承担的责任,生命科学具有不可替代的学科育人价值,每一位生命科学教师都有责任在教学中体现这个育人价值。

科学探究，创新实践

（高中《真空渗水法探究"环境因素对光合作用影响"》的教学）

上海市格致中学　徐红玲

一、背景

（一）指导思想和理论依据

课改的基本理念包括"提高科学素养，面向全体学生，倡导探究性学习，注重与现实生活的联系"，要求学生"养成质疑、求实、创新和勇于实践的科学精神和科学态度"。本节内容为学生提供了探究学习情境，是培养和提高学生的实践能力和创新精神的很好的素材。

（二）为落实实验教学目标完成实验面临诸多问题

1. 实验材料难以选择。

2. 学生设计实验的经验不足。

3. 实验变量多且互相干扰，难以掌控。

4. 实验容量大，耗时长。

（三）实验落实的现状

据了解，不少学校的学生都没有做过该实验，教师只是从理论上介绍一下该实验的方法和原理，一堂探究实验课变成了教师的实验理论讲述课。

（四）学情分析

格致中学是上海市实验性示范性高中，学校以理科见长。学生对理科有浓厚的兴趣，每个班级都有兴趣小组，正好是课前预实验的"种子选手"，经过预实验探究培养，这些学生成为各班级分组实验的小组长，指导学生实验操作，既是教师的好帮手,又大大节约了实验操作的时间,提高了课堂实验的效率。

二、过程和效果

(一) 过程

为了解决困难,落实教学目标,将该实验分为两部分来完成:第一部分是课前师生的预实验,第二部分是课堂学生的分组实验。

1. 预实验

教材对该实验的要求:探究光照强度、温度和 CO_2 浓度对光合作用的影响,任选一个进行探究,增加了光质这一因子对光合作用影响的探究,使实验探究内容更加丰富完整。

1)教师预实验

(1)材料来源:市场上购买和校园里采集。将植物的叶圆片置于较适宜的条件下,观察叶圆片的上升速度。

(2)实验目的:为学生的预实验挑选光合效率较好的实验材料。

(3)教师预实验数据记录表格如表 1 所示(实验条件:30℃水浴、80 W 台灯两盏、浓度为 2% 的 $NaHCO_3$ 溶液、透明烧杯)。

表 1 教师预实验数据记录表格

杯号	实验材料	5 min 时叶圆片上浮片数/个	10 min 时叶圆片上浮片数/个	15 min 时叶圆片上浮片数/个	叶圆片上浮平均时间/min
1	珊瑚叶				
2	八角金盘叶				
3	大岩桐叶				
4	丁香叶				
5	青菜叶				
6	菠菜叶				
7	茼蒿叶				
8	生菜叶				
9	绿萝叶				

（4）预实验结论：菠菜叶和青菜叶的光合效率明显较好，而且这两种植物叶片制作叶圆片很方便。

2）学生预实验

在课外兴趣课堂上完成。每班挑选 8 人参与，每 2 人一组，共分 4 组，分别探究四种因子（光照强度、温度、CO_2 浓度和光质）对光合作用的影响。每组 2 人选择同一实验因子，但所用的实验材料不同，1 人选用菠菜叶作为实验材料，另 1 人选用青菜叶作为实验材料。

（1）教师提前一天布置学生预习实验，了解实验原理和方法。发给学生预实验的实验设计素材库，包括探究实验的一般流程、自变量素材库、因变量素材库和实验装置素材库；实验设计要点引导，包括自变量的确定、因变量的观测、无关变量的操控；实验设计的原则、严谨可行的实验装置设计以及预实验方案格式（见表2）。素材库里的引导语帮助同学们理清思路，找出实验自变量、因变量和无关变量，引导学生设计实验装置和实验数据记录表格，完成预实验方案。

（2）预实验中教师培训学生制作叶圆片，探讨如何更好地控制因变量和无关变量。

师：在探究光照强度对光合作用的影响时，温度、CO_2 浓度和光质就成为无关变量，根据单一变量原则，怎样控制自变量和无关变量呢？

生：通过控制叶圆片和台灯之间的距离控制光照强度。

生：台灯的光照会使 $NaHCO_3$ 溶液的温度上升，台灯靠水越近温度上升越快，这样作为无关变量的温度就无法一致。

生：用不同功率的台灯控制光强。

师：很好，其他无光变量如何控制？

生：用 25℃ 温水配制 $NaHCO_3$ 溶液来控制温度。

生：不行，用 25℃ 温水配制 $NaHCO_3$ 溶液很快温度就降低了。

师：如果将 $NaHCO_3$ 溶液置于一定温度的同一水浴中，即使台灯使水温上升，但由于水浴量大，上升的幅度较小，因此作为无关变量也得到很好的控制。

师：大家说说怎样控制光质？

生：可以用有色灯罩的台灯来控制光质。

师：有色灯罩的台灯可以控制台灯发出的光质，但实验室中还有自然光，自然光是白光，七种有色的光都有，就无法控制了。

生：将实验装置放在有色玻璃罩内进行。

生：这样可以控制光质，但是观察叶圆片上升就不方便了。

师：我们先试试用有色塑料薄膜套在各个烧杯外面来控制光质。

表 2　学生预实验实验结果统计表

实验材料：_____

杯号	条件				5 min 时叶圆片上浮片数/个	10 min 时叶圆片上浮片数/个	15 min 时叶圆片上浮片数/个	叶圆片上浮平均时间/min
	温度/℃	光照强度/W	NaHCO₃溶液浓度/%	光质				
1								
2								
3								
4								
5								

（3）学生预实验结果显示青菜叶片制作叶圆片上浮速度较快，10 片全部上浮需要 7～8 min，菠菜叶则需要 12～13 min。

学生预实验遇到的问题：

① 在进行探究光照强度对光合作用影响的操作时，发现用同一个水浴可以很好地控制无关变量温度，但是会带来新的问题：各平行组台灯的光照由于靠得太近而互相干扰，大大影响实验的精确性。

② 使用黑色塑料袋套在烧杯外面进行黑暗处理，由于遮光效果不好，还是会有少量叶片上浮的现象。

③ 使用有色塑料薄膜控制光质，不利于观察叶圆片上浮。

师：其他的问题怎么解决呢？师生共同讨论交流。

生：台灯光照的干扰问题，可以用一个"十字挡光板"，如图 1 所示。

生：老师，我们喝水的有色塑料水杯（见图 2）可以替代有色塑料薄膜和烧杯控制光质。

师：很好。水杯有盖，不仅很好地控制了光质，而且还便于观察。

图1　十字挡光板　　　　　　图2　有色塑料水杯

生：温度作为无关变量时，可以将各平行组实验装置放在同一个恒温水浴锅内进行控制。

师：温度作为无关变量时用恒温水浴锅控制是最好的，但是使用水浴锅不利于观察叶圆片的上浮，可以考虑先将水加热，倒在塑料水盆里，控制好温度，这样便于观察。温度作为自变量时，也可以用不同温度的水浴盆来控制温度。教材建议最适宜的温度在25℃左右，由于烧杯中的温度要略低于水浴盆中水的温度，因此我们将水浴的温度控制在30℃。

生：用不锈钢水杯放置叶圆片，遮光效果好。

师：光照强度是自变量的时候，在黑暗条件下，如果用不锈钢水杯，则不锈钢导热速度比玻璃烧杯慢，温度这一无关变量就无法用水浴来控制。

经过反复琢磨和比较选择，最后确定了黑暗条件控制的改进方法：用贴有黑色玻璃纸的烧杯和贴有黑色玻璃纸且大小适应的培养皿盖控制黑暗条件（见图3），既可以作为叶圆片保存的器皿，也可探究光照强度组中黑暗对照组，不仅操作方便，而且可以重复使用。

（4）教师遇到的问题：

① 该实验操作复杂，耗时长，课堂上来不及完成。预实验是课外选修课完成，用了两课时，但是分组实验课堂时间只有一课时40 min。按正常的实验操作程序，

图3　贴有黑色玻璃纸的烧杯和培养皿盖

实验效果最好的小组也要 40 min 才能完成观察叶圆片上浮的观察,要对实验结果进行分析和统计,最后得出实验结论至少需要 50 min。

改进方法:调整分组实验操作的顺序,课堂实验用的叶圆片要在课前制作好,搭建好实验装置,在观察的过程中学生可以分工,每一组 2 名观察记录员,另 4 名同学制作叶圆片,同时黑暗保存,留给下一个班级课堂上使用(为确保叶圆片的活性,实验课尽量在连续一天内完成)。

② 用叶圆片上浮平均时间作为因变量,叶圆片上浮越快,光合作用越强,所用时间越短,绘制坐标图像与平时教学中呈现的图像不一致,不利于学生的理解。

改进方法:为便于理解各因变量对光合效率的影响,因变量用 10 min 上浮的叶圆片数目表示。

2. 学生课堂分组实验

将环境因素对光合作用强度的影响这一探究课题分成四个子课题:①探究光照强度对光合作用强度的影响;②探究光的成分对光合作用强度的影响;③探究 CO_2 浓度对光合作用强度的影响;④探究温度对光合作用强度的影响。全班分成 8 个小组,每组 5 人,每 2 个小组选择一个子课题。由每个小组长负责组织本组组员课前讨论和设计子课题的实验方案。

分组实验学生座位安排如图 4 所示。分组实验记录表如表 3 所示。

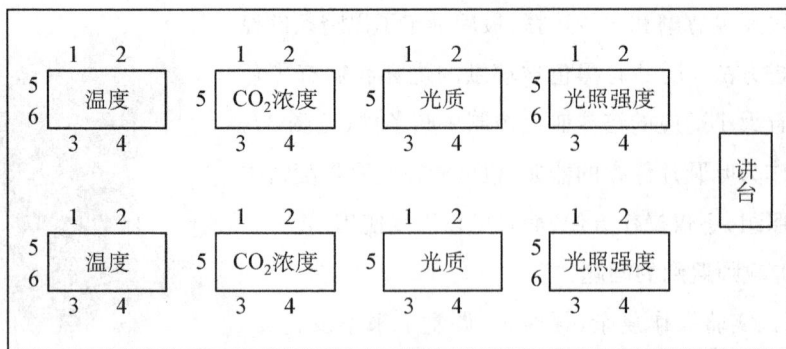

图 4　分组实验学生座位安排

表3 分组实验记录表

杯号	条件				5 min上浮叶圆片数/个	10 min上浮叶圆片数/个	15 min上浮叶圆片数/个	每10 min分钟上浮叶圆片数/个
	温度/℃	光照/W	NaHCO₃浓度/%	光质				
1								
2								
3								
4								
5								

1）分组实验与师生活动

（1）引课（5 min）：教师图片展示塑料大棚。提问：影响植物光合作用效率的外界因素有哪些？

提问：真空渗水法的实验原理是什么？各小组的自变量和因变量是什么？应如何控制？

（2）课堂搭建实验装置（20 min）：实验器材都在推车上，由小组长带领小组同学自己挑选所需的用品和试剂。在小组长的指导下组员完成实验装置的搭建。搭建实验装置时间为5 min。分工安排：两位同学制作叶圆片并真空渗水排气；两位同学观察和记录叶圆片上浮的片数，10 min后他们任务对调，观察时间共计15 min。

（3）组长介绍分组实验方案（10 min）。

① 光照强度对光合作用的影响。

实验方案：设置五个平行实验组，第一组黑暗，用贴有褐色和黑色卡纸的烧杯加上贴有黑色卡纸的培养皿盖，控制无光条件；第二组室光；第三组加一盏40 W的白炽灯；第四组加两盏40 W的白炽灯；第五组加一盏100 W和一盏40 W的白炽灯。五个实验组的烧杯中均加入2‰的NaHCO₃溶液100 mL，放置在水温约25～30℃的大小适宜的塑料盆中，由十字挡光板隔开，室温和黑暗组放置在一起，不用加台灯。装置如图5所示。

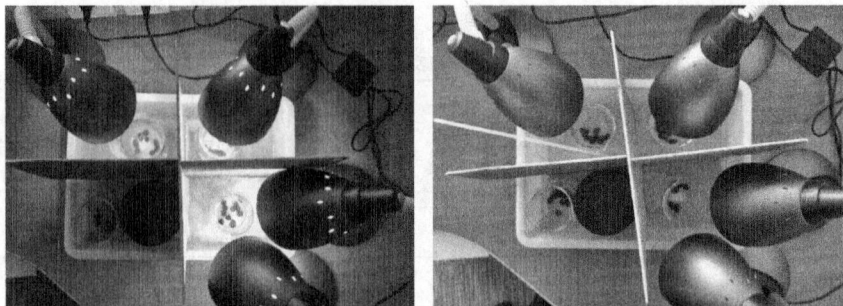

图5 用十字挡光板进行对照实验

② 探究光质对光合作用的影响。

图6 探究不同光质对光合作用的影响实验过程

实验方案：设置四个平行实验组进行实验，第一组白光；第二组红光；第三组绿光；第四组蓝光。白光组的叶圆片直接放在烧杯中，第二、三和四组叶圆片分别放在带盖的红色、绿色和蓝色塑料水杯中以控制光质。以上四组杯中都加入 100 mL 2‰ 的 $NaHCO_3$ 溶液，置于两盏 40 W 的白炽台灯下，并放置在 25~30℃ 的恒温水浴盆中。装置如图6所示。

③ 探究温度对光合作用的影响。

实验方案：设置四个平行实验组，温度分别设置为第一组 0~5℃；第二组 10~15℃；第三组 20~25℃；第四组 30~35℃。变量控制：四只大小约 15×15 cm 的塑料盆，分别放入适量的自来水，向低于室温的实验组加入冰块，向高于室温的实验组加入热水，接近室温的实验组不用再加入适量的自来水，用温度计测量温度。向盛有 100 mL 2‰ 的 $NaHCO_3$ 溶液的烧杯中分别加入叶圆片，分别放置在上述四只塑料盆中，同时置于 2 盏 40W 的白炽台灯下。装置如图7所示。

图7 探究不同温度对光合作用的影响实验过程

④ 探究 CO_2 浓度对光合作用的影响。

实验方案：设置四个平行实验组进行实验，第一组加入冷开水 100 mL；第二组加入 0.5％ 的 $NaHCO_3$ 溶液 100 mL；第三组加入 1％ 的 $NaHCO_3$ 溶液 100 mL；第四组加入 2％ 的 $NaHCO_3$ 溶液 100 mL。将上述四组溶液倒入 250 mL 烧杯中，加入打好的叶圆片，置于 25～30℃ 水浴盆中，再加 2 盏 40 W 的白炽台灯。装置如图 8 所示。

图 8　探究不同 CO_2 浓度对光合作用的影响实验过程

（4）小组展示分组实验结果（5 min）。

实验数据是否合理可靠，分析的依据是各个因素对光合作用影响的理论坐标图。在实验报告上交时，设计一栏理论和实际坐标图的绘制，是四组学生代表绘制的实验坐标图，如图 9 所示。

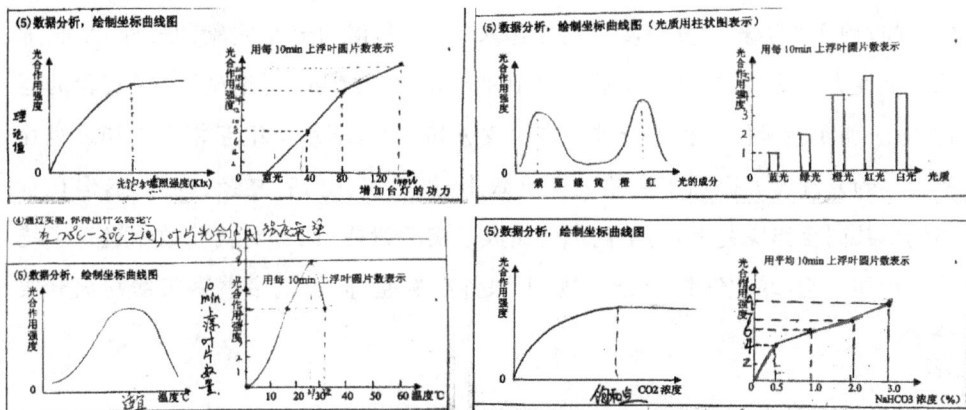

图 9　学生实验结果呈现

2）根据实验数据分析分组实验存在的问题

（1）探究光照强度的两个小组数据差距较大，靠窗小组由于光线好，叶圆片上浮的速度明显比靠门小组快。

（2）探究 CO_2 浓度和温度影响的两个小组，设置四个平行实验组的小组实验数据比设置五个平行实验组的小组实验数据绘制的坐标图更接近理论曲线，因为塑料水浴盆是长方形的，因此紧凑地放置四个盆接收到的光照比五个塑料盆更加均匀。

（3）探究光质组，由于购置有色塑料水杯时，没有买到同一品牌的无色塑料杯，因此用烧杯代替无色塑料杯。由于不同材质的透光性和传热性不同，因此，会导致无关变量光照强度和温度的差异影响实验结果。引导学生分析和思考，在以后类似的实验中如何预防这些问题的出现？学无止境，探究更是无止境的。

3）实验结论

各个小组的组长在全班交流所探究实验因子对光合作用强度的影响实验结果。

师生总结得出结论：较强的光照强度、白光（其次是红光和蓝光）、充足的 CO_2 和适宜的温度能提高光合作用强度，保证以上条件是提高农作物产量的关键。

（二）效果

由于师生的预实验优选了实验材料，因此实验现象很明显，节约了课堂观察的时间；预实验培养了分组实验的小组长，指导和培训分组实验的操作，是教师课堂上得力的帮手；针对预实验中遇到的问题，师生共同讨论交流，对实验的器材、方法和实验操作流程进行进一步的改进和创新，利用小组互相合作和班级互相合作的方式大大提高了实验的课堂效率；虽然实验内容复杂、难度大，但在全体同学共同合作探究下，同学们不但完成了实验操作，而且对实验数据进行了统计分析和讨论，课堂气氛十分热烈，下课铃声响起，同学们带着微笑纷纷离开实验室。

三、反思

从实验教学效果来看，设定的教学目标适合绝大部分学生，采用自主、探究和合作学习的方式适合学生的年龄认知特点，设计的预实验和分组实验适当，能达到预期的教学设想。

　　在认真研究课程标准和教材的基础上,根据学生的实际情况设计的三维目标,目标比较具体、适切,针对性强,具有可操作性和可测性,实验结果数据分析和绘制的坐标图与预期的坐标图十分接近。

　　采用自主和探究学习方式,确定实验目的和原理,设计预实验方案,控制和观测实验变量,选择实验材料,改进实验方案和制作简易的实验器材,培养了学生科学思维品质和科学创新能力。通过学生分工合作共同搭建实验装置,认真观察、真实记录,科学地分析和处理数据等培养了学生的科学素养,提升了学生的学力。

　　课堂的分组实验采用异质分组合作学习方式,培养了学生的合作意识,养成了学生良好的合作学习行为,大大提高了课堂教学效果。通过预实验培养了分组实验小组长,在课堂分组实验中这些组长发挥“小老师”的作用,实验方案和实验探究的结果由各小组组长在课堂上交流,全班同学共同分享,组员有明确的责任分工的互动学习过程,是以团队成绩作为奖励的一种教学活动,这对于在有限时间内高效顺利地完成实验起到了关键的作用。

　　在自主学习、探究学习和合作学习方式下,教师要有较强的组织能力和引导能力。

　　课前让学生充分熟悉实验方法、原理和实验方案以及实验步骤,提高学生实验操作技能,尽量缩短实验装置搭建时间,实验结果出来后教师能够给予公平合理的评价。对于实验中遇到的操作问题教师应该给予及时的指导。

基于导学案的自主学习策略探究

（高中《生物体内营养物质的转变》的教学）

上海市澄衷高级中学　徐雪君

一、背景

《基础教育课程改革纲要》在谈及新一轮课程改革的具体目标时，首要的一条是："改变课程过于注重知识传授的倾向，强调形成积极主动的学习态度，使获得基础知识与基本技能的过程同时成为学会学习和形成正确价值观的过程"，这一目标使"改变学习方式，倡导自主学习"成了这场改革的亮点。上海二期课改也提出了"自主、合作、探究"的课程理念，强调要培养学生的创新精神和实践能力，这与当代教育理念是十分吻合的，也体现了学科育人的教育价值追求。

余文森教授在《有效教学十讲》中提出：有效教学的第一条铁律是"先学后教、以学定教"。基于这样的一种理念，在生命课堂教学中以导学案为线索，引导学生开展自主学习，取得了一定的实践效果。导学案主要框架结构是依照自主教学的模式设计的，分为学习目标和重点难点、自主学习内容、课堂研讨、延伸拓展、回归目标和课后自主练习六部分。有效教学始于目标的准确表达，因此明确学习目标是自主学习的起点，具体学习流程如下。"先学"就是学生借助"导学案"事先完成相关的学习内容，通过自学解决现有发展区的学习任务，再通过小组合作学习，互助学习解决部分学习中存在的问题。"后教"是指师生共同研讨的过程，教师对学生通过自主学习、合作学习后依旧存在的问题进行逐一点拨，突破难点，也就是解决最近发展区的问题。以"生物体内营养物质的转变"一节的教学设计为例，说明如何利用导学案引导学生开展自主学习，通过学生的自主探究和合作学习，培养学生的综合学力。

　　"生物体内营养物质的转变"是《生命科学高中第一册(试用本)》(上海科学技术出版社)第4章第4节的内容。本节是在学习光合作用、细胞呼吸之后,对各种有机物相互转化的学习,是对生命的物质基础内容的延伸,本节内容与拓展型课程中血脂等相关内容的学习也有一定的联系。教材中对于三大物质的来源和利用交代得比较清楚,也比较琐碎,这部分内容事先设计导学案安排学生自主学习,初步梳理知识点。对于三大物质的相互转变过程,由于缺少相关的联系环节,又涉及有机物相互转变的化学过程,因此学生的学习有一定的难度,是本节课的难点,需要在自主学习的基础上由老师进行点拨指导,所以作为课堂研讨部分。

二、过程和效果

(一) 过程

1) 学案自学

　　导学案一般提前一天发给学生,学生课前完成自主学习部分,教师批阅自主学习部分,了解学生学习情况。"生物体内营养物质的转变"一节对于三大物质的来源和利用交代得比较清楚,符合学生现有认知水平,这部分内容安排学生自主学习,初步梳理知识点,形成初步思维导图,设计了如下自主学习内容。

　　(1) 人体健康所需要的营养物质有哪些? 哪些可以直接吸收?

　　(2) 糖类代谢。

　　请概括人体内的血糖来源和去路。

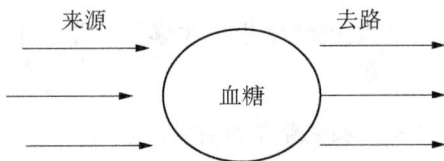

　　(3) 脂类代谢。

　　请概括人体内的甘油和脂肪酸的来源和去路。

来源　　　　　去路

甘油和脂
肪酸

（4）蛋白质代谢。

请概括人体内的氨基酸来源和去路。

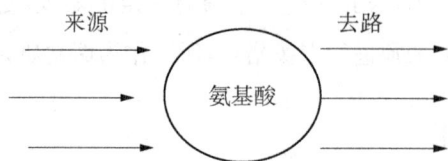

来源　　　　　去路

氨基酸

　　学生在学习组长的带领下组内交流学习成果，最终形成统一的学习成果。学生通过互助合作学习，掌握了大概 70％的学习内容。教师巡视每一小组的学习情况，布置三个小组分别交流糖类代谢、脂类代谢、蛋白质代谢。以小组为单位分别通过学生板书的形式展示自主学习成果，小组间相互研究板书内容，提出修改和补充意见，相互质疑，不足部分由老师补充，重点分析物质的利用。学生的板书展示是本节课设计的一大亮点，是学生学习成果的一次大展示，为下一步的研讨奠定了基础，这一环节在教学实践中取得了较好的效果，具有现代媒体不可替代的作用。

　　2）课堂研讨

　　课堂研讨内容的设计紧紧围绕学生自主学习成果。本章节设计了如下三个问题：

　　（1）探讨三大物质的来源和去路是否有共同点。

　　设计意图：三大物质的来源和利用梳理结束后，围绕板书内容，探讨三大物质的来源和去路是否有共同点，让学生明白三大物质主要来源于食物，吸收部位相同，都能提供能量。

　　（2）探讨葡萄糖、氨基酸和脂肪三种物质之间是如何相互转化的。

葡萄糖

氨基酸　　　　脂肪

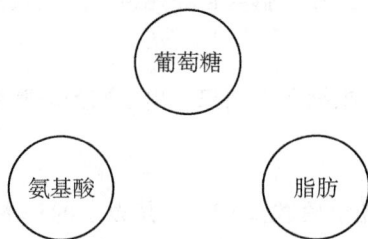

小组讨论后回答相互转化的六条流程,不足部分老师补充。

设计意图:探讨三大物质之间是如何相互转化可以理思路,助记忆,促思考。在此基础上由教师点拨。尽管三大物质可以相互转化,但不能相互替代,举例说明,让学生明白营养要全面均衡。

（3）教师做薯片燃烧实验,探讨可乐、薯片等青少年喜欢的食物含有的能量情况。

设计意图:在主要内容研讨清楚的基础上,设计课堂演示小实验,并分析可乐、薯片等青少年喜欢的食物含有的能量情况。课堂学习进入高潮部分,引导学生关注全面营养和均衡营养,结合自身的饮食结构,了解合理膳食的意义,体现生命教育。

3）延伸拓展

本课设计了转氨基作用的流程图（见图1）,帮助学生理解转氨基作用。

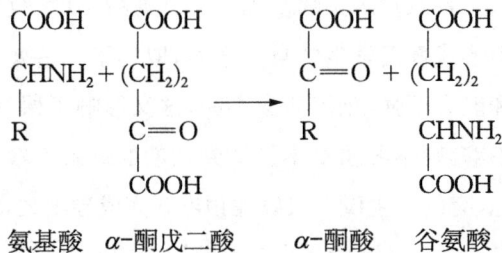

$$\begin{array}{ccc} COOH & COOH & \\ | & | & \\ CHNH_2 + (CH_2)_2 & \longrightarrow & \\ | & | & \\ R & C{=}O & \\ & | & \\ & COOH & \end{array} \quad \begin{array}{cc} COOH & COOH \\ | & | \\ C{=}O + (CH_2)_2 \\ | & | \\ R & CHNH_2 \\ & | \\ & COOH \end{array}$$

氨基酸　α-酮戊二酸　　α-酮酸　　谷氨酸

图1　转氨基作用流程图

4）回归目标

（1）整理本节课思维导图,加深对知识的理解和记忆。

（2）依据课本第 84 页推荐的膳食营养比例，回顾自己每日的膳食结构是否合理，应该怎么调整？

（3）探讨肥胖的原因，根据所学知识提出如何预防肥胖和如何有效减肥？

（二）效果

本节课的设计基于"先学后教"的理念，其教学的基本模式是"学案导学、自主学习"。用建构主义支架式教学的话说：教学关注学生进一步的发展，教学绝不应消极地适应学生智力发展的已有水平，而是应当走在发展的前面。基于导学案的自主学习策略，让每一位学生的自主学习能力得到了激发，思维得到了激活，合作意识得到了培养。在本节课的具体教学实践中，学生的自主学习和展示交流时间达 25 min 以上，小组的每一位成员都参与到具体的学习活动中，学习能力得到了不同程度的锻炼。在展示交流中学生的语言表达能力以及自信心得到培养。在互相质疑研讨中，学生的问题意识和质疑能力得到了锻炼。

三、反思

要确立以学生为中心、"以学定教"的自主学习模式，必须要有高质量的对话互动和思维碰撞，关键是教师自身教学理念和教学策略的提高。在具体实施过程中需要注意的几个问题如下。

（一）先学是课堂研讨的基础

先学，即课前预习，是课堂研讨的基础。在日常教学中，教师通过课前预习检查、预习评价、展示等形式督促学生的自主学习，取得了一些效果。但仍有部分学生的自主学习意识和能力不强，预习质量不高，这又影响了课堂研讨的进程，课堂研讨的高度和深度不够，则学习质量不能达到预期的效果。本节课在课堂实践中同样碰到了以上问题，有的学生没有很好地预习和完成导学案，课堂研讨环节参与度不高。因此有效激发学生的自学动力是本节课实施的关键。

（二）课堂研讨决定了课堂教学的高度

在自主学习环节中，课堂研讨环节决定了整堂课的品质与高度。在学生自主学习的基础上，教师设计合适的问题，通过问题探究引导学生思考和质疑，锻炼学生的思辨能力。在研讨中学生还能提高即时反馈能力、敏捷的思考和反应能力以及即时口头表达能力。研讨还能使学生的认识状况充分暴露,教师获得及时信息反馈,就能增加教学的有效性和针对性,提高教学效率。此外,研讨还能使学生在课堂上思想高度集中,思维活动激烈,产生浓厚的兴趣,使课堂教学情绪和形式都十分活跃。

（三）合理解决合作学习与学习时间的矛盾

在日常教学中,教师往往预留给学生的合作时间不够,组内合作不充分,课堂研讨质量不高,只有小组充分地研讨,课堂才会激发出生命的火花。本节课的设计很好地解决了以上矛盾,学生自主学习、合作学习的时间达到了 60% 以上,学生的学习主动、积极、活跃,教学效果较好。

实验动物，生命的关怀

（高中《观察牛蛙的脊髓反射现象》的教学片段）

上海市松江一中　顾巧英

一、背景

考虑到"观察牛蛙脊髓反射现象"实验的视觉冲击力，把学生实验改成了观看视频，回家作业是完成练习册上的实验报告。其中有一个题目是：实验中的三个手术，切除脑、环割脚趾皮肤以及破坏脊髓的作用分别是什么？大部分学生按照上课的分析回答了这个问题，但是有一个答案让我很吃惊。

"是为了人类的医学、科学和对生物学的研究作贡献，这实在太伟大了，是吧？但是为什么要对那只牛蛙做出如此恐怖的行径，仅仅是因为它是低等动物吗？它难道没有享受生存的权利吗？为什么那些人要研究牛蛙呢？为什么不去研究苍蝇、蚊子这些害虫呀！这分明是血淋淋的屠杀！我实在受不了了，看了那个视频我午饭都不能吃了！活生生地切割，这样的行为与上帝创世大相径庭了吧？也许我还涉世未深，对这样的画面太过敏感，但我实在难以接受，为了我们人类自身去做出如此自私、残忍的事情！让它这么受苦，竟然还浇盐酸！我要崩溃了！"

这是一个黑黑瘦瘦的，坐在最后一排的男生写的。平时他沉默寡言，这回居然在本子上写了这么多。

二、过程和效果

该怎样反馈呢？就实验动物生死问题在班上一起探讨一下？虽然只有一个学生这么描述内心的不解，但是观看视频时有不少同学表示出了相同的感受。可是，这会不会把问题复杂化呢？况且课时这么紧张，实在没有多余的时间讨论这个问题。在一番激烈的思想斗争之后，我还是决定不公开点评，课后单独交流。

第二天的课上，反馈好了前一次作业，我正准备上新课时。那位男生突然站起来说："老师，您觉得昨天那个实验残忍吗？"话音刚落，其他学生马上附和："残忍！"教室里一下安静了，大家的目光齐刷刷地看着我，尤其是那个黑瘦男孩，我从他的眼睛里读到的是愤怒。

"确实，老师也觉得这个实验有些残忍。正是考虑到这一点，我把这个学生实验改成了演示实验，而且是通过视频来演示。"我解释道。

黑瘦男孩追问："即使是视频，我还是觉得很残忍，说好的保护动物呢？！""保护的应该是野生动物吧！我们实验用的牛蛙是人类饲养的，不算的吧！"有人提出了异议。"一般意义上，保护动物指的是保护野生动物或者是除实验动物之外的其他动物。原本教材中的实验材料用的是青蛙，现在已经改成了人工饲养的牛蛙，虽然效果没有青蛙好。"我补充道。

"难道实验动物就可以不管不顾了？"黑瘦男孩继续追问。"当然不是。"我反驳道，"毕竟它们也是生命。因此，在这种两难的抉择下，诞生了'动物实验的 3R 原则'即 replace（使用其他手段来取代）、reduce（减少每次实验中所需的动物数量）、refine（优化现有实验以减少动物受到的痛苦和伤害）。昨天的视频中实验员也已经最大限度地给予牛蛙生命的关怀，减少它的痛苦。""我看到牛蛙脑被去掉后，实验员马上进行冲洗，然后用纱布将水吸干。""我注意到实验用的手术刀十分锋利，操作时没有拉扯的现象。""我感觉到……"大家七嘴八舌地讲着，大部分同学已经不再是神色凝重，我注意到黑瘦男孩的眼神中也没有了愤怒。

"看来大家都注意到这些细节了。实验动物虽说是为了实验而生，但它们确确实实也是鲜活的生命。我们人类要感谢它们为科学进步所作的贡献。之前我带学生做这个实验后，大家自发地将牛蛙遗体埋在了香樟树下。"说到这里，学生开始小声议论，他们打算趁课间去"祭拜"。黑瘦男孩并没有加入讨论，而是一副欲言又止的样子。

"你是不是想问：为什么不用苍蝇或者蚊子呢？"我注视着黑瘦男孩，道出了他的问题。"因为苍蝇和蚊子是昆虫，属于无脊椎动物。"有学生回答。我点了点头，补充道："这是一方面原因；另一方面，对于实验动物的选择是有要求的，比如我们在药品说明书里会看到某种药物在小白鼠身上实验的情况描述。那么科学家为啥选择小白鼠作为实验动物呢？"

"它是哺乳动物，人类也是哺乳动物。""它繁殖快，容易饲养。""……"你一言，我一语，学生们讨论得很热烈。"同学们说得不错。其实选择什么样的生物作为实验生物首先取决于研究者要解决什么科学问题，然后寻找能最有利于解决这个问题的物种。一般而言，实验生物具备以下这些特点：第一，有利于回答研究者关注的问题，能够代表生物界的某一大类群；第二，对人体和环境无害，容易获得并易于在实验室内饲养和繁殖；第三，世代短、子代多、遗传背景清楚；第四，容易进行实验操作。"学生们认真地听着，尤其是那个黑瘦男孩听得格外认真。

"同学们，我感觉到了你们的一颗颗仁爱之心。我们确实也应该反思，在为人类谋福利的同时要考虑到对其他生命的关怀。人类对实验动物的认识和关怀也是在一点点进步的，我相信未来的我们在这方面会越做越好的。"话音刚落，教室里响起了掌声！

三、反思

故事开始于我的纠结"在课时紧张的情况下选择在全班反馈还是课后个别交流？"这种纠结背后有一个元认知的问题：教学中的哪些行为有利于学生核心素养的培育，哪些行为看似有用，实则是在浪费学生的生命？

《上海市中学生命科学课程标准解读》指出："生命科学教育中热爱生命、珍惜生命、热爱自然、形成和自然和谐统一的思想和可持续发展的思想观念等方面的教育价值，是生命科学课程所特有的，是其他学科课程所不可替代的。"

显然这个故事的主题就是"生命"，学生对于实验动物的关注让人欣慰。这种关注在脊蛙反射实验中达到了顶峰，其实这种关注贯穿于整个生命科学的学习过程中。比如，光合作用发现史中荷兰科学家英格豪斯经过500多次重复实验发现光照是实验成功的必要条件；条件反射实验中为了观察到狗的唾液分泌情况需要给狗进行手术；克隆技术中多利羊被执行了安乐死。学生会感叹这些实验动物的命运，同时反思人类的行为。以往的教学中只是轻描淡写地说几句，并没有展开。

现在想来这样的处理是不利于学生发展的。

《上海市中学生命科学课程标准》课程理念指出"重视教育中的情感因素。充分发挥积极的情感对优教促学的作用,营造良好的情感氛围和育人环境,促进学生认知和情感的和谐发展。"良好的情感是学好知识与技能的助推剂。如果学生认为人类为了自身的发展而无视实验动物的疾苦是理所当然的,则势必会对生命科学这门学科产生误解。因此,不仅要让学生了解到实验动物在生命科学发展中所作的贡献,而且要让他们认识到生物学家也在不断反思自己的行为,关爱这些特殊的生命。同时,我们自己在进行实验操作时,也可以通过种种方法减少实验动物的痛苦。"重视人文精神和科学精神的培养"也是《上海市中学生命科学课程标准》课程理念中所要求的。

课堂作为学校生活的主要场所,师生、学生之间的交流让这样的生活变得丰富多彩。在不断追问中,答案越来越明晰。试想,如果是课后单独交流,那么对话是单一的,而且极有可能变成说服式的。在大家的思想碰撞中,不仅解决了对于实验动物的情感困扰,而且还意外地收获了模式生物的相关知识。教学中的生成性资源往往来自于学生的普遍参与和积极思维。教师应善于抓住学生共同感兴趣的问题,引导学生讨论,师生的收获一定会大大超过预期。

有吸引力的蛋白质合成

（高中《蛋白质合成》的教学）

华东师范大学第三附属中学　李　丹

一、背景

"蛋白质合成"是《生命科学高中第二册（试用本）》（上海科学技术出版社）第 6章第 2 节的内容，围绕遗传信息是如何决定生物性状的关键问题展开。蛋白质合成的过程包括转录和翻译，都比较抽象，特别是翻译过程。以往都是通过多媒体动画演示将过程直观化，但是动画演示一放而过，PPT 要切换，在课堂上没有留下持久的痕迹，学生参与度不够，理解不到位，记忆不深刻。笔者尝试用软磁片在黑板上还原蛋白质合成的过程，相较于传统方法有以下几点好处：①现在的教室黑板均可以用软磁片，而且软磁片购买容易，价格实惠，使用方便；②教学过程不再受多媒体切换的限制，在黑板上保留整堂课的学习内容，可用于总结和题目分析；③学生可以参与体验，共同演示和总结蛋白质合成的过程，让整个过程更加有吸引力，更加生动，拓展思维空间，达到理解和记忆的效果。

二、过程和效果

（一）课前准备

教师：购买多种颜色的软磁片，尽量选择厚度较薄的，便于剪裁；剪裁软磁片，制作要使用的结构（如 DNA 平面结构、mRNA、tRNA、核糖体等）；制作多媒体课件；准备前置作业和课堂拓展思考题。

学生：完成本节课的前置作业。

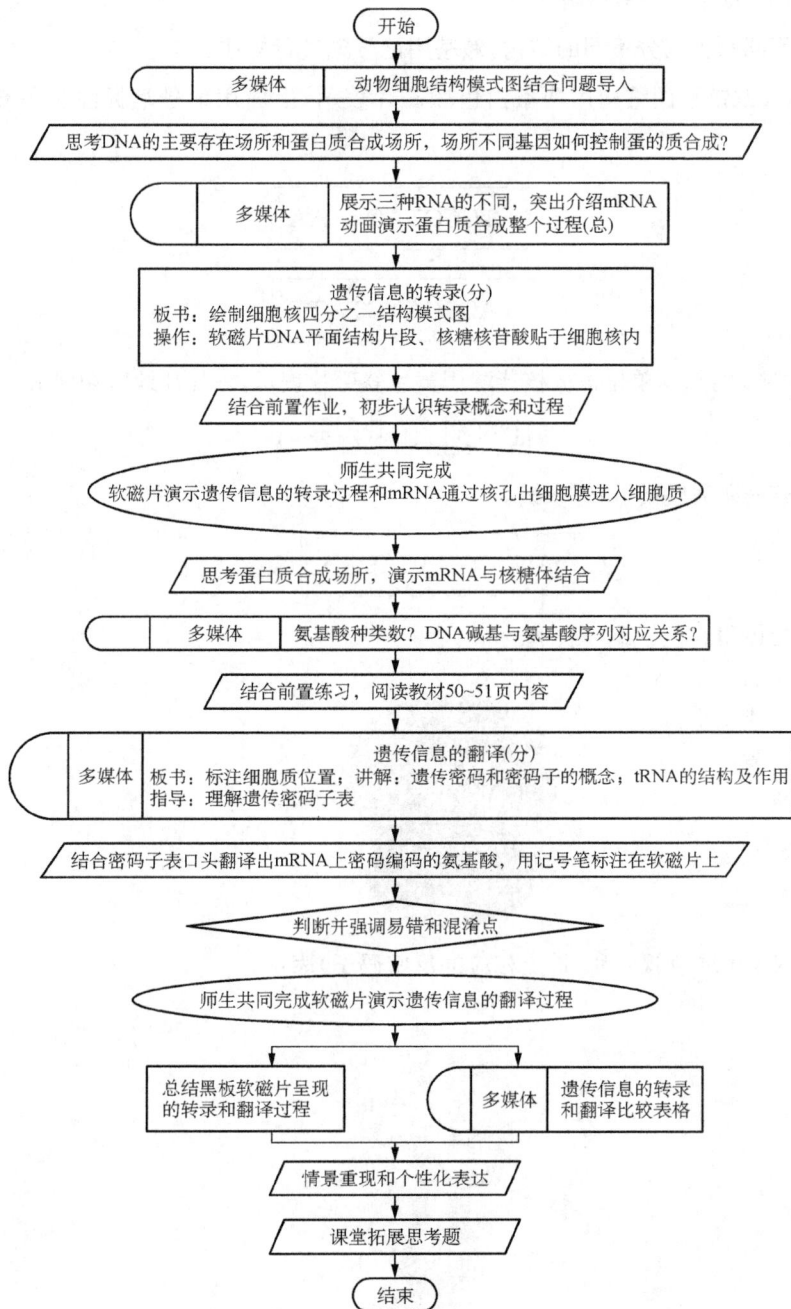

（二）教学流程

```
                        开始

        多媒体        动物细胞结构模式图结合问题导入

    思考DNA的主要存在场所和蛋白质合成场所，场所不同基因如何控制蛋的质合成？

        多媒体        展示三种RNA的不同，突出介绍mRNA
                      动画演示蛋白质合成整个过程(总)

                      遗传信息的转录(分)
          板书：绘制细胞核四分之一结构模式图
          操作：软磁片DNA平面结构片段、核糖核苷酸贴于细胞核内

              结合前置作业，初步认识转录概念和过程

                      师生共同完成
        软磁片演示遗传信息的转录过程和mRNA通过核孔出细胞膜进入细胞质

              思考蛋白质合成场所，演示mRNA与核糖体结合

        多媒体        氨基酸种类数？DNA碱基与氨基酸序列对应关系？

                结合前置练习，阅读教材50~51页内容

                      遗传信息的翻译(分)
          多媒体   板书：标注细胞质位置；讲解：遗传密码和密码子的概念；tRNA的结构及作用
                  指导：理解遗传密码子表

        结合密码子表口头翻译出mRNA上密码编码的氨基酸，用记号笔标注在软磁片上

                判断并强调易错和混淆点

              师生共同完成软磁片演示遗传信息的翻译过程

        总结黑板软磁片呈现              遗传信息的转录
        的转录和翻译过程    多媒体      和翻译比较表格

                情景重现和个性化表达

                  课堂拓展思考题

                        结束
```

（三）创新环节

（1）软磁片相关结构制作。

用不同颜色区分不同的结构,碱基用记号笔进行标注。

DNA双链平面结构用两条白色软磁片表示,上面用记号笔标注脱氧核苷酸序列。

> ATGCGTACATAA

> TACGCATGTATT

mRNA的基本单位核糖核苷酸用黄色软磁片表示,一片片地剪切而成。

U A C G （黄色）

还有一条完整的mRNA链。

> AUGCGUACAUAA （黄色）

核糖体用红色软磁片表示。

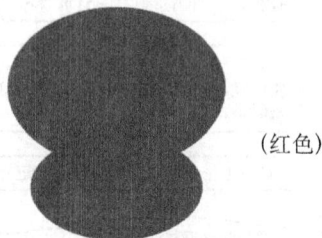

（红色）

tRNA用绿色软磁片(带上相应的反密码子)表示。

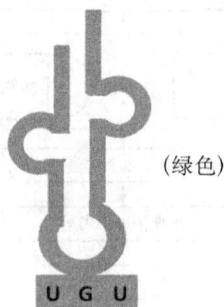

（绿色）

U G U

游离氨基酸用不同形状的蓝色软磁片表示,代表不同种类的氨基酸。

先不用记号笔标注,让学生在后面加注。

（蓝色）

备注：制作软磁片是能够形象生动地演示蛋白质合成过程的关键,颜色的选择要鲜亮明显,提高关注度；结构制作一定要严谨,要参考教材、要科学,具有很强的辨识度；碱基序列的选择也是完全遵循教材的实例。

（2）软磁片演示遗传信息的转录过程。

板书画出细胞核的四分之一部分,特别是核膜的双层膜和核孔均要画出,将DNA的双链结构放于细胞核内,演示转录过程中要板书解旋和相关的酶等信息,以DNA一条链为模版合成RNA过程中,遵循碱基互补配对原则,让学生参与演示,游离的核糖核苷酸形成的mRNA放在细胞核中,另一条事先准备好的mRNA出核孔进入细胞质与核糖体结合。

备注：板书结构要规范,如细胞核的核膜双层结构、核孔结构等；及时补充相关的知识点,如解旋、相应的酶等；细胞核内保留转录的过程图,完整的mRNA出细胞核参与翻译过程。

（3）学生结合密码子表口头翻译出mRNA上密码子编码的氨基酸,用记号笔标注在游离的氨基酸软磁片上,加强理解密码子位于mRNA上,决定氨基酸的种类。

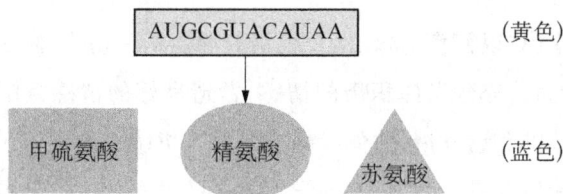

AUGCGUACAUAA　　（黄色）

甲硫氨酸　　精氨酸　　苏氨酸　　（蓝色）

备注：学生参与该环节,加强对遗传密码和密码子的理解；加深理解翻译的实质；教师及时补充易错点和易混淆点。

（4）软磁片演示遗传信息的翻译过程。

学生根据密码子和反密码的知识点，分析 tRNA 携带的氨基酸种类，结合后进入核糖体。确定起始密码子，开始翻译，演示出核糖体在 mRNA 上移动和氨基酸脱水缩合反应的过程，当读到 mRNA 上的终止密码子时，翻译结束。

备注：师生共同完成这个过程，教师演示一部分，学生参与一部分。

（5）多媒体与板书有效结合。

总结时，多媒体呈现转录和翻译的比较表格，板书呈现转录和翻译的过程，相互结合，融为一体，同时还可用于后面的拓展思考题的解析，将多媒体与板书有效结合，形成合力，达到效果最大化。

三、反思

根据《上海市中学生命科学课程标准》中的课程理念，"课程要为学生提供多种学习经历，丰富学习经验。要关注学生学习的过程，通过创设学习情境，开发实践环节和拓展学习渠道，帮助学生在学习过程中体验、感悟、构建并丰富学习经验，实现知识传承、能力发展、积极情感形成的统一。"本节课运用软磁片代表不同的化合物和结构，重现蛋白质合成的过程，改变以往只是动画演示的过程。虽然过程复杂化了，但是更加关注学生的学习过程，为学生提供更多的学习经历和学习体验，凸显学生的主体地位，提高学生课堂参与程度，提高学生对图形、结构和过程的认识，有利于学生主动思考，将知识内化。同时蛋白质合成过程中，遗传信息传递和表达准确无误，各个环节分工协作，环环相扣，也让学生们感悟到生命现象的严谨和神奇，更加关注生命。

课程理念还指出"以德育为核心，重视培养学生乐于动手、勤于实践、勇于创新的意识、习惯和能力。充分发挥积极的情感，营造良好的情感氛围和育人环境，促进学生认知和情感的和谐发展。""倡导做、想、讲有机统一的学习过程，倡导合理灵活地利用各种课程资源进行学习，实现学习方式的多样化。"本节课的设计初衷，也是丰富学生的学习过程，让枯燥、单一、抽象的过程活起来、动起来，体现生命科学的课堂特质，充满生命力，学生将做、想、讲有机结合，听课热情和参与热情也大大提高，拓展思考题反馈效果较好。

将学习的空间还给学生，引领学生学会主动学习

（高中专题复习《染色体与细胞分裂》的教学）

上海市久隆模范中学　徐敏娜

一、背景

2015 年英国广播公司(BBC)一部讲述 5 名中国老师在英国实行中式教育的纪录片，在网络上引起了热议。虽然片中刻意放大了英国孩子们对中式课堂的种种水土不服，但有趣的是最终通过考试检验表明，接受中式教育的孩子成绩略胜一筹。不过这个结果似乎并不具说服力，反而更多地引发了人们对当下教育现状的思考：在目前教育改革的背景下，通过精心的教学设计以及各种先进的教学手段，我们的教学效率虽然得以大大提高，但学生通过课堂除了知识还能学到些什么？学生是否学会了学习方法？我们的课堂是否尊重了学生个性发展？不同层次和水平的学生是否在课堂中都能得到提高？

有幸的是，笔者在 2014 年下半年参加了原闸北区首批学科骨干教师赴英培训项目，在为期 2 个月的课程学习过程中，在当地的一所公立中学听课学习了一段时间。值得一提的是，其中一节化学课，给我留下了深刻的印象。这节化学课的教学内容是初中年级的化学置换反应，前 10 分钟，老师进行了简单的复习后宣布这节课给大家布置一个任务，将黑板上的化学反应式中的元素，想象成不同的人物，然后通过绘图的形式编制成一个故事。并且老师将这个任务的目标又细化为三个层次，让学生按照自己的层次水平对照学习要求完成任务。听到这里，我禁不住吃了一惊，心想把这么宝贵的课堂时间花在与教学内容没什么关系的画画上面岂不是浪费时间，能有什么效果？在剩下的将近 50 分钟时间里，教师确实没有在讲台上

进行任何形式统一的讲解或辅导,而是完完全全将时间留给了学生。在此过程中,我仔细观察着不同孩子的完成情况,基本上大多数学生都可以用拟人化的形式来表现置换反应,有的孩子还可以用自己的语言以文字形式将这个故事描述出来,除此以外还有不少学习优秀的学生最后感悟并归纳出了金属置换反应的规律。而我也从一开始的疑虑和担忧,不由转变为恍然大悟:画画和编故事等活动,不正是学生主动内化抽象概念的过程吗? 也许只需教师讲解 10 分钟的知识,而花费 50 分钟在学生活动上,看似效率极其低下,但对学生学习能力的培养和提高的作用却是不可估量的。

虽然我们的教育体制有很大的差异,但是教育的本质目标应该是相同的,就是追求学生的各方面发展,而学生个体的主观能动性应当是决定性因素。在新高考 3＋3 模式下,“合格考＋等级考”对比原“学业水平考”使得学生也有了更多选择的权利,对教师教学提出了新的挑战:如何在同一课堂上,既满足绝大多数学生达到合格考的水平,又满足部分学生下一阶段进一步为等级考奠定扎实的基础? 如何让抽象的概念易于让学生掌握和接受? 如何在让学生掌握基础知识的同时,又培养学生主动学习的能力? 将课堂的学习空间还给学生,引领学生学会主动学习,或许是一种很好的尝试。

二、过程和效果

(一)“教不会”的细胞分裂

“生命的延续”是《上海市中学生命科学课程标准》中高中阶段七大一级主题之一,包含了“细胞分裂与生命的延续”“遗传与变异”及“生物的进化”三大二级主题。其中“细胞分裂与生命的延续”涉及了遗传物质的复制、细胞的分裂、个体的生殖等知识,并与“遗传与变异”中遗传的两大规律、伴性遗传等内容密切相关,联系了分子、细胞、个体乃至物种水平的多个层次生命科学概念。因此本主题不仅是高中生命科学中的核心内容,而且在整个知识体系中起到了承上启下的重要作用。其中两种细胞分裂——“有丝分裂”和“减数分裂”的过程、意义及相关概念为复习的重点。

然而实际教学中,每次上课到这个内容,不少学生总是反映这部分内容掌握得不理想,虽然课上听明白了,但是到了复习的时候,两种分裂方式又混在一起。甚至有的学生虽然能够背出两种分裂各时期的特征,但是在练习反馈中总是没有头绪。可以说对于"有丝分裂"和"减数分裂"学生普遍有一定程度的畏难情绪。

问题到底出在哪里呢? 经过反复思考,我认为应当从教与学两方面寻找原因。从教的方面来看,在新授课时,这部分内容各种新的概念较多,且这部分内容大多属于过程性的知识,课堂教学模式必然讲授较多。然而,从学的方面来分析,学生对于如染色体和染色单体等抽象概念非常陌生,对于过程性的内容如果也仅是被动式、机械性地记忆,没有上升到理解染色体变化过程对于细胞分裂重要意义的程度。因此要帮助学生真正通过复习巩固并掌握两大细胞分裂的关键就是要让学生主动内化概念和知识,并进一步感悟"有丝分裂"和"减数分裂"的意义。

(二) 联系生活 赋予意义

要让学生愿意主动学习,则首先要赋予意义,即让学生了解所学知识的价值和意义。因此在复习课引入环节,我首先展示了某种植物花朵的图片,卖了个关子问学生有没有人认识? 有人猜是水仙花,有人猜是百合花,也有人皱起了眉头…"这么漂亮的花究竟是哪种植物呢? 给大家瞧瞧它的块茎,你们就知道了。"说着我拿出了课前准备好的块茎,同学们看了马上恍然大悟:"原来是土豆啊!"

"原来土豆也能开花的啊!"有的学生感叹道。我马上接上去:"花是植物的繁殖器官,土豆虽然不起眼,但它也属于高等的被子植物,可以通过开花进行有性生殖。"还有眼尖的同学已经发现这土豆已经发芽,我便提问:"将发芽的块茎切成几块种在土里能不能长出新的土豆? 这又属于哪种生殖方式?""这两种生殖方式的根本区别又在哪里?"通过引导,学生马上回答:"通过块茎繁殖属于无性生殖,无性生殖后代与亲代遗传物质完全相同,而有性生殖后代与亲代会发生变异。""既然如此,那么这两种生殖类型的细胞分裂基础有什么不同呢? 为什么会导致不同的结果呢?"复习课的主题顺理成章地被引了出来。

(三) 剪纸辨别染色体形态,内化概念

两种细胞分裂过程中最重要的变化是其中染色体的变化。高一学生第一阶段的学习中接触了"染色质"与"染色体"、"染色体"与"染色单体"、"同源染色体"与

"染色体组"这些概念之后,非常易于混淆,而这些概念却正是描述和比较两种细胞分裂异同所涉及的重要的专业术语,掌握这些术语为接下去学习"遗传与变异"部分奠定了基础。学生之所以分辨不清以上概念,关键在于其对于具体的形态现象和抽象的概念之间还不能建立起强烈的联系。

因此我做了这样一个演示:将两张纸叠在一起后对折,拿起了剪刀在纸上剪了起来。学生不知道我卖了什么关子,纷纷非常好奇地看着我。不一会一个染色体的形状出现了。"那么细胞分裂过程中染色体形态还会有怎样的变化呢?"说着我将手上原本对折的染色体打开,学生惊奇地发现:由于在着丝点处相连,原本一条染色体,就变成了"蝴蝶状"。"染色体复制!"已经有学生按捺不住,抢先回答了出来。"对,那么这样算几个染色体?几个染色单体呢?""一个染色体,两个染色单体""复制之后同一个着丝点上看上去有两条染色体,但是只要他们还连在一起,各自就不能完全独立,所以称为'染色单体'。"看得出通过剪纸,学生们一下子就完全理解了"染色单体"与"染色体"之间的联系和区别。

(四) 合作学习,模拟分裂过程

两大细胞分裂过程也是一个复习课教学中的难点和重点,不少学生在辨识图像上总是存在一定的困难。以往这部分内容一般都是通过动画或静态的图片形式帮助学生复习,因课堂条件的限制,其播放均由事先编制好的程序或教师控制,不具生成性,绝大多数学生处于一种被动学习的状态。

因此我利用事先准备好的两对非同源染色体的磁贴学具,以小组为单位,要求学生在桌面上一边共同模拟两大分裂过程中染色体变化的过程,一边用之前复习的"染色体"与"染色单体"等概念进行描述。小组活动后,请不同的小组代表上黑板进行演示的同时,进一步引导学生分析和归纳"有丝分裂"和"减数分裂"过程的异同。

拿到磁贴学具后,学生们一边迫不及待地摆弄起磁贴学具,一边七嘴八舌地互相交流着:"看,这个染色体背面能翻出染色单体的,它们是靠着丝点上的磁贴吸在一起的。""这代表染色体复制!""把磁贴拆开,着丝点断裂,染色单体就分离了,染色体数目加倍。""最后形成细胞板,平均分到两个子细胞。""减数分裂同源染色体还要发生联会的。"……有的学生能够利用学具摆出细胞分裂过程中染色体的变化,但是不能用所学的概念或专业术语科学精确地进行描述;有的学生却恰恰相反,只会说不会摆;也有的学生离开了现成的图片或动画就一下没有了思路。而通过小组合作让组员之间的优势得到互补,较为落后的学生通过观察学习也在这个过程中同样大有收获,有的学生还不禁发出了感叹:"噢,原来是这样的!"

（五）引导交流,感悟生命世界的精妙和多样性

最后,我提问:"你觉得有丝分裂和减数分裂过程中染色体发生的这种变化,有什么意义?"一个学生归纳出:"有丝分裂保证了生物个体内的染色体数目稳定,而减数分裂严格保证了前后代染色体数目的稳定,并巧妙地通过交换和自由组合的染色体为生物的变异提供了途径。"更让我感到意外的是刚下课,一个平时成绩不怎么好的男生,主动跑来对我说:"老师,原来细胞分裂是一件这么精妙的事啊!"这个男生的话语将我对教学效果的疑虑打消了。

三、反思

本节复习课,教学效果基本达到了我的预期目标,但对于这样一种不同寻常的复习课教学尝试,我也有了不少全新的体会。

首先,我认为复习课不应当仅仅作为应对考试、提高成绩的一种手段。复习课和新授课一样应当贯彻和落实课改理念,"为学生提供多种学习经历""以德育为核心,注重培养学生的创新精神、实践能力和积极的情感"。本节复习课的教学设计并没有采取传统的"讲练结合"的形式组织教学,而是花了将近一半的时间,让学生通过学具进行模拟活动,除了达到复习相关学习内容、巩固知识点的目的外,更旨在通过做、想、讲有机统一的学习过程,培养学生自主探究、实践体验、合作交流的主动学习能力。

其次,在教学中要关注并尊重学生差异,帮助每个学生树立学习信心。学科教学除了担负着知识传授的责任,同时也担负着立德育人的责任。在教学中也应当充分认识到学生之间在学习态度、学习能力和学习成绩方面是有差异的,这种差异来源于每个个体的独特性。有些学生虽然一时没有掌握生命科学的学习方法和要领,暂时落后,但是只要他们在学习中能够树立起克服困难的信心,就一定会迎头

赶上。因此我在本节复习课教学设计中,避免使用大量习题进行反复操练和纠错,而是通过组织学生进行模拟活动来夯实基础知识,不仅真正让每个学生都参与到主动学习的过程中,而且使不同层次的学生在不同的方面都能得到锻炼和进步,更重要的是让学生通过活动克服心理上的畏难情绪,逐渐树立起学习上的信心。

最后,作为一种教学尝试,尤其是复习课,还是不能逃避考试的检验。值得庆幸的是,这个年级的学生不仅百分之一百通过了合格考,并且不少学生在等级考试学习阶段,都认为两种细胞分裂方式是他们在基础知识部分掌握得最好的部分。可见,我们在教学中不能一味追求教学容量的最大化,而是应该让学生在教师精心设计的环节中"步步为营",将课堂学习空间还给学生,一定能引领学生通过主动学习,获得更多成功的自信!

细胞衰老问题研究

（高中《细胞生命历程》的拓展教学）

华东师范大学第二附属中学　吕秀华

一、背景

（一）教材分析

细胞的生命历程包括细胞增殖、分化、衰老和死亡，《生命科学高中第二册（试用本）》（上海科学技术出版社）第 7 章重点学习细胞的增殖和分化，对细胞的衰老和死亡并未提及，所以本节课的设计意图在于补充这个环节的内容，目的是使学生完整理解细胞作为生命活动基本单位的整体生命历程。引导学生对细胞衰老原因进行深层探讨，培养学生的研究能力和创新思维。这一节课是使学生正确认识衰老和死亡的客观性，引导学生关注社会老龄化状况，关爱老年人，关注健康的好机会，在恰当的时间对学生进行健康教育会获得事半功倍的效果，会使学生受益终生。衰老和死亡是每个人都要面对的，更是一个社会问题，通过关爱他人、珍爱生命、关注社会问题的情感感悟提升学生生命科学核心素养。

（二）设计理念

对于中学生来说，衰老和死亡的话题比较沉重，所以课堂引入时从长寿的讨论开始，要实现健康长寿就要了解衰老和死亡，这样学生易感兴趣，并且激发他们积极的情感，为了人类的健康长寿我们先要了解衰老的特征和原因，了解疾病才能有针对性地延缓衰老，实现健康长寿。基于这样的逻辑线索进行教学设计，并按照提出问题、分析解决问题、引出新问题的途径实践教学过程，同时用大量的科学研究成果作为支撑，从而实现使同学们兴趣盎然地、采用科学方法，严密地、理论结合实践地探究衰老问题。最后引导学生关注老龄化社会现象,理解老年人的处境,对学生进行关爱他人、珍爱生命、关注社会问题的情感教育,并讨论如何延缓衰老、延长寿命。

二、过程和效果

(一) 过程

1. 引言

师:展示电视剧《康熙王朝》剧照。

师:无论帝王将相还是平民百姓都希望健康长寿,人作为一个物种的最高寿限估计是多大呢?

生:推测。

师:科学家研究哺乳动物时发现,其最高寿命相当于生长期的 5～7 倍。人也是哺乳动物,生长期为 20～25 年,自然寿命则应为 100～175 岁。

师:科学家还发现,在环境条件适宜的情况下,哺乳动物一般都能活到自己的生物种年龄,而人却不能。展示 2012 年世界卫生组织(WHO)公布的前十名国家平均寿命数据(见表1)。

表 1　2012 年世界卫生组织(WHO)公布的前十名国家平均寿命

男性			女性		
排名	国家	平均寿命	排名	国家	平均寿命
1	冰岛	81.2	1	日本	87.0
2	瑞士	80.7	2	西班牙	85.1
3	澳大利亚	80.5	3	瑞士	85.1
4	以色列	80.2	4	新加坡	85.1
5	新加坡	80.2	5	意大利	85.0
6	新西兰	80.2	6	法国	84.9
7	意大利	80.2	7	澳大利亚	84.6
8	日本	80.0	8	韩国	84.6
9	瑞典	80.0	9	卢森堡	84.1
10	卢森堡	79.7	10	葡萄牙	84.0

注:人口总数少于 250 000 人的国家未列入统计,因为其平均寿命估算具有不确定性。

师：2015 年全球人类的平均寿命为 71.4 岁，中国人平均寿命为 76.1 岁。

为什么人的实际寿命比生物学寿命短这么多？如何才能延长实际寿命？要延长寿命，首先要解决衰老问题。（板书：衰老）

2. 提出问题与解决方法

1）问题一：个体衰老与细胞衰老有怎样的关系？

分析解决问题：

（1）单细胞个体衰老与细胞衰老的关系是怎样的？展示草履虫和酵母菌图片（见图 1）。

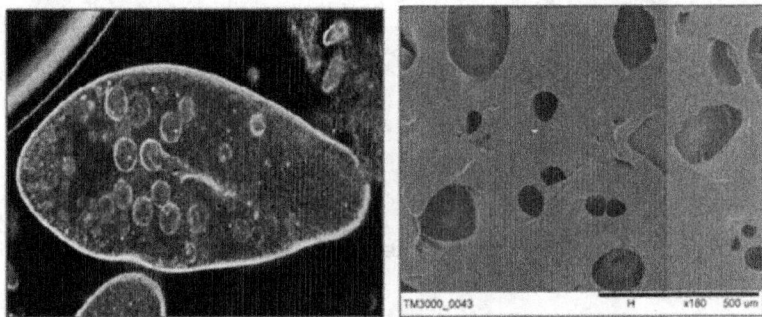

图 1　草履虫和酵母菌

学生总结单细胞生物的个体衰老和细胞衰老的关系。

师：多细胞生物也是最初由一个细胞发育来的，经历了怎样的过程？（见图 2）

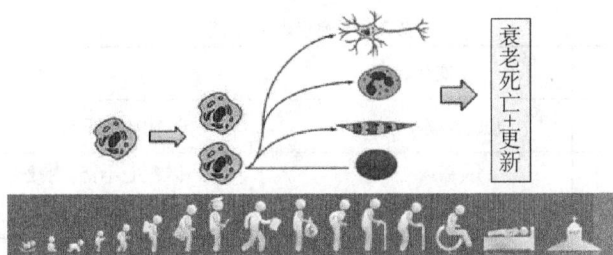

图 2　细胞分裂和分化

（2）展示细胞分裂和分化的图片，分析不同细胞的寿命不同。

学生总结出多细胞生物个体衰老与细胞衰老是不同的，细胞在不断更新。

2）问题二：多细胞生物个体衰老特征与细胞各部分功能之间的对应关系是怎样的？

分析解决问题：

请同学思考后陈述老年人衰老的特征，讨论并陈述在人体衰老特征和细胞结构功能之间建立联系（见图3）。小结：细胞衰老是个体衰老的主要原因之一。

白发
色斑
反应慢
消化吸收弱
体力不支
丧失生育力 —— 分裂与分化（核）

物质进出（膜）
信息交流（膜）
物质代谢（质）
能量代谢（质）

膜
核
质

图3　个体衰老表现及与细胞各部分功能的关系

3）问题三：细胞衰老的特征都有哪些？

分析解决问题：

结合上图个体衰老和细胞结构之间的关系，讨论分析细胞衰老时细胞结构与功能的变化，完成表2。

表2　细胞衰老的特征

细胞结构	变化特点	功能体现
细胞膜	通透性变小	运输动能下降
细胞质	水分减少	体积变小，代谢减慢
	酶活性降低	代谢减慢
细胞核	体积增大 染色质收缩 染色加深	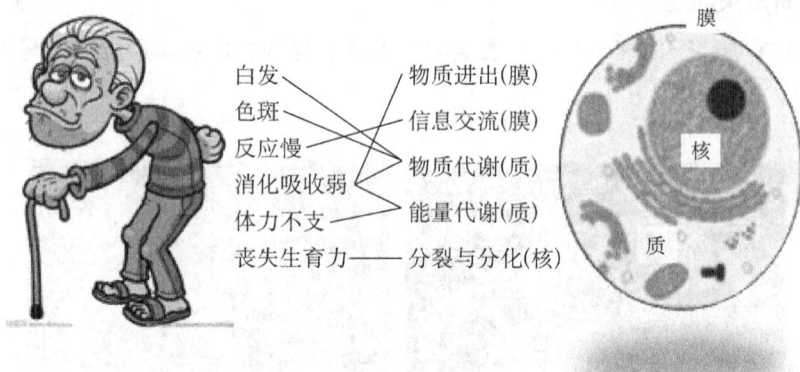 年轻细胞核　　衰老细胞核

4) 问题四：细胞为什么会衰老呢？

分析解决问题：

(1) 问题：细胞在体外培养时养尊处优，会衰老吗？同学讨论后回答。

展示 Hayflick 的研究文献原文摘要，并解读。1961 年 9 月发表在《实验细胞研究》杂志上的文章阐述了体外培养的人胚肺细胞分裂了 50 次之后就逐渐衰退了，总结出体外培养的细胞都有最高分裂次数的限制，并将该限制命名为"Hayflick limitation"。

(2) 决定细胞衰老的原因在细胞外部还是在细胞内部呢？如何证明？

① 同学们分组讨论后，请代表回答。然后介绍 Hayflick 的研究方法，比较之后阐述自己设计的不足之处。

② 分析 Hayflick 的实验一和实验二（见图 4、图 5）。得出结论：细胞分裂次数的限制因素来自细胞本身，与细胞的年龄有关。

图 4　Hayflick 的实验一：两种细胞单独培养

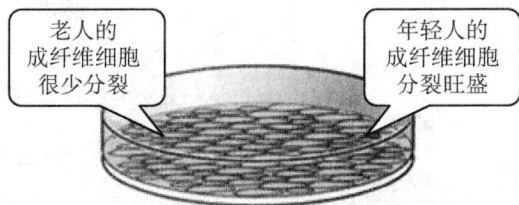

图 5　Hayflick 的实验二：两种细胞共同培养

③ 介绍 2009 年获得诺贝尔奖的三位科学家及其细胞衰老学说——端粒学说（见图 6）

图6 提出端粒学说的三位科学家

5）问题五：人类的衰老是自然规律导致的，衰老带来很多疾病，如何从自身做起，延缓衰老，减少老年病的发病率？

分析解决问题：

通过分析随着年龄的增长，各器官衰退的速率（见图7），体会衰老带来的健康问题，经思考讨论，从生活习惯、营养、环境等方面寻求减少老年病发病概率的做法。

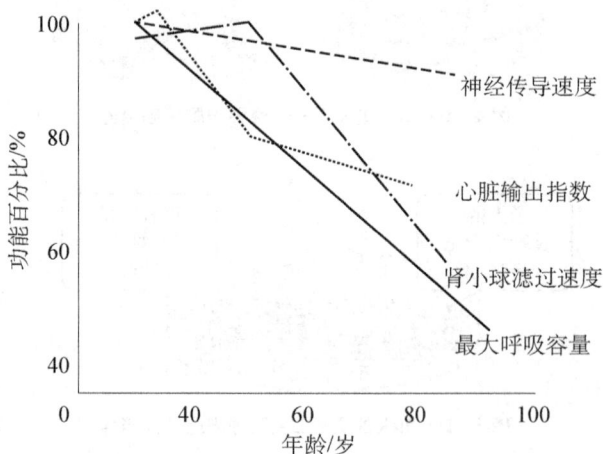

图7 人体功能与年龄的相关性

3. 小结

请同学谈谈通过本节课的学习，对衰老从理论到现实生活的认识。

4. 作业

课后阅读北京大学童坦君和张宗玉发表在《生理科学进展》上的文章《衰老机制及其学说》；学习学长的课题研究成果：李思瑶的《上海市帕金森病患状况调查及其预防方法初探》；白雪霏的《南蛇藤抗衰老作用及机理研究》；检索衰老和老年病预防方面的研究文献，尝试发现相关的科学和社会问题并进行小课题研究。

（二）效果

本节课的教学重心主要体现在对细胞衰老原因的探究上，通过逐步递进的问题引领，引导学生探讨细胞衰老的原因，而不是通常教学中直接把课本中的有关研究结论介绍给大家。这样处理的结果是，学生能够真正积极思考，在浓厚的兴趣驱动下开动脑筋，并运用已学的科学研究方法来设计实验证明自己的假设，之后再把科学家权威的实验研究过程呈现给同学们，通过比较完善自己的研究方法，学生的研究能力得以提升。

本节课运用大量的数据和研究前沿成果说明问题，特别把提出"细胞最高分裂次数限制"学说的科学家 Hayflick 发表于 1961 年的文献摘要呈现给同学们，拓展同学们的科学视野，还原科学研究本真，同学们表现出异常的好奇心，这种追根求源式的教学方式对学生特别具有积极的促动作用。

三、反思

长期以来我们中学使用的教材比较注重直接引用科学家现成的研究成果或得出的结论，对于这些成果和结论的来龙去脉则介绍得较少，而"知其所以然"对学生的创新素养提高比"知其然"更有价值。所以我们要改变课堂教学，首先要尝试从科学家已有的结论中走出来，回到问题的源头去，尝试让同学们自己解决问题，再看看科学家怎么解决问题，在尝试和比较中提高，在犯错和纠错中完善。我在"细胞衰老"这节课的设计上主要从以下三方面进行了探索。

（一）问题引领，层层深入

本节课的教学过程设计包括起—承—转—升四个环节，每个环节之间都设置逻辑上环环相扣的问题，层层深入，渐入佳境，恰当升华，最后用拓展文献和进一步探究引导学生关注相关研究前沿以及老龄化社会问题，以期收到"余音绕梁，三日不绝"的效果。

问题如下：

1. 我们最多能活多少岁呢？——科学家估计人的生物种寿限约 120 岁。

2. 我们的平均寿命为多少呢？——日本最高，有 83.4 岁，中国只有 76.1 岁。

3. 为什么我们平均寿命都不高呢？——我们过早衰老了。

4. 我们衰老的特征有哪些？——学生总结。

5. 个体衰老的原因是什么？——细胞的群体衰老。

6. 体外培养的细胞会衰老吗？——科学研究成果简介。

7. 如何证实体外培养的细胞会衰老呢？——学生讨论，设计实验，申述设计。

8. 细胞衰老是由于环境引起的还是细胞本身决定的？——学生讨论探究，申述设计。

9. 研究数据展示器官细胞机能退化导致的问题是什么？——老年病，老龄化。

（二）文献数据客观翔实，培养学生严谨的科学态度

本节课在备课时查阅了大量的中外文文献资料，并以图片的形式呈现出来，标明作者、年代、出处等信息，让学生从小养成实事求是、客观严谨的科学态度，并用科学家的研究成果激励学生的科学研究兴趣和热情。

1. 2012 年 5 月 18 日世界卫生组织公布世界各国平均寿命。

2. Hayflick 发表于 1961 年的研究文献摘要。

3. 2009 年度诺贝尔生理学或医学奖。

4. 2006 年世界部分国家和地区老龄化程度统计。

5. 2012 年《Nature》对 Hayflick 的专访文章。

（三）聚焦科学研究方法和科学家的社会责任

本节课围绕"细胞衰老原因的探究"这一核心问题展开多角度、多层次的思维训练和模拟研究，努力营造客观严谨氛围下宽松自由的思维空间，学生展开思维的翅膀，在老师的问题引领下进行尝试—阐述—修正—完善这样的模拟研究过程，从

中体会学习研究的科学性。通过 Hayflick 和 2009 年度诺贝尔生理学或医学奖获得者的实例给予人类和社会的巨大贡献让学生体会到科学家的社会责任,使科学研究的意义得到升华,这也是教学的最高目标。

这种教学设计模式不一定是普适性的,但问题引领、追根求源的教学思想是可以通用的,有意识地打破传统教学框架,从科学家的结论中走出来,距离创新型课堂教学就迈进了一步。

合理开发教材，提高课堂教学效率

（高中《基因分离和自由组合定律及其应用》的教学）

上海市杨浦高级中学　刘俊峰

一、背景

高中教学课堂容量大，学生抱怨作业多、老师常抱怨学生不爱思考，而继续加大作业量以弥补思维的不足，教学似乎陷入无法自拔的困局。作为一线教师，个人认为科学的学情分析是有效教学的基础，对教材进行合理的二次开发是有效教学的重要保障，减轻学生负担，应从提高课堂教学效率开始。

有些课堂为什么没有活力，学生为什么没有作业时显得无所适从，变得不会读书。我想答案很可能在教师身上，我们没有让学生养成思维的习惯。教师以简单重复的操练代替科学思维者居多，以灌输知识完成教学内容代替学生探索学习者居多，以堆积和罗列知识点代替引导学生归纳者居多，以死记硬背代替思维过程者居多。我们不可能一下子合理利用每一节课，但可以在部分重要环节上，做好教材的二次开发，分析好学情，在科学思维和学法指导上做点文章。

所谓课程的重要环节，我把它界定为某一章中，或能对整章起到提纲挈领作用，或为本章的核心知识，或在学法形成上有指导价值的课时。对学生有启发、对形成学科体系有帮助，是能够学以致用的课，是交流思维和交换思想的课，是能够举一反三的课。如"基因分离和自由组合定律及其应用"就是这样一节课，学生在高二阶段，基本知道了什么是孟德尔遗传定律，但什么样的遗传问题体现了什么规律并不一定理解，自己解决遗传问题的方法停留在简单模仿的层面，至于为什么这样操作，没有深入的思考。同时，这节课也是学好基因的分离和互换定律的基础。

二、过程和效果

（一）过程

师：基因的分离和自由组合是伴随着一个重要的生理过程发生的,是什么过程呢?

生：减数分裂。

师：很好,这是减数分裂的简图,我们把图中出现的结构回顾一下。这样的(手势指向同源染色体)一对染色体称为……

生：同源染色体。

师："大"Y和"小"y这样一对基因称作……

生：等位基因。

师：那么y和r基因互相成为什么基因呢?

生：(集体回答)非等位基因。

师：那么什么是基因的分离定律呢? 根据这幅图,小陈同学说说看。

小陈：(表现紧张,语塞)。

师：(指向同源染色体)什么结构分离,引起什么分子分离?

小陈：同源染色体分离,等位基因随之分离。

师：很准确,按照什么过程、什么时期、什么基因、什么事件的线索来理解定律。那么什么是基因的自由组合定律呢? 小单同学来回答一下(指向非同源染色体)。

小单：非同源染色体自由组合,引起非等位基因的自由组合。

师：好的。孟德尔关于两对相对性状的杂交实验,种皮颜色用Y、y表示,种子的形状用R、r表示,那么具有这样基因型的豌豆,可能产生的精子有几种? 卵子有几种?

生：(集体回答)4种。

师：好的,关于两对相对性状的杂交实验,孟德尔做了这样的遗传图解。(演示文稿图片)请同学们推导和计算这些问题。

生：推导,计算。

师：小许同学说说看,你大致是怎么推导的?

小许：先算 Yy 自交,再算 Rr 自交。

师：小许是把两对基因分开处理的。我们把这个推导过程的格式统一一下(PPT 分别演示分析过程),左边处理颜色事件,右边处理形状事件,这是两个事件,所以我们可以分别分析,不妨给它取个名字,就叫作分别分析法。这两件事情还是互不影响的,在数学上叫作独立事件,独立事件同时出现的概率适用乘法原则,我们在统计结果时两边是相乘的。

师：除了这个方法,还有没有方法来解决同样的问题? 小许。

小许：根据配子计算。

师：也就是画出表格,横向和纵向的表头写出配子类型,再推导出子代基因型,逐一统计结果。那么再问小许一个问题,如果我们引进 Hh 第三对独立的基因,这个表格该如何设计?

小许：64 格。

师：即雌雄配子各有 8 种,那是一个很大的数据库,然后去合并同类项,统计时容易出错,这是配子法在使用时一个很大的缺陷。但是它也有优势,数据直观且完整,还有一个明显优势,跟它的名称有关。配子法,它什么场合下能使用? 小陈。

小陈：产配子的时候。

师：(点头)只要是产配子的,换句话说,只要是有性生殖均可以用。

师：如果从基因的数量和关系来看,数量是说一对,还是两对及以上,关系就是说是否自由组合,可以把今天列举的问题分为如下三类(演示 PPT)。

师：请同学们思考一下,分别符合什么定律,可以采用什么方法解决?

师：一对基因的问题,符合什么规律,适用什么方法。

生：(集体回答)分离规律,配子法。

师：两对基因自由组合的问题呢?

生：(集体回答)自由组合规律,分别分析法和配子法。

师：只有自由组合吗?

小郑：还有分离规律。

师：如果是逆推问题,可以使用基因填充法。

师：两对基因连锁的问题呢？还能使用分别分析法吗？

生：（集体回答）不能，只能用配子法。

师：最后用三句话总结今天这节课，学习一个生理过程，理解两个定律，用好三个方法。

（二）效果

1. 学生点评

生1：听课人多，运算量比较大，一直比较紧张，对什么时候用什么方法处理遗传问题比以前有底气了。

生2：高二期间也使用这些方法，但并不知道为什么要这样用，今天明白了。

生3：使用分别分析法、乘法原则时，根据结果反推遗传方式还有点模糊。

2. 同行点评

师1：设计精巧，在科学思维和方法上挖掘比较深，学生互动好。

师2：将常用的方法进行了科学的归类，并升华到学术层面，有推广和借鉴的价值。

师2：表达精炼，容量和难度不小，但学生反响不错，效率很高。

3. 专家点评

这节课注重科学的思维过程和学习方法的整合，为落实目标设定的问题精妙，对课堂的掌控力很强。一节课是否有效，关键是看学生的学，老师在每一个目标环节的落实上，既有集体互动，也有学生单独表述和公开演算，在巡视中对全体学生做到了及时监控和评价，能够准确反映学生的学习情况。

对教材的二次开发有独特的见解，方法归纳准确且实用，表述简洁明了，目标和重难点落实到位。因为是公开课，为了完整性，学生的演练少了些，但很好地解决了教学设计中的重难点。尤其是点睛之语很好地做了归纳和总结，是一节高效的复习课。

三、反思

本着学情特点，我力图设计这样一节课，让学生回顾什么是分离和自由组合定律,但从理解层面上讲,思考这一问题是离不开减数分裂过程的,最关键和最核心的问题又落在有性生殖减数分裂的过程上。减数分裂又是一节战略支点课,离开减数分裂,是不可能学好遗传规律的。随即,在减数分裂过程中引入孟德尔关于豌豆杂交的花色和种皮颜色的 2 对等位基因,引导学生分析遗传图解,总结配子法,并介绍分别分析法。同时紧接着对 2 对基因的图解进行拓展,渗透配子法和分别分析法使用的背景和条件,总结两种方法的优缺点。然后通过正推、逆推、遗传平衡等问题的分析和解决,加强配子法和分别分析法的应用,过程中不断强化为什么可以用哪种方法和为什么要用哪种方法的思维,从本质上理解什么是分离规律、什么是自由组合规律? 什么时候可以使用配子法,什么时候可以使用分别分析法? 在分别分析统计结果时,什么前提下可以使用乘法原则?

记忆减数分裂过程—理解分离和自由组合定律本质—应用三个方法(适时适用乘法原则),成为本节课的主线。依托主线拓展开的问题在体现规律上具有代表性,来源具有一定权威性,在方法应用上能举一反三。

诚然,学生的主体地位不能动摇,教材的核心知识体系不容颠覆,为学生再开发教材是教学设计中的重点要素,是促进课堂教学有效性提高的手段之一。

激发质疑研讨，重构生态课堂

（高中《人类遗传病及其预防》第 1 课时的教学片段）

上海市鲁迅中学　柯晓莉

一、背景

随着上海新高考教育综合改革元年的到来，一系列新的变化、新的举措正日渐明朗："两依据、一参考"的多元录取机制；"3 + 3"科目的高考选课形式；合格考和等级考的科目设置；学生自主选择的新模式……教育教学改革的新常态进一步要求教师以学生发展为本，以学习方式的改变为突破口，为学生提供学习经历从而获得学习经验，努力搭建绿色生态的课堂教学环境，引导学生主动质疑，独立思考，积极研讨，增强师生、生生在课堂中的合作与交流，营造民主、平等、和谐的学习氛围，培养学生核心素养，凸显学科育人价值。

"人类遗传病及其预防"第 1 课时是《生命科学高中第三册（试用本）》（上海科学技术出版社）第 8 章第 4 节的内容，在《上海市中学生命科学课程标准》中列为 C 级（即最高等级"掌握"）的学习水平。其中"单基因遗传病系谱图的分析及绘制"是本节课的教学重点和难点所在。由于本节课的内容抽象，信息量大，和生物的遗传规律、变异类型、细胞分裂等知识点密切相关，而学生对于图表的理解和辨析能力又普遍较为薄弱，因此学习效果自然不尽如人意。如何才能更好地突破这一传统的教学瓶颈呢？

围绕"以学生发展为本"的课程理念，在课堂教学中，设计了"案例分析、典型单基因遗传病系谱图的分析、唐氏综合征产生原因分析"三个学生活动，着重培养学生的质疑研讨能力，关注学科育人价值。本节课的概念虽然多而抽象，但与生活实际联系紧密,进而激发学生兴趣。在学生对常见遗传疾病有了一定了解的基础上,教师再指导学生根据提供的典型单基因遗传病的系谱图,锻炼逻辑分析能力,归纳总结出相应的遗传规律,进而分析探讨与人类优生优育有关的实际问题,就显得有理有据,水到渠成了,为下一节课更好地掌握遗传病的预防措施以及遗传概率基本运算方法的训练奠定扎实的基础。通过大量直观的资料帮助学生加深对遗传病的危害及产生原因的认识,同时指导学生主动思考并提出问题,实现知识的呈现和情境创设,激发学生的求知欲,引发学生对问题的自主协作式的学习,有利于学生核心素养、协作精神的培养;有利于激励学生的质疑精神,提升学生的研讨水平和表达能力;有利于学生主动构建知识、发展能力。为了加深学生对人类遗传病的危害和有关遗传疾病在家族中遗传规律的认识,引导学生运用遗传学的基本知识解决生活中的真实案例,培养学生运用知识解决实际问题的能力,体现"教为主导,学为主体"的思想。

二、过程和效果

(一) 教学设计(节选)

教学内容	教师行为	学生行为	教学说明
单基因遗传病	3. 典型单基因遗传病家族系谱分析 (1) 小组讨论:教材 34 页 图 8-32 一例短指症的系谱(常染色体显性遗传) 图 8-33 一例黑蒙性痴呆遗传病系谱(常染色体隐性遗传) 图 8-34 一例抗维生素 D 佝偻病的系谱(X 连锁显性遗传) 图 8-35 一例典型的血友病系谱(X 连锁隐性遗传) (2) 课件展示:两幅常见单基因遗传病系谱图,指导学生分析判断属于哪种遗传病? 并说明原因 4. 生活中的遗传学 (1) 禁止近亲结婚的遗传学依据(略) (2) 案例分析:小赵和其女友未来的孩子会患有遗传病吗? 为什么? 邀请一名学生在电子白板上直接绘制,全班集体评价	分小组讨论四种常见单基因遗传病的遗传特点及规律 绘制系谱图,运用所学知识对该案例展开研讨	以小组合作学习的方式,在研讨的氛围中质疑,在答疑解惑的过程中表达自己的看法 联系生活实际,培养学生运用知识解决实际问题的能力,注重学以致用

（二）课堂实录

师：下面请同学们分小组讨论教材 34 页上的四幅典型单基因遗传病家族系谱，分析归纳出相应的遗传特点及规律。

（全班同学展开热烈的讨论，教师在课堂内巡视，针对各小组同学在讨论中产生的疑惑给予一定的提示。）

师：首先请第一组同学派一位代表把你们的讨论结果告诉大家。

生：我们讨论的是图 8-32 一例短指症的系谱（常染色体显性遗传）。首先，这类遗传病家族中每一代都有患者（教师补充：这种遗传现象称之为"连续遗传"）。其次，如果父母双方都正常的话，那么他们的孩子也有可能是正常的。（教师指导：换句或说"患者的双亲至少有一人患此病"）。另外，男患者和女患者的人数相同。

师：谢谢第一组的同学，概括得精准到位，非常好。请大家结合之前学习过的单基因遗传病的类型来分析一下，为什么此类遗传病男女发病率相同呢？

生：因为短指症的致病基因位于常染色体上，与性染色体无关，所以发病率男女相同。

（另外三组的学生讨论结果省略……）

师：刚才在同学们分小组讨论的时候，有同学提问"面对系谱图第一切入点是什么呢？"请大家结合刚才四幅图的讨论结果，一起来总结一下。

生：可以从家族中患者出现的频率入手，如果是连续遗传就是显性遗传病；如果有隔代遗传的现象，就是隐性遗传病。

师：那么如何区分是否为伴性遗传病呢？

生：只要分析男女发病率是否相同就可以了。

（此时有同学进一步提问）

生：老师，刚才的四幅图中都标示了各自遗传病的类型，如果碰到需要学生自己判断遗传病类型的系谱图的情况，又应该怎么办呢？

师：非常好的问题！大家认为如何解决呢？

（学生再次展开热烈的讨论，思维活跃的同学已经直接在座位上表达自己的看法了。）

生 1："无中生有"是隐性遗传病，"有中生无"是显性遗传病。

生2：另外还要看孩子特别是女儿的情况，有中生无是女儿——常显；无中生有是女儿——常隐，这样就可以迅速作出判断了。

......

师：在一开始上课的时候，老师给大家预留了一个小问题"小赵和其女友未来的孩子会患有遗传病吗？为什么？"现在请大家结合刚刚学习的知识，在导学案上绘制相关的系谱图，加以分析和说明。

（教室里一下子炸开了锅，各个小组边讨论边绘图，纷纷做起了遗传咨询小专家，热心地分析起了这个真实的案例。）

师：邀请一名学生在电子白板上直接绘制系谱图，就绘图是否正确、分析是否合理，在全班进行即时评价。

三、反思

（一）关注学生实际，有机重组教材内容

作为C级（即掌握级）学习水平的章节，课程标准中要求学生学习常见遗传病的类型、产生原因及主要的预防措施，并在此基础上应用所学知识，分析遗传病的系谱图，认识遗传病的危害，理解并积极宣传、响应国家关于优生优育的措施及相关政策。这对于学生的逻辑推理、分析判断、综合辨析、活学活用等能力都提出了较高的要求。

如何才能有效地突破重点和难点，有效达成预设的三维目标？在备课过程中，我觉得对于遗传病预防措施的学习，不应该"为学而学"，不能像"贴标签式"的教学，不能简单地照本宣科告诉学生死记硬背有哪些具体的预防措施，而应该结合常见遗传病类型的学习，将相应的预防措施与之有机地结合，简单加以介绍，使学生"知其然更知其所以然"。当然由于课时关系，一节课不可能面面俱到，有关人类遗传病预防措施的具体内容、遗传病概率的计算和反馈练习则可以作为下一课时的教学内容。

（二）依托导学案，构建知识网络

在导学案的使用过程中，突出"以导促学"，从学习者的角度出发，强调"学习目

标"而非"教学目标",言简意赅、开卷明义,各个教学环节环环相扣,同时利用思维导图绘制本节课的知识网络,学生在导学案的指导下顺利地完成了课堂学习。作为第8章最后一节的内容,本节课与之前几个章节的知识有着千丝万缕的联系,比如减数分裂、基因的本质、基因的分离定律和自由组合定律、伴性遗传等,因此在教学中有意识地指导学生在学习新知识的同时,联系之前学过的知识,温故而知新,引导学生构建系统有序的知识网络。

(三) 倡导合作学习,激发研讨质疑

高二学生具有求知欲旺盛、思维活跃、勇于质疑、兴趣广泛、独立性强、愿意和同伴分享学习过程的特点。他们乐于接受新事物,获取信息渠道多、内容广,对于一些常见的人类遗传病已有所了解。在教学中组织学生以小组合作的方式开展学习,有利于培养学生的团队协作意识,营造自主、有意的研讨氛围。

(四) 联系生活实际,实践生态课堂

无论是结合系谱图分析四种典型单基因遗传病的遗传特点,还是绘图说明唐氏综合征的产生原因、达尔文夫妇亲近结婚的悲剧以及取材自沪上知名电视节目《老娘舅》的真实案例分析——《小赵的困惑》,都充分体现了生命科学学科知识和生活实际密切联系的特点,通过学生自主活动,重构生态课堂。在运用书本知识解决实际问题的过程中,引导学生学会有效质疑,强化学以致用的意识,提升学生的学习兴趣,提高学习积极性和主动性,同时也对学生的综合学习能力和水平提出了比较高的要求。

此外,利用电子白板交互性强的特点,课堂教学过程中学生小组研讨交流的结果(系谱图的绘制及分析、唐氏综合征产生原因分析)、教师的分析点评都能即时直观地加以呈现,一目了然,实现了学习成果的有序表达,师生、学生之间形成了良好的互动和沟通。

关于"血亲及禁止近亲结婚"问题的讨论

（高中《遗传和变异》的教学片段）

一、背景

现在有一部分家庭的成员关系较为简单，为三口之家，至多加上祖父母、外祖父母，平时很少有与家庭其他成员的接触，因此学生只知道这些成员之间是有血缘关系的。而在学习《生命科学高中第三册（试用本）》（上海科学技术出版社）"人类的遗传病和遗传病的预防"这部分内容时，出现了"婚姻法中规定'直系血亲和三代以内的旁系血亲禁止结婚'"的内容。一部分学生便对"直系血亲""旁系血亲""近亲"等概念产生了陌生感，这陌生感不仅影响到对有关学习内容的理解，而且在人际交往中也带来了不便，更严重的是，很有可能对相关政策产生误读。这就使得我们教师有必要帮助学生理清这些关系，在头脑中形成概念，只有这样才能真正使学生接受知识，灵活运用知识。

二、过程和效果

（一）过程

1. 问题一：近亲到底是什么程度上的亲戚关系？

答：人类近亲的四等亲血缘分级如下。

一等亲血缘：指父母与子女之间的关系。

二等亲血缘：指祖父母与孙子女、外孙子女之间的关系，同胞兄弟姐妹之间的关系。

三等亲血缘：指叔、伯、姑与侄子、侄女之间的关系，舅、姨与外甥、外甥女之间的关系。

四等亲血缘：指堂兄弟姐妹，表兄弟姐妹之间的关系。

以上这些亲戚关系都称之为近亲（同时展示关系图，如图1所示）。

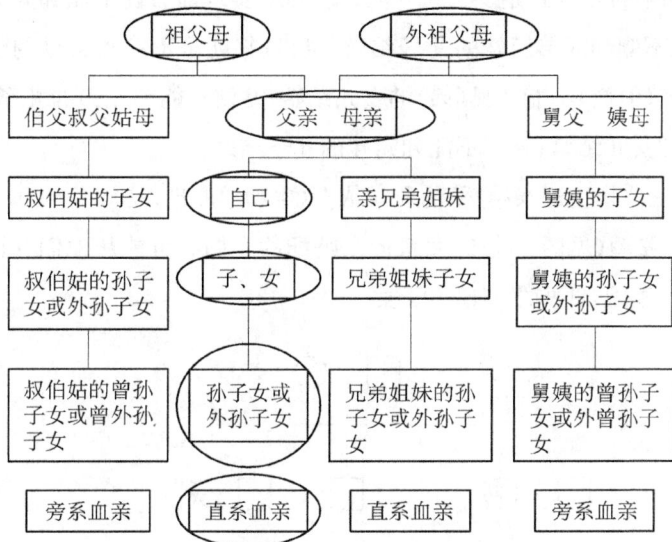

祖父母　　　　外祖父母

伯父叔父姑母　　父亲　母亲　　舅父　姨母

叔伯姑的子女　　自己　　亲兄弟姐妹　　舅姨的子女

叔伯姑的孙子女或外孙子女　　子、女　　兄弟姐妹子女　　舅姨的孙子女或外孙子女

叔伯姑的曾孙子女或曾外孙子女　　孙子女或外孙子女　　兄弟姐妹的孙子女或外孙子女　　舅姨的曾孙子女或外曾孙子女

旁系血亲　　直系血亲　　直系血亲　　旁系血亲

图1　近亲关系图

2. 问题二：直系血亲和三代以内的旁系血亲指怎样的情况？怎样计算血亲代数？

直系：生育自己的和自己生育的上下各代亲属（图1椭圆中的就是直系）。

旁系：不是自己生的和不是生自己的，但和自己又有血缘关系的血亲。

直系血亲的推算：

本人算一代，往上父母一代，祖父母一代是三代。

本人算一代，往下子女一代，孙子女一代是三代。

旁系血亲的推算：

从两个旁系亲属分别往上数至双方同源血亲，其本身为一代，如果两边数目相等，则任何一边的数目即为他们的代数；如果两边数目不相等，则以大的数目为其代数。

婚姻法规定的三代以内的旁系禁止结婚指三代以内的旁系血亲，包括：

（1）同源于父母的兄弟姐妹（含同父异母、同母异父的兄弟姐妹），即同一父母的子女之间不能结婚。

（2）同源于祖父母、外祖父母的堂兄弟姐妹和表兄弟姐妹，即自己和父母的兄弟姐妹的孩子不能结婚。

（3）不同辈的叔、伯、姑、舅、姨与侄（女）、甥（女），即男性不能和兄弟姐妹的女儿结婚；女性不能和兄弟姐妹的儿子结婚。反过来就是不能和父母的亲兄弟姐妹结婚。即叔叔（伯伯）不能和兄（弟）的女儿结婚；姑姑不能和兄弟的儿子结婚；舅舅不能和姐妹的女儿结婚；姨妈不能和姐妹的儿子结婚。

3. 问题三："禁止近亲结婚"的科学依据（生物学原理）是什么？

答：用一张图（见图2）告诉大家近亲婚配的夫妇有可能从他们共同祖先那里获得同一致病基因，并将之传递给子女。

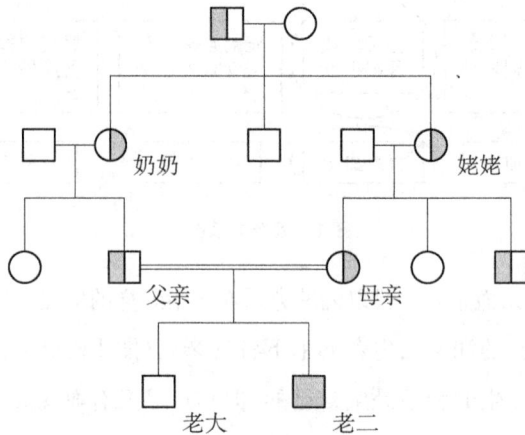

图 2　某近亲婚配家庭传系谱图

然后通过表1数据比较，使同学们直观感受近亲结婚的危害。

表 1　几种隐性遗传病的非近亲婚配与近亲婚配的发病率

疾病名称	隐性遗传病的发病率		表兄妹结婚发病率为非近亲结婚的倍数	此病患者中表兄妹结婚所占%
	非近亲结婚	表兄妹结婚		
苯丙酮尿症	1∶14 500	1∶1 700	8.5	35
色素性干皮肤	1∶23 000	1∶2 200	10.5	40
白化病	1∶40 000	1∶3 000	13.5	46

（续表）

疾病名称	隐性遗传病的发病率		表兄妹结婚发病率为非近亲结婚的倍数	此病患者中表兄妹结婚所占％
	非近亲结婚	表兄妹结婚		
全色盲	1∶73 000	1∶4 100	17.5	53
小头症	1∶77 000	1∶4 200	18.5	54
黑蒙性白痴	1∶310 000	1∶8 600	35.5	70
先天性鱼鳞癣	1∶1 000 000	1∶16 000	63.5	80

4. 问题四：为何婚姻法规定是"三代以内的旁系血亲禁止结婚"，而不是"四代、五代"以内呢？

答：其实这是根据医学临床统计数据得到的，在三代以外结婚产生不健康后代的概率已经十分低了，而且要说明的是非血缘关系通婚也可能产生遗传病后代，因此禁止三代以内的旁系血亲结婚是一个综合考虑后最优化的方案。

作业布置：回去每一个同学按照上面的关系图，将自己家庭的人物进行对号入座，上交一份本家庭的血亲关系图。

（二）效果

（1）通过对以上问题的梳理，学生基本能对遗传关系中的这些比较抽象的概念有较为清晰的认识，再通过结合自己家庭成员画出家庭的血亲关系图，得到进一步的巩固。

（2）通过图表展示、遗传图谱分析、表格数据比较，提高了学生学习遗传知识的兴趣，进一步让学生深刻体会到近亲结婚带来的巨大危害。

（3）通过课堂上这种刨根问底的学习，培养了学生发现问题、勇于提出问题的学习态度。

（4）让学生从根本上理解《婚姻法》"禁止近亲结婚"的科学原理，使他们认识到国家政策的制定都有其科学依据；同时使学生体会到用所学的生物学知识指导自己今后的学习生活的重要性。

三、反思——学生为什么会出现以上的认识空白？

（一）课本相关知识的不健全

在生命科学书本中，注重生命科学的基础知识，但忽略了这些和生命科学知识密切相关的背景常识,就算到了高中,在书本广角镜中出现,也只是简单介绍了一下,对于三代以内旁系血亲如何来确定也没有较详细说明,只是要求学生知道"直系血亲和三代以内的旁系血亲禁止结婚"这个概念,这就给学生在今后的学习生活中带来了困惑。

(二)教师本身在讲解的过程中也没有特别重视这些称呼和关系的梳理

一些教师在教学中往往认为孩子一定知道这些相关的知识,不讲不会影响学生对相关知识的掌握。但是讲解只是学习目标的一部分,生命科学的学习更重要的是引导学生用所学的知识解决实际问题,形成正确的观点。

(三)家庭教育的缺失

较多的家庭一味追求孩子的学习成绩,然而灌输的教育是不合适的,一定要让孩子在学习、交流、体验中获取知识,了解社会。

像这样的情况在我们的教学实践中肯定会遇到,我觉得作为教育工作者,有义务引导学生用专业知识来解释、认识事物,从而提高学生运用所学知识指导生活的能力。

问题引领、实践体验，构建和谐生命科学课堂

（高中《变异》第1课时的教学）

上海市园南中学　赵运高

一、背景

随着上海新高考教育综合改革的逐步推行，在"3＋3"高考科目选择的背景下，学生综合素质评价成为多元录取机制下的重要参考。教育综合改革对学生综合素养培养要求也进一步提高。这也就要求教师以学生发展为本，以学习方式的改变为突破口，为学生提供学习经历从而获得学习经验，努力构建和谐课堂。作为自然科学之一的生命科学授课教师，我们更有义务在教学设计中，引导学生主动质疑、独立思考，积极研讨，注重课堂合作与交流，营造民主、平等、和谐的学习氛围，培养学生核心素养，凸显生命科学学科育人价值。

教材结构上，"变异"在"细胞分裂与分化""遗传规律"之后，在"生物的进化和多样性"之前，起到承上启下的作用。教材介绍了可遗传变异的三种来源：基因重组、基因突变和染色体畸变。同时将理论知识应用于实际，介绍了人工诱变在育种上的应用。第1课时在复习减数分裂的基础上重点介绍基因重组。

"变异"是继"遗传"之后又能激发学生兴趣的一部分内容，与实际联系比较密切。但教材中的部分理论知识对学生而言比较抽象，因此教师课前应对教学内容进行精心设计。

在整个学习过程中积极创设问题情境，课堂上鼓励学生大胆质疑、积极思考、主动参与，变学生被动学习为主动的知识探索过程。激发学生的学习兴趣，活跃课堂气氛，充分体现学生的主体地位。学生在已有知识的基础上，以问题探讨为主，

加以实践体验、实例分析和自主学习等途径,在有效参与学习的过程中,发展智力,培养能力,提高科学素质。

　　本节课通过遗传与变异有关谚语切入,在激活学生的原有知识的同时以一个庞大的变异相关数字贯穿课堂,激起同学求知欲,导入新课的学习。通过提问引领教学,从学生已有的减数分裂的知识提出基因重组的原因,再回顾自由组合的过程概括基因重组的定义,训练学生知识迁移的能力。再以减数分裂过程中四分体时期的染色体行为、基因工程相关知识,补充基因重组的类型。最后学生阅读自学基因重组的意义,为生物变异提供了大量来源,为生物进化和多样性形成提供了原材料。

二、过程和效果

(一) 教学设计(节选)

教学内容	教师行为	学生行为	设计意图
引入	"种瓜得瓜,种豆得豆"→遗传现象→"一母生九子,九子各不同"→生$2^{23} \times 2^{23} \times$?"个小孩,也可能各不相同!→《变异》	回答"一母生九子,九子各不同"思考生物变异为何如此庞大?	以谚语引入变异,学生容易接受;以庞大数字激起学生求知欲同时导入新课
可遗传变异的来源	可遗传的变异:遗传物质改变的变异来源:基因突变、基因重组和染色体变异		从染色体、DNA 和基因之间的关系入手,内容更为系统
复习过渡	请学生用教具模拟减数分裂中染色体行为,分析哪些过程可能引起变异的产生?	模拟→讨论并回答:DNA 复制;同源染色体交叉互换;非同源染色体自由组合	根据已有的知识总结归纳,起到温故而知新的作用

（续表）

教学内容	教师行为	学生行为	设计意图
基因重组（概念、原因、意义）	1. 自由组合导致基因重组 放映幻灯片：黄色圆粒与绿色皱粒作亲本杂交,F₂中除黄色圆粒、绿色皱粒外,还有两种亲本所没有的新性状：黄色皱粒、绿色圆粒,这两种性状与亲本相比是不是变异性状？它们又是如何产生的呢？ 基因重组可以发生在减数分裂形成配子时,非同源染色体上的非等位基因自由组合→基因重组的概念：基因重组是指生物体在有性生殖过程中,控制不同性状的基因之间的重新组合,结果使后代中出现不同于亲本的类型 例：现有纯合的高秆抗锈病水稻（$DDTT$）和矮秆不抗锈病水稻（$ddtt$）,两对等位基因分别位于两对同源染色体上。怎样才能得到矮秆抗锈病的优良品种（$ddTT$）？ 2. 四分体时期同源染色体的交叉互换也可导致基因重组（图示） 3. 转基因技术导致基因重组（图示） 质疑：基因重组有何意义？ 　　强调基因重组是通过有性生殖的过程来实现的。基因重组使得后代有更大的变异力和生活力,为生物进化提供了原材料,是形成生物多样性的重要原因之一	在减数分裂染色体行为图上补上基因,体验在 F₁ 减数分裂形成配子时,控制不同性状的基因自由组合形成的 理解：$2^{23} \times 2^{23}$ 思考讨论杂交育种得到新品种 用教具模拟同源染色体的交叉互换也可导致基因重组 理解 $2^{23} \times 2^{23} \times$？ 阅读课本 22 页,理解基因重组的意义	通过运用已学过的知识分析问题,得出基因重组的概念和原因;同时,学生知识迁移的能力得到提高 理论联系实际,关注知识的应用 对染色体和基因之间的关系认识更加深入 在学习基因重组过程中,使学生逐步了解生物界丰富多彩的本质原因,从而激发学生对自然界的热爱
小结	本节课主要学习了可遗传变异的来源中的基因重组。基因重组能产生新的基因型,不能产生新基因,而且必须存在等位基因,那么新基因来自哪儿呢？只能够来自基因突变！	听教师总结,回顾一节课的内容	对本课时内容作小结,再次强调突出对重点内容的掌握,为基因突变学习做出铺垫

（二）课堂实录

师："种瓜得瓜,种豆得豆"是对遗传现象最好的概括。那么有没有类似谚语来描述生物前后代之间的不同呢？

生:"一母生九子,九子各不同。"

师:我今天要说的是,别说一母生九子,若是可能,她生"$2^{23} \times 2^{23} \times$?"个小孩,也可能各不相同! 为什么数据这么大呢?

生:愕然。

师:为了解决这个问题,让我们一起走进今天的课堂——"变异"。

生物前后代之间的不同称为变异。遗传物质改变而导致的变异为可遗传的变异。染色体是遗传物质的主要载体,而生物的遗传物质主要是 DNA,基因是具有遗传效应的 DNA 片段,所以可遗传的变异的来源主要有三个方面:基因突变、基因重组和染色体变异。

亲代通过减数分裂形成生殖细胞将遗传物质传给下一代,请同学上讲台用教具模拟减数分裂中的染色体行为,并思考哪些过程能够产生变异?

生:实践体验——用教师准备好剪成染色体状的磁条模拟减数分裂过程中染色体行为。并思考回答,DNA 复制、同源染色体交叉互换、非同源染色体自由组合可能导致遗传物质的改变。

师:放映幻灯片:自由组合定律中,黄色圆粒与绿色皱粒作亲本杂交,产生后代的过程。F_2 中除黄色圆粒、绿色皱粒外,还有两种亲本所没有的新性状:黄色皱粒、绿色圆粒,这两种性状与亲本相比是不是变异性状? 它们又是如何产生的呢?

生:在减数分裂染色体行为图上补上基因($YyRr$),体验在 F_1 减数分裂形成配子时,控制不同性状的基因自由组合形成 Yr 和 yR 两种重组型配子。

师:基因重组可以发生在减数分裂形成配子非同源染色体上的非等位基因的自由组合。基因重组是指生物体在有性生殖过程中,控制不同性状的基因之间的重新组合,结果使后代中出现不同于亲本的类型。

生:从人类 23 对同源染色体角度,结合减数分裂和受精作用,讨论并解释后代来自父母染色体的组合可能性为:$2^{23} \times 2^{23}$ 种。

师:理论联系实际——例如现有纯合的高秆抗锈病水稻($DDTT$)和矮秆不抗锈病水稻($ddtt$),两对等位基因分别位于两对同源染色体上。怎样才能得到矮秆抗锈病的优良品种($ddTT$)?

生:讨论交流——高秆抗锈病水稻和矮秆不抗锈病水稻杂交得到 F_1,再让 F_1

自交得到 F_2，F_2 中挑选矮秆抗锈病的优良品种自交，选择不发生性状分离者。

师：每条染色体上有上千个基因，四分体时期同源染色体的交叉互换也可导致基因重组（图示）。

生：实践体验——用教师准备好的半截染色体状的磁条在原有减数分裂染色体行为基础上模拟减数分裂过程中染色体同源染色体的交叉互换行为，并标上相应基因（$AaBb$）。并尝试解决一母若生"$2^{23} \times 2^{23} \times$?"个小孩也可能各不相同的原因。

师：同源染色体大小、形态、结构相同，交换对应部分结构不变，属于基因重组。这两种基因重组都是在减数分裂中自然发生的。自然情况下，基因重组是通过有性生殖的过程来实现的。其实在现代生物技术中可以人为操作导致基因重组。

生：回忆基因工程步骤，体会其原理——基因重组。

师：基因重组是生物变异的重要来源，有何意义呢？

生：自学教材，熟悉基因重组的意义——基因重组使得后代有更大的变异力和生活力，为生物进化提供了原材料，是形成生物多样性的重要原因之一。

师：基因重组能产生新的基因型，不能产生新基因，而且要求亲本必须存在等位基因，那么新基因来自于哪儿呢？只能够来自于基因突变（这也是下节课我们要学习的变异种类之一）！

三、反思

（一）教学设计需更合理

这堂课其实是在其他学校借学生和场地上的一堂课。在设计之初，除了上面展示的内容之外，我还将基因突变内容也安排在里面。在教学中，又希望尽可能关注教材前后的联系，注重学生实践体验，还注意理论知识与生活实践的联系，所以用磁条展示减数分裂中染色体各种行为与基因分离重组之间的关系。在上课的过程中，明显感觉后面时间不够了，最终在基因突变讲解上匆匆而过。鱼和熊掌不可兼得，要达到教材前后的贯通、学生实践体验等目的，在课堂设计时对内容容量的安排就要合理取舍，删去基因突变内容，在复习减数分裂的基础上重点突破变异之基因重组也未尝不可。这一点若是试讲过或者是教学设计时多一些思考也许就可以避免，所以教学设计需要更深入仔细，尤其是时间和内容安排上要合理取舍。

（二）关注学生的实践体验

生命科学是以生命为研究对象的科学和技术的总称，旨在培养全体学生的生命科学学科素养，以观察、实验、探究作为主要的学习手段，使学生在获得生命科学的基础知识、基本技能及相关方法的同时，接受科学精神、科学态度和价值观的教育。

但是据我所知，不少学校会因为时间安排或者实验设备不全等原因，将很多实验忽略不做，仅仅完成实验操作考的必需实验。殊不知纯理论讲解很多遍的效果常常不及一次实践体验。比如说叶绿体色素的提取和分离、脊蛙反射等实验，学生动手实践过会印象深刻，对相关知识的掌握也会更透彻，甚至终生难忘，而且也训练提高了其动手实验的能力，这对于学生能力培养乃至将来其从事学科研究都是非常重要的。大量的试题训练也许也能够达到让学生记住相关知识点的效果，但是从教学效益上来说是得不偿失的，而且不利于培养学生学习生命科学的兴趣，更不利于其终身发展。所以教学中，除了完成教材规定的学生实验和演示实验外，我们还要尽可能多创造学生实践体验的机会，本节课利用黑板贴让学生演示减数分裂过程中染色体和基因的行为，这种实践体验大大增加了学生对相关知识的理解和掌握。

（三）关注生命科学原理与生活实践之间的联系

可以说，生命科学是与生活实践之间联系最紧密的一门自然科学。在教学设计中，我们应该尽可能创设能激发学生学习兴趣、促进学生积极思维的教学情境，培养学生的问题意识和质疑能力，并通过"问题"的解决推进教学进程。鼓励学生通过自主、合作、探究的方式进行学习，完善学生的学习方法。例如，在引起基因突变的因素课程中，我们完全可以引入"饮水机为什么每天必须关闭？"在教呼吸作用时引入"为什么洪涝后植物反而会干枯死亡？""逢年过节我们走访亲友时买的整箱水果的纸箱子外面为什么挖了很多的小孔？"等等，这些合理的情境问题既可以吸引学生兴趣，又可以很好地锻炼学生的思维能力，有利于相关生命科学知识的掌握,我们何乐而不为?

（四）渗透学科德育

认真贯彻德育为核心的课程目标。以生命为研究对象的生命科学是生命教育的主战场。生命科学教学中要充分利用有关生物学史知识,自然融入"爱国主义"等的民族精神教育,同时可以利用生物与环境的关系等内容引导学生树立人与自然和谐统一的观点,联系学生自身及社会生活实际引导学生关爱生命、关注健康,以此落实生命教育目标。本节课变异内容之一"一母生九子,九子各不同"乃至一母若生"$2^{23} \times 2^{23} \times ?$"个小孩,也可能各不相同,其实也在讲"每一个生命都是独一无二的存在"的道理,在落实课程的德育目标时要自然,切勿贴标签,要做到润物细无声。

对校园植物物种多样性的户外调查

（高中《植物物种多样性调查》的教学）

复旦大学附属中学　赵　玥

一、背景

本实验是《生命科学高中第三册(试用本)》(上海科学技术出版社)第10章"生物多样性"第1节"生物多样性及其价值"中的学生实验,学习水平要求为B级。这节课安排在第1节"生物多样性及其价值"之后,在遗传多样性的基础上通过实验进一步加深学生对物种多样性的了解,初步学会用来测量物种多样性的常用方法。学生通过校园植物的调查及考察的感性认识,通过小组合作学习,形成尊重事实、实事求是的科学素养,而实验时间和教学秩序的效率是这节课的难点。

户外调查有利于带给学生对被调查种群分布环境的切身体验。通过模拟实验的形式虽然能够使学生掌握物种多样性调查的一般方法,但学生在实际应用中,只会"纸上谈兵",很可能因为在植物识别方面遇到困难,或不知如何选择合适的样方地等问题造成实验无从入手的结果。此外,干扰本实验统计结果的其他因素也较多,比如在记录统计样方法中的各种植物数量时,需注意有些植物的幼苗和成体形态在结构上会有较大区别,如果没有切身的学习体验,则会因缺少相关的学习经历而不能在今后的学习中学以致用。另外,在操作过程中,如何利用卷尺量好距离,在样方地四个角的顶点插上竹桩后用绳索连接时过松等情况也会干扰到实验结果。以上影响因素都很难通过课堂模拟实验的方式解决。因此,笔者认为教师应该更加关注学生的学习体验和动手实践能力的培养,带领学生经历野外调查,让学生通过具体、实际的学习活动掌握植物物种多样性调查的原理和一般方法,培养学生解决实际问题的能力。在调查活动中,学生也可以感受到不同环境中植物物种多样性的差异,体会大自然的生命之美。

二、过程和效果

(一) 实验前期准备

1) 选择样方地大小的一般方法

样方法的方法很多,依生物种类、具体环境不同而有所不同。样方的面积有大有小,样方的形状也有正方形、长方形、圆形、条带状等多种,但是各种方法的原理基本相同。由于同一地区的管理条件不同或在不同的自然环境中群落的物种构成会影响辛普森多样性指数值,所以作为定量实验,样方的选择至关重要。样方面积常常取该样方地中植物种类数最多时的最小面积,如调查双子叶杂草时,调查地段的大小应该划得小一些,样方大小一般为 $1 \, m^2$;调查乔木时,地段应该划得大一些,样方大小一般为 $100 \, m^2$;调查灌木时,调查地段大小则应该介于两者之间,样方大小一般为 $16 \, m^2$。面积过大费时费力,面积过小则失去了调查意义。样方地的大小也应根据调查对象的大小和分布情况而定,在森林中对某种树的调查与在草地上对某种草的调查样方大小是不同的。一般而言,对于分布不规则的种群,多个小样方取样比少数大样方取样的效果更好。

2) 被测植物选择的一般方法

一般而言,样方地中的植物数目不该过少。Routledge 指出,如果样本数量少于 30 个,则会造成过低的估计,产生误差。另外,单子叶植物通常是丛生或蔓生,叶片一般呈条形或披针形,叶脉一般是平行脉,其地上部分往往难以辨别是一株还是多株,其种群密度统计比较复杂。双子叶草本植物容易辨别个体数目,叶脉一般是网状脉。因此,双子叶植物、灌木与乔木的统计则相对简单、容易操作。为了提高课堂教学的高效性、培养学生重点掌握样方法的操作技能,教师可以在课前将校园内样方地中被测植物的形状、名称等相关知识以图片的形式事先发给学生预习,以避免因学生认清植物而花费较多的课堂时间。

3) 本实验样方地的选择及创新点

根据校园植物的生长情况,笔者选择了三块样方地:富含乔木和灌木的样方地 A,大小为 $2.6 \times 2.6 \mathrm{m}^2$;草坪植物为样方地 B,大小为 $50 \times 50 \mathrm{cm}^2$;沙坑植物为样方地 C,大小为 $50 \times 50 \mathrm{cm}^2$。当然,在选择样方地时也要注意避开突起物、被落叶覆盖的暗坑、毒虫等存在安全隐患的地点。有的教师认为,样方计数是很容易的,其实不然。户外的植物分布及特点都有其不确定性。比如样方地 B 的草坪植物的计数问题就是笔者故意设置的难题。因为除非将植物连根拔起,否则根本难以计数。之所以把草坪植物选为被测植物,主要是想考查学生发现问题和解决问题的能力,培养学生的"质疑"精神,而不是照搬教材死读书。其实草坪植物有其独特的计数方式,可以通过"重要值"来进行物种多样性的调查。

4)实验材料

绳子、一次性筷子(代替竹桩)、卷尺、笔、计算器、纸、植物分类图鉴、时间安排表。

实验数据统计表。

5)学案

考虑到学生识别植物有困难,教师需要把事先准备好的植物分类图鉴,即样方地中出现的植物物种的图片、名称等内容;地形图(样方地的具体位置);时间安排表,即具体调查所需时间和回课堂的时间节点等;实验数据统计表以及样方法的实施细则以学案的形式在课前发给学生,让学生先预习实验原理和方法,即样方法的操作过程、估算种群密度不能掺入主观因素。因为采用的是小样本,所以在估算时就有误差,加上野外调查时主观因素影响会较大。同时要强调学生注意以下几点。

(1)提醒学生取样的关键是要做到随机取样。刻意选择有较多被测植物的地方,无意中增大了选择该植物的统计频率,所以可能会造成统计数值偏大。

(2)不管样方大小如何,也无论采用这两种取样方法的哪一种,最终都要对样方中个体进行正确计数。采用"五点取样法"时,样方内的植物个体数量统计遵循"样方内部个体全部统计、压在边界上的植物只统计相邻两边及其相邻的那个夹角"。至于是哪两边和哪个夹角,则是随机的。

(3)采用"五点取样法"或"等距取样法"确定样方位置后,用卷尺量好距离。一般调查双子叶草本植物的样方面积为 $1 \mathrm{m}^2$。"等距取样法"需将样方地段按纵向分成若干等分,由抽样比率决定距离或间隔,然后按这一相等的距离或间隔抽取样方。例如地段总长 50 m,如果要等距抽取 5 个样方,那么抽样的比率为 $1/5$,抽样距离为 10 m,然后再按需要在每 10 m 的前 1 m 内进行取样。

（4）常用的取样方法有"五点取样法"和"等距取样法"两种。"五点取样法"适用于调查地段为正方形、植物个体分布比较均匀的地形情况,教师选取典型的两种地形,可以让学生分别体验这两种取样方法。方形草地可用于提醒学生相关安全事宜,比如调查样方地需要留意地面的突起物、毒虫等危险性生物;"五点取样法"估算,"等距取样法"可适用于长条形地段,如长条形草地。

（5）校园植物实验中严禁打闹、嬉戏,以免造成意外伤人事故;同学间要互帮互助;要爱护植物,不人为破坏植物等。

（6）分组:一般 5 人一组,每块样方地安排两组同学,三块样方地共六组,分别编为 A_1、A_2、B_1、B_2、C_1 和 C_2。为了节省课堂时间,课前请各小组的组长带领组员根据学案自学内容选取并圈好样方地。

(二) 校园实践

1) 引入

笔者出示植物样方地的图片,并请同学们大胆地猜测:"三块样方地中哪个物种多样性最高呢?"并请学生通过实验来验证自己的猜想。接着带领学生去校园指定的样方地点开展野外实验,并通过小组合作的形式对实验结果进行统计和分析。教师要注意以下方面:学生采样时要关注学生的操作方式是否得当,及时纠正;随时留意学生的安全事项,以免发生意外伤害事故;通过协调组员的分工情况,提高小组合作学习的效率。

2) 交流与讨论

按照既定时间表的安排,师生按时回到课堂展开交流与讨论。首先,请各小组展示实验数据(见表 1)。

表 1　各小组实验数据统计表

	样方地 A_1	样方地 A_2		样方地 B_1	样方地 B_2		样方地 C_1	样方地 C_2
物种种类	个体数	个体数	物种种类	个体数	个体数	物种种类	个体数	个体数
红花酢浆草	122	0	早熟禾	105	135	早熟禾	305	66

（续表）

物种种类	样方地 A₁ 个体数	样方地 A₂ 个体数	物种种类	样方地 B₁ 个体数	样方地 B₂ 个体数	物种种类	样方地 C₁ 个体数	样方地 C₂ 个体数
乌蔹莓	16	15	荠菜	0	20	草	820	223
瓜子黄杨	10	9	婆婆纳	0	75	红花酢浆草	55	34
构树	30	29	草 1	440	405			
樟树	1	1	草 2	20	0			
水杉	2	2						
小蜡树	3	3						
沿阶草	46	48						
猪殃殃	3	0						
物种总数	9	7		3	4		3	3
个体总数	233	107		565	635		1 180	323
辛普森指数	0.663	0.697		0.358	0.533		0.448	0.471

根据学生的数据提问："根据三块样方地的数据,请总结影响辛普森指数的因素是什么?"引导学生找出影响辛普森多样性指数的两个因素,即物种均匀度和丰富度。接着,再提问："为什么同一样方地,不同小组的实验数据会不一样?"引导学生总结实验操作时人为因素和实验方法等因素造成的误差。此时,教师可以适当补充"重要值"的概念,即草坪植物的计数有其独特的方式,并告知学生,其实在实际生态学研究的时候,还有其他的指标可以用来估算草坪植物的数目。通过交流与讨论,让学生们感悟到科学方法和科学态度的重要性。

3）提高教学高效性的措施

这节课的教学内容看似不多,但教学环境复杂,耗时较长。因此,"控时"和"控班"能力是完成教学既定目标的保证。为了能在有限的 40 分钟内实现课内、外的教学活动,教师需要在课前做好以下准备工作。

（1）发放植物分类图鉴。学生由于缺少识别植物的专项训练,因此可能在识别植物方面花去过多的时间和精力。为了提高效率,教师需要事先将样方地内被测植物的种类、名称等检索内容制成图鉴,让学生做好预习。

（2）选好样方地。如果让学生自己选择样方地再开始调查实验,则可能因为学生选择不当或难以抉择等问题影响实验的结果和进度,甚至会造成实验数据出现误差。因此,教师可以事先选择具有代表性的样方地,在既定的区域内安排学生随机取样。

(3) 发放地图。这个实验需要学生在校园内展开调查活动,学生缺乏相关的学习经历,可能因为在寻找既定样方地的时候浪费过多的时间,影响实验的进度。因此,教师可以在课前让小组成员了解此实验将要开展调查研究的地点。

(4) 合理分组。这节课对学生合作学习的要求较高。只有分工合理,才能充分调动全班每一个学生的能动性,并通过团队合作来完成调查活动。因此,在课前,教师需要根据学生的学情,指导学生分组并选好组长。此外,可以根据不同的学情,课前就直接安排学生在预习教学内容的同时,以小组为单位设计实验记录报告。当然,若课时有限,则教师可以将制作好的实验记录表发给学生填写。

(5) 发时间安排表。这个实验对于师生"控时"的要求很高,教师需要充分预设整节课中各教学环节所学的时间。因此,教师在课前把预设的时间安排表发给学生,要求学生严格按照时间安排完成调查活动后准时回到课堂。

三、反思

这节课在设计上主要考虑以下几个方面:①知识层面上,要让学生通过实验明白辛普森多样性指数的两个层级,即丰富度和均匀度,以及取样时要注意随机取样的原则;②能力层面上,要让学生学会对实地考察的数据进行比较并学会分析原因;③育人层面上,要通过实地调查的形式,让学生能通过校园植物多样性的调查,亲自经历样方法和辛普森多样性指数的调查方法,增强学生学习的经历,并考验学生在实际调查中遇到困难该如何解决,让学生体会到遇到实际问题时,不能照搬教材,而是要试着发现问题、提出质疑、想办法解决问题。比如在调查草本植物数量的时候,如果发现很难计数,那该怎么办呢? 事实上,调查禾本科植物的时候要用到其他的指标和方法。由于这不是这节课的重点,所以可以留给学生课后思考与学习的空间。

由于这节课的容量很大,所以为了提高实验课的高效性,采取了以下方法。

(1) 在课前事先请同学们预习了植物物种多样性调查的方法,并在预习资料里增加了如何估算物种数目的方法,如"五点取样法"。考虑到学生的学情,这些预习资料对学生来讲没有很大的难度。课前先提问,如果有疑问的话可以在课堂上解决。这样做不但节省了课堂上的时间,也培养了学生自主学习的能力。

(2)在样方地实际取样的时候,如果让学生从划样方地开始实验,则会花费大量的时间。所以,我在课前请同学自己动手先将样方地选取好。这样节省了上课的时间,可以留更多的时间让同学们讨论实验遇到的问题和比较实验数据。

(3)分组、分配任务等工作我也在课前安排同学们自行分配好了,这样也节省了大量的时间。

这节课还有几点可以改进。

(1)由于校园环境的特殊性和园林植物布局的局限性,所以在 A 组,即绿化带的样方地取样的面积不够大。如果有乔木和灌木的话一般需要取更大的样方。同时,还要调查样方地内所有的植物,包括禾本科的植物。但由于这块地上长满了沿阶草,所以很难调查到禾本科植物的数目,也没有让这组的同学体验到"五点取样法"。这是比较遗憾的,也是需要再作改进的地方。

(2)由于这节课教师更注重对于样方地内植物数目统计的方法体验,所以忽略了样方法在具体操作方面的问题。比如:如何取样、样方大小和数量、样方法调查是否一定要用正方形的样方地、样方法操作时的实际意义等。

(3)这节课的容量较大,在小组数据分析时,不够深入和彻底。在今后的教学设计和实际教学中,应该思考如何优化课堂的有效性,将这节课上得更出彩。

差之毫厘　谬之千里

（高中《生物多样性及其价值》的教学）

上海财经大学附属中学　刘　奕

一、背景

《生命科学高中第三册（试用本）》（上海科学技术出版社）第 10 章"生物多样性"第 1 节"生物多样性及其价值"，在介绍遗传多样性检测方法时，讲到最简便的方法是聚合酶链式反应（PCR）。那么究竟什么是 PCR 呢？教材中给出了一个例子，从中华绒螯蟹长江水系、辽河水系和瓯江水系三个种群中扩增出的某 DNA 片段在种群间的相似性都在 85％以下，即三个种群之间的某 DNA 的脱氧核苷酸序列是有较明显不同的。

经过教学实践，学生对于这段话是不容易理解的，疑惑或歧义主要出现在"扩增"和"某 DNA 片段"上。展开了说就是学生想知道为什么要"扩增"？不能直接比较吗？这"某 DNA 片段"是泛指还是特指呢？这直接影响到"85％相似性"这个数据的可信度。

这两个问题不解决，学生就难以理解 PCR 和基因组全序列检测实质上的区别。显然这个时候，教师的照本宣科或学生的阅读自学都不是最佳的教学策略。教师非常有必要在此为学生提供更多的资料以及答疑解惑。

二、过程和效果

(一) 过程

2015 届高三生物班第一轮复习，我对这个教学内容和环节做了充分的准备，希望尽可能将 PCR 的定义、过程和目的展现清楚。

首先我给出了比教材更确切的定义：聚合酶链式反应是一种用于放大扩增特定的 DNA 片段的分子生物学技术，它可看作是生物体外的特殊 DNA 复制。我将"某 DNA 片段"换成了"特定的 DNA 片段"，强调这个片段是特定的，而不是随意选取的；同时重点突出了"是生物体外的特殊 DNA 复制"。

然后解释进行 PCR 的目的：PCR 的最大特点，是能将微量的 DNA 大幅增加。因此，无论是化石中的古生物、历史人物的残骸，还是几十年前凶杀案中凶手所遗留的毛发、皮肤或血液，只要能分离出一丁点的 DNA，就能用 PCR 加以放大，进行比对，这也是"微量证据"的威力之所在。

最后在复习了 DNA 复制的基础上，进行了 PCR 过程的简介。①DNA 变性（90～96℃）：双链 DNA 模板在热作用下，氢键断裂，形成单链 DNA；②退火（60～65℃）：系统温度降低，引物与 DNA 模板结合，形成局部双链；③延伸（70～75℃）：在 DNA 聚合酶（在 72℃左右，活性最佳）的作用下，合成与模板互补的 DNA 链。基于聚合酶制造的 PCR 仪实际就是一个温控设备，能在变性温度、复性温度、延伸温度之间很好地进行控制。

到此为止，自认为已经讲解得非常清楚了。突然坐在第一排的一位男生问道："刘老师，我还是搞不懂 PCR 到底是用来干什么的呢？"我很尴尬地迅速复述了一遍："通过扩增特定片段达到比对脱氧核苷酸序列的作用啊！"我看看他的表情，边思考边想着追问，心想我为什么这么着急，不如换个角度来解释。此时，我突然想到何不利用 PCR 来说事儿？因为这位男生是个颇有"争议"的学生。他长时间不交作业，一旦交作业了，一定是认认真真完成的，也就是说高中生中常出现的抄袭作业情况是完全不会发生在他身上的。他上课要么睡觉，要么就是积极思维，一道题目解不出来或者一个问题想不通是绝不会善罢甘休的。也就是说他是一个游走在罢工和积极工作之间的人，但绝不做消极怠工的事情。

于是，我就放慢了语速，换了一种非常轻松的谈话方式："刘老师问你们一个问题，如果讲到我们班级体育最好的同学，你们会想到谁？"大家不约而同地朝体育委员看去。我继续追问："那么最勤劳的呢？学习最刻苦的呢？……"几乎大家的目光都是一致的投向。我话锋一转："那么不交作业的呢？上课睡觉的呢？"也许，他注意到大家的目光抑或是自省到,头略低脸有点红。"最后一个问题,我们班谁最爱钻研提出好问题?"我看到他头慢慢抬起,当目光相遇时,我微微地点头,赞许地说:"对!就是周××。他是我们班级思维品质最高的同学,前提是他愿意思考的话。"全班大笑。接下来我就转回正题了:"刘老师很好奇,你们刚才的判断为什么那么惊人的一致?""老同学了,知根知底。"下面的同学调侃道。我回答道:"其实你们每天都在对自己的行为进行 PCR,同学和老师都看在眼里,如果你今天没做作业,明天也没做,日复一日就会成为一个有别于其他人的特征,这个特征就像特定 DNA 片段一样,通过 PCR 而在别人眼里放大。真所谓,差之毫厘,谬之千里!大家是不是对 PCR 有了更进一步的了解?"

(二)效果

这个教学环节是没有预设的,当时的课堂反应特别好,所以给我留下了深刻的印象。后来这位学生的作业上交率有了惊人的转变,最后以出乎意料的高考分数考入了大学,据同学们说,他进了大学后,由原来的"学渣"变成了"学霸"。

三、反思

这位学生我曾家访过不下三次,一次是学期常规家访,另外两次都是突发事件,他母亲打电话临时叫我去解决纠纷。我自始至终都不认为这位学生是"学渣",相反,我一直和她母亲说,他是一位非常有自己想法的孩子,很"真"!"真坏"也"真好",不会伪装自己。后来的调查中,我知道他为什么会不交作业,因为他写字特别认真,所以导致作业速度非常慢,为了保证作业品质,他情愿不交,于是我就和任课教师商量为他量身定做一份作业。我也一直在等待一个契机点醒他,没想到在生命科学课上遇到了。

这样的互动环节不是每次都有效或者说效果这么好,前提是一定要学生提出问题。生命科学中有许多精妙的概念都蕴含着生活哲理,有心人一定能发现那碗"鸡汤"所在。

开展体验教学，落实生命教育

（高中《血压及其调节》的教学）

一、背景

《上海市中小学生生命教育指导纲要》明确指出，生命教育是旨在帮助学生认识生命、珍惜生命、尊重生命、热爱生命，提高生存技能，提升生命质量的一种教育活动。高中生命科学课程蕴含了丰富的生命教育资源，包括生命与健康、生命与安全、生命与成长、生命与价值及生命与关怀等。笔者将《生命科学高中拓展型课程（试用本）》（上海科学技术出版社）第 2 章"内环境和自稳态"第 6 节"血压及其调节"的内容作为一堂有效落实生命教育的典型课程案例。

建构主义认为：学习是学习者在原有知识经验的基础上，在一定的社会文化环境中，主动对信息加工处理，建构知识意义的过程。学习者并不是空着脑袋进入学习情境中的，而是在日常生活和以往的学习中，他们已经形成了有关的经验。有些问题即便是以前没有涉及过，学生还是会基于个人的经验，依靠认知能力，提出假设，形成对问题的解释。因此在这节课学前准备阶段，摆在笔者面前必须关注的有以下两个方面：一方面有关血压的知识，学生基本能在生活中找到认同点，如运动后血压升高，老年人血压偏高，肥胖者血压偏高，压力过大精神紧张也会导致血压升高等。同时学生已经学过了血糖、血脂、体温调节的内容，初步掌握了内环境自稳态的学习方法和问题的解决方式，为本节课做好了铺垫。另一方面学生对初中学过的心脏结构、循环系统组成等知识块已经模糊，甚至可能存在错误的前概念，都将影响本节课的深入学习。

介于上述两方面,本课采用了体验式教学模式,即通过设计系列的情境,借助手的触摸、眼的辨察、耳的倾听、脑的思考等多种感官参与,进行持续性的体验活动,处理和修正学生原有的经验,试图突破高三传统的应试教学,丰富学生学习方式的多元化。

该课分为两课时,本课的重点是了解血压概念,在总结影响血压因素的基础上能学以致用,关注到"三高"的发生与饮食、生活习惯密切相关,有助于学生判断并选择科学健康的生活方式,做到知行合一,凸显学科的育人价值。

二、过程和效果

(一) 教学环节一：创设情境,激发探究欲望

展示健康监测小工具：控盐勺、健康尺、血糖仪,教师抛出问题："这把小勺子与健康有什么关系吗?"

分析：随着生活水平的提高,糖尿病、高脂血症、高血压等发病率逐年上升,人们开始有意识地控制自己的饮食结构,改变生活习惯。因此家庭用的各类健康小工具逐渐被人们接受和使用。课前我向全班征集市政府发放给每个家庭的健康监测工具,学生积极准备的过程中,对这些工具有了新的认识。

(二) 教学环节二：精心设计体验活动,感性认识血压

1) 血压概念的导入

PPT 展示发现血压的相关图片,大约在两百多年前有人将马的颈部切开,在马的颈动脉中插一根管子,这根管子与一根长的垂直玻璃管相连,结果从颈动脉中喷射出来的血液,居然沿着玻璃管上升,让学生猜一猜可能上升的高度范围(1 米以内、2 米以内、3 米以内)。

分析：通过马发现血压小故事,学生感悟到血液对血管壁的冲击力很大,为后面讲解高血压的危害做好了铺垫。一个教学情境的恰当使用起到事半功倍的效果。

2) 学习血压测量的方法

分析："血压的概念和血压值"这部分内容,以往教学采取的是直接讲授,一带

而过。现改为从感性认知出发,让学生在参与体验活动中认识并总结规律。最初设想在课堂上进行分小组测血压,实际教学中发现每个人的动手能力不同,活动不仅耗费了大量的时间,还缺乏小组间的交流,效果不佳。多次修改后变成教师的设问"你们知道医生在用水银测压器时如何用听诊器来确定血压值吗?"一石激起千层浪,观看《听诊法测血压》视频时课堂上鸦雀无声,各个都睁大眼睛,竖起耳朵。"第一声搏动音响起,接着有规律地重复这个声音,水银柱液面开始缓缓下降,直到这种规律性的声音逐渐消失。"就是这个小小的环节,让全班同学激动不已,教师继续追问:"血压值为什么要记录一个最高值,一个最低值? 一个正常人的血压值范围到底是多少?"这种"听一听,看一看"的体验方式进一步激发了学生的学习欲望。

(三)教学环节三:实验模拟,进一步了解血压的形成

以小组为单位,利用简易装置(装满水的塑料瓶,瓶口连接一段橡胶管)模拟收缩压的形成过程。

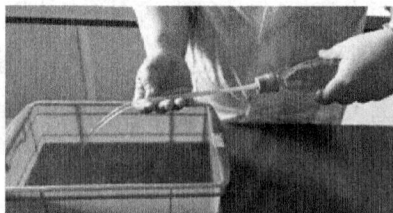

图1　收缩压形成的模拟实验　　　　图2　收缩压和舒张压的形成

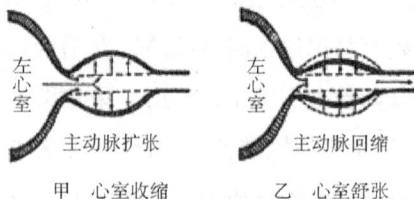

分析:"动脉血压形成"的教学环节多采用PPT或动画演示,我将其改为实验模拟。用一个饮料瓶子表示左心房,装满染色的水表示血液,瓶外连接一个橡胶管(如图1所示)。学生动手操作时需思考以下几个问题:①用力挤压瓶子是在模拟什么? ②橡胶管是在模拟什么? ③用力挤压瓶子,触摸橡胶管,有什么变化? 简单的小实验不仅满足了学生动手的愿望(高三的课堂通常除了听讲就是做题),而且远胜于教师任何烦琐语言的描述。有了体验,再对照图2解释收缩压大于舒张压的原因,自然是水到渠成。

(四)教学环节四:分析事例,归纳影响血压的因素

分析:影响动脉血压的因素主要是心室射血和外周阻力,这是教学的重点也是难点。这个环节上的处理既要考虑学生能从生活的体验中归纳总结，又要兼顾新旧知识点的关联和迁移。为了避免问题过于突兀，设计时采用三种不同的呈现形式。

（1）问题1：为什么运动后血压会升高？

组织学生参与测定运动前后的血压值，发现运动后收缩压明显升高，学生带着疑问走进课堂。课堂上随着学习的深入问题得到了解决，这种欣喜只有学生自己能体会到。

（2）问题2：为何高脂血症的患者往往血压也会升高？

给出血脂过多导致血管腔狭窄的图片，学生学会知识关联，血管腔狭窄会导致外周阻力增大，引起血压升高。

（3）问题3：为何外界气温的明显变化会引起血压产生波动？

先出示资料："研究表明冬季人体的平均收缩压比夏季高12 mmHg，平均舒张压比夏季高6 mmHg；气温每下降1℃，收缩压上升1.3 mmHg，舒张压上升0.6 mmHg，且医院门诊高血压病患者数量明显高于夏季。"再演示血管收缩、舒张时血压计的动态变化，学生通过知识迁移分析出寒冷条件下体温调节引起皮肤血管收缩减少散热，导致外周阻力增大血压偏高。

（五）教学环节五：关注健康，预防高血压病

播放采访高血压患者的视频，组织学生分析引起高血压的因素，引导他们建立健康的生活方式，实现生命教育的目标。

分析：班级有位学生的母亲患高血压病多年，在采访家人的过程中更加深切地感受到高血压病带来的痛苦。课堂上学生讨论高血压病的危害，积极提出防治措施。这已经远超过简单的说教和照本宣科，而是从生命科学素养的角度关心身边的高血压患者，这种学习体验是教师无法通过讲授传递给学生的。为了对高血压病的危害有更深刻的体会，我设计了一个简单的数字换算情境，感悟血管壁承受的巨大压力。一个正常成年人收缩压是120 mmHg，这个压力相当于心脏喷射1.63 m高的水柱，如果收缩压为180 mmHg，则相当于喷射2.45 m的高度。血管壁长期承受巨大的压力，就会受损，周围的脏器也会出现严重的问题。如果不及时有效地控制血压，则等于在身体内埋下了一个不定时的炸弹。随后教师又抛出一个问题："体育锻炼有助于健康,但高血压病人不适宜哪些运动呢?"学生马上能结合前面的学习,指出跑步等剧烈运动是不适宜的。令人欣喜的是学生还建议增加两样健康监测工具——血压计和健身的计步器,真正做到了学有所用,知行合一。

三、反思

体验式教学是指在课堂教学中,教师积极创造各种教学情境,使学生在亲历和体验过程中,充分感知、感受、感悟,而获得知识、提高能力、生成情感、健全人格,达到促进学生自主发展的一种具体方法和活动形式。这种教学方式以学生的自我体验为主要形式,让学生亲自参与课堂活动,通过亲身经历去感受、关注、参与、领悟有关问题,通过体验和内省实现自我认知、自我发展和自我完善。

体验式教学因人而异,可能在课堂上出现非常有价值的生成性资源,在介绍血压概念和测量的环节中,教师现场让一个微胖的男生演示用电子血压计测量血压,结果让人非常惊讶,收缩压 160 mmHg,舒张压 110 mmHg,以下是课堂实录片段。

师:对照正常的血压值,你觉得测定的值正常吗? 是否属于人们常说的高血压?

生:老师,我没有感到身体不舒服,但是这个数值确实不正常,应该不属于高血压吧。

师:那你以前测血压也偏高吗? 你认为可能是什么因素导致数值偏高了?

生:我以前没有注意过血压值的大小,可能因为自己有点胖或者刚才测量时紧张了(这时全班同学都笑了)。

师:肥胖或者情绪紧张真的会引起血压升高吗?

当时这个生成性资源引发了班级同学的大讨论,教师顺势将学生引到分析影响血压的因素的课题上,成为课堂中的一个小高潮。

通过设计不同的活动让学生因体验而认同,因认同而理解,变抽象为具体,把理论化为生活。学生经历获得知识的过程,使教学问题生活化,从而突破学习的难点。教师不仅仅要关注知识生成的过程,更要善于抓住教材上的每一个知识点,让生命教育始终浸润在课堂上。

第三篇

教学研究论文

高中生生命科学前概念来源的研究

上海财经大学附属中学　刘　奕

【摘　要】　高中生在走进生命科学课堂之前,他们的认知结构中已经拥有大量的生命科学前概念,其中有的来自课堂学习,也有的来自生活积累。作为高中教师,迫切地想知道学生带着哪些前概念进入课堂,这对教学方法和策略的选择是很重要的。本文在文献研究的基础上,运用内容分析法和调查研究法,对高中生生命科学前概念的主要来源进行了问卷调查和分析。

经过研究得出结论：高中生生命科学前概念的来源主要有三个,依次是：自己的判断和推理,占比 39.52%；高中生命科学课本,占比 26.99%；高中生命科学教师,占比 17.88%,这三个来源占总比例的 84.38%。根据上述研究结果,建议教材编写者和社会媒体在传播科学概念时应更加严谨；教师应关注前概念及相应教学策略,并不断提高自身学科素养。

【关键词】　前科学概念　高中生命科学

一、课题研究背景

(一) 学科困惑

高中生命科学这门课到底是属于文科还是理科? 当然是理科! 文科思人,理科格物。理科一般是自然科学、应用科学以及数理逻辑的统称。高中生命科学做起实验像理科,理论学习像文科,因为对于初学者而言,有大量概念需要掌握,不少学生在概念学习上始终不得要领,教学模式也就变成了文科的"背多分"。因此,对于高中生命科学的学科困惑就是为什么生命科学概念的学习是靠背的?

（二）学生困惑

随着上海迎来新一轮的高考制度改革，比起之前高考加试生命科学的学生数量，有了明显的增长，不少学生选择在高一参加生命科学合格考试，在高二把生命科学等级考试考完。其中有不少学生遇到一个困惑，想把生命科学学好，但是心有余而力不足。

课后有学生会问我："为什么我物理化学都学得不错，生命科学却怎么也背不出呢？"我惊讶地回答："生命科学不是靠背的，是要靠理解的。"可是学生又会不依不饶地继续问："生命科学怎么有那么多概念要理解和记忆啊，而且有些名词好拗口。"我不得不承认这些学生并不缺乏基本的科学思维和素养，于是继续追问他们学习生命科学时感觉哪部分最难。大多数学生的回答是他们不怕实验和计算，最害怕的是概念和专业名词的干扰，这影响了他们的阅读和后续学习。我想可能是他们之前就已经建立的错误概念妨碍了他们的学习。因此，如何有效地进行概念转变是影响学生学习高中生命科学的困惑之一。

（三）教师困惑

在平时生命科学教学中遇到这样一个困惑：为什么在同一个教室里，由同一个老师授课，如果学生认真听讲，输入不打折扣的话，输出差异还是很大，甚至有些学生还会出现与科学概念背道而驰的结果？随着教学经验的不断积累，知道学生在上课前可能会有哪些错误概念，在平时教学中能有意识地加以转变，教学中自我效能感随之加强，知道课堂教学和课后指导的着力点在哪里了，无疑对学生们的这些错误概念积累越多，对如何"转变"思考越多，教学就越得心应手，事半功倍。

随之新的问题又开始困扰我，对于这种灵光一现的经验积累，偶然性极强，而且难以坚持，年复一年可能积累量无法突破。我想如果通过教育科研，有计划、有步骤、有方法、有数据地提供支撑，就能通过分类、实践和总结，找出其中的规律和学生的共性问题，为概念教学提供依据。

二、课题研究意义和目的

（一）研究意义

美国著名教育心理学家奥苏泊尔曾说："假如让我把全部教育心理学仅仅归纳

为一条原理的话,那么,我将一言以蔽之,影响学习的唯一最重要的因素就是学习者已经知道了什么。要探明这一点,并应据此进行教学"。

课前搞清楚学生的前概念就是"备学生"环节,而这正是我们一线教师比较薄弱的环节。找到如何将这些前概念转变成科学概念的方法,就是"备教法"环节。我们传统的教学方法中往往忽略了前概念转变成科学概念的过程,或将学生认为是"白纸",或不考虑学生已有观念对学习的影响,在课堂上直接将科学概念灌输给学生,导致学生机械地学习,对科学概念的理解偏差或不深入会进一步形成错误的前概念,长此以往学生在此学科上就会造成学习的困难。

前概念具有广泛性,存在于每一个人的思维中,只有了解掌握学生的前概念并揭示其转变规律,才能更有效地进行课堂教学,才是真正做到以学生为主体的教学。对于科学教育而言,教育者应该精挑细选出少量较为重要的核心概念,通过恰当的教学手段,帮助学生构建全面完整的知识体系,而不是向学生传授一些支离破碎、远离生活实际的高深理论。

在西方,对自然科学中有关学生前概念的研究是近 20 年来的研究热点,并已取得了丰硕的成果,而我国目前的研究还不足,尤其是实践研究。本课题对高中生命科学前概念来源和诊断方法进行调查研究,并对其转变策略进行理论研究,是一个对指导教学有实际意义的问题,符合新一轮课程和高考改革需要。

(二)研究目的

本课题研究期望在结合国内外已有的相关研究基础上,致力于从课程标准和教材入手,对高中生生命科学前概念综合诊断进行初步研究,为概念转变策略提出理论基础,并结合自己高中生命科学的教学实践,摸索总结出一套适合于平时教学的、常态化的前概念诊断方法和有效教学策略。同时,也能为生命科学教师在诊断学生前科学概念中节省时间和精力,并提高生命科学教学的课堂效率。

三、生命科学前概念来源的理论分析

这些"各种各样的相异概念"来源很多,根据文献资料主要有以下几方面。日常生活经验的影响和日常概念的干扰,如生活中经常听到"病菌"引起疾病,学生马上会想到"病毒和细菌",于是得出的结论就是病毒和细菌都是对人体有害的;知识的负迁移、对词语的曲解或错误理解、进行不当的类比、知觉系统的特性可能导致表象产生偏差或失真;教学阶段性的影响;概念学习不牢固;教师、教材的误导;社会媒体等。

那么,高中生命科学前概念的来源有哪些呢? 最主要的是哪些来源呢? 笔者进行了调查,由于是从学生的角度来回答,所以将以上来源转换成一种学生能够明白的选项。参照李高峰给出的初中生自我分析前科学概念的来源划分维度,依内—外部的维度,内部因素指充分考虑到学生个体在对外部信息加工整理过程中,进行错误判断和不当推理形成的前科学概念;外部因素是对学生个体的生命科学学习施加了影响的因素。依人—物的维度,可将其来源分为人和物两种因素。依教育领域的维度,将其来源分为学校教育因素、社会教育因素和家庭教育因素。编制了十个备选项和一个"其他"选项作为开放作答,详见四(三)。

四、高中生生命科学前概念来源的自我分析

(一) 调查时间

于 2017 年 2 月(2016 学年第二学期开学)对高中生生命科学前概念来源进行调查。

(二) 调查样本

对上海财经大学附属中学高一、高二和高三共三个年级全体学生进行随机抽样,抽取共 275 人,样本的人员构成如表 1 所示。高一年级学生刚刚学习高中生命科学一学期,初中生命科学的学习内容还未完全忘记,而高中生命科学的学习已经过半,可以调查学过与没学过的知识,前概念来源是否有差异。高二和高三年级学生都已经历过一轮完整的高中生命科学学习,并通过了上海市高中生命科学学业水平合格考试,部分学生正在进一步学习备考等级考试,可以调查高二和高三学生前概念来源是否有差异。

表1 调查样本人员构成

	加试生命科学学生		不加试生命科学学生		还不确定学生		小计
	人数	百分比/%	人数	百分比/%	人数	百分比/%	人数
高一	45	44.12	34	33.33	23	22.55	102
高二	74	63.79	40	34.48	2	1.72	116
高三	47	82.46	10	17.54	0	0	57
总计	166	60.36	84	30.55	25	0.09	275

（三）调查问卷构成

问卷《高中生生命科学前概念调查表（CRI诊断）》（见附录）调查的目的在于了解高中学生对自己生命科学前概念来源的认知和判断。用问卷星组织调查,通过手机微信扫二维码答题,问卷在10道前科学概念诊断题的基础上追问,"关于此题,您的判断依据来源是什么?"备选项分别是"(1)家庭成员;(2)小学科学课本;(3)小学教师;(4)同学、朋友;(5)初中生命科学课本;(6)初中生命科学教师;(7)电视、杂志、网络;(8)高中生命科学课本;(9)高中生命科学教师;(10)自己的判断、推理;(11)其他_____",题型为不定项选择,至少选择一个答案。

（四）调查结果

首先,通过问卷星对调查结果进行统计,统计每一题答题正确和错误的人数,"判断依据来源"的频数,如表2所示。

表2 正确、错误和题次调查统计表

题号	1	2	3	4	5	6	7	8	9	10	小计
答对人数	46	94	128	178	134	135	116	66	27	62	1 086
答错人数	29	181	147	97	141	140	159	209	248	213	1 664
频数	34	306	244	144	206	195	260	267	350	317	2 523

通过统计占总频数百分比,将10道调查题目综合起来看,学生认为的解题判断依据来源最多的是"自己的判断、推理",占39.52%;其次是"高中生命科学课本",占26.99%;"高中生命科学教师"占17.88%位列第三,这三者的频数占总频数的百分比之和要达到84.38%,是学生们认为最主要的来源。而进一步仔细调查

每一道题目,依然是这三个来源,只是"自己的判断、推理"和"高中生命科学课本"之间的排序稍有不同而已。其中"自己的判断、推理"在 7 道题目中位列第一,"高中生命科学课本"有 3 道题目位列第一,它们分别是"病毒构成""平衡感受器"和"抗体"。

其余的 7 项来源所占的比例都在 3％以下,加在一起的总和为 15.62％。分析每一道题目的百分比,略有差异,现将超过 4％的数据加以整理如下。第 1 题"反射"、第 5 题"营养繁殖"和第 6 题"平衡感受器"选择"初中生命科学课本"的学生分别占 5.13％、4.37％和 4.10％,第 6 题"平衡感受器"和第 10 题"达尔文进化学说"选择"电视、杂志、网络"的学生分别占 4.62％和 4.73％。

通过占答题人次百分比来比较,前科学概念来源于"自己的判断、推理"占59.92％,来源于"高中生命科学课本"占 40.93％,来源于"高中生命科学教师"占27.10％,而来源占 3％～4％的有四项,依次是"电视、杂志、网络"占 4.09％、"初中生命科学课本"占 3.79％、"同学、朋友"占 3.49％和"家庭"占 3.25％。来自"初中生命科学教师""小学课本"和"小学教师"的最少,均在 3％以下。

而在"其他"选项的 47 个频数中,被调查者给出了 13 个频数的具体答案,填写"猜、猜测、直觉、蒙"的有 10 频数。之所以单独列出而不选择第 10 项"自己的判断、推理",是因为被调查者极其不肯定,自认为无法划入"判断和推理"的范畴。还有 3 个频数是"不会,还未教过",说明被调查者认为自己不具备这方面的前概念或者是空壳概念,笔者认为这是一个不错的调查选项,提供给研究者在做后续研究时可以编入调查表。

另外,笔者还查看了答对题目的被调查者中,给出详细"其他"答案的,"猜"有 3 个频数,"家里养狗"和"初中化学老师"各 1 频数,说明被调查者察觉到对生命科学朴素的认识还来源于生活观察和其他学科(数据详见表 1～表 3 的统计)。

表 3　学生(样本数＝275)对自己前科学概念来源的分析

来源	题次	占总频数百分比/％[2]	占答题人次百分比/％[3]	按"频数"排序
1. 家庭成员	54	2.14	3.25	7
2. 小学科学课本	33	1.31	1.98	10

（续表）

来源	题次	占总频数 百分比/%	占答题人次 百分比/%	按"频数"排序
3. 小学教师	26	1.03	1.56	11
4. 同学、朋友	58	2.30	3.49	6
5. 初中生命科学课本	63	2.50	3.79	5
6. 初中生命科学教师	45	1.78	2.70	9
7. 电视、杂志、网络	68	2.70	4.09	4
8. 高中生命科学课本	681	26.99	40.93	2
9. 高中生命科学教师	451	17.88	27.10	3
10. 自己的判断、推理	997	39.52	59.92	1
11. 其他①	47	1.86	2.82	8

① 按"题次"排序

猜、猜测、直觉、蒙：10 频数；

不会、还未教过：3 频数。

②"占总频数百分比"为选择该选项的频数在所有填写频数中所占比例，百分比相加总和等于 100%。

③"占答题人次百分比"为选择该选项的人次在所有填写人数中所占比例，百分比相加可能超过 100%。

（五）结果讨论与分析

调查结果显示，学生认为自己所拥有的生命科学前概念的来源主要有以下三个方面，如图 1 所示。

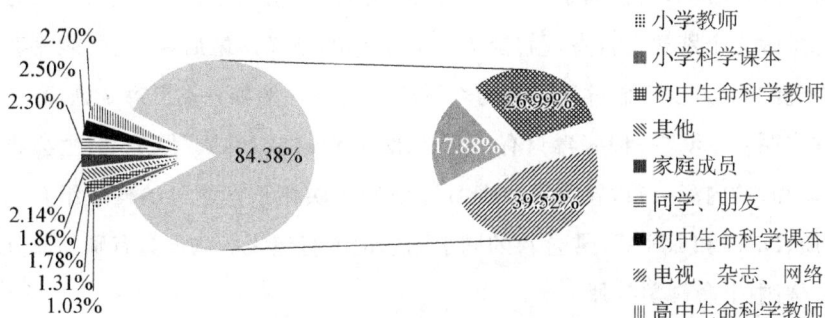

图1 高中生生命科学前科学概念来源

1. 自己的判断、推理

当学生做选择题发现自己无法肯定或确定时，一定会根据题干、选项和自己所拥有的迷思概念,进行判断和推理,尤其是高中生,对于笔试尤其是单选题,可谓"身经百战",所以一定会认为最大的来源就是自己的主观臆断。当迷思概念存在时,有两种可能,一是靠运气猜对,二就是因为自己的判断错误和推理不当导致选错。拥有这种想法的学生具有一定普遍性,无论对错,选择这个理由的题次达到1 627次,而答错的学生中选择该理由的有997次。选择百分比最高的前四位,分别是第5、8、9、10题,这四道题目所涉及的概念恰是高一学生还未经过高中阶段教学的内容。因此,这四道题目对于高一学生而言,他们的判断和推理是基于前概念而产生的。例如,第9题有关基因工程的分类,动物、植物和微生物基因工程是根据目的基因在何种受体细胞中表达来分类的,而这道题中目的基因来自人的染色体DNA,其克隆通过大肠杆菌鉴定,在植物中进行表达,最后产物注入小鼠体内观察。如果学生没有学过或遗忘了相关内容,而是依据自己的迷思概念进行选择,则根据目的基因来源分类误选了A,根据克隆场所分类误选了D,看到"生物功能是否发挥"而误选了B的最多。

2. 高中生命科学课本

这个来源选择最多的分别有第2题"病毒构成"、第6题"平衡感受器"和第7题"抗体"。首先,教材的编写有人为因素、有语言歧义、有局限性等诸多原因影响,不可能毫无瑕疵,有可能是学生产生错误的生命科学前概念的来源。其次,高中教材在编写的过程中,受篇幅制约,有些内容无法精确论述或细致描绘,但是,这里也不排除是因为个别学生自身理解能力偏差引起的歧义。最后,学生可能将教辅材料上看到的内容,支离破碎地误解为教材课本所说。例如:关于第2题,高中生命科学课本明确说明"一种病毒只有一种核酸,DNA或RNA。"但是,学生会将"或"认为和"和"的内涵一致,导致不知道B选项的错误在于把病毒的构成组合写成了"蛋白质、DNA和RNA",误选A的同学则忘记了有包膜的病毒具有磷脂成分。

3. 高中生命科学教师

教师作为学生前科学概念的来源,原因主要有以下几点,首先,教师也具有不同程度的前概念,由于学历和职后培训等因素,造成教师本身的专业素养参差不齐。其次,生命科学学科特点决定,生物技术日新月异,发展迅速,许多概念的内涵和外延随着科学研究的新发现在不断地变化,而教师认知结构可能没有跟上变化的节奏,陈旧和模糊。最后,教师拥有正确的科学概念,未必能准备无误地表达和阐述,如果不将概念的内涵阐述清楚,不将概念的外延界定明确,则会使学生混淆概念或偷换概念。

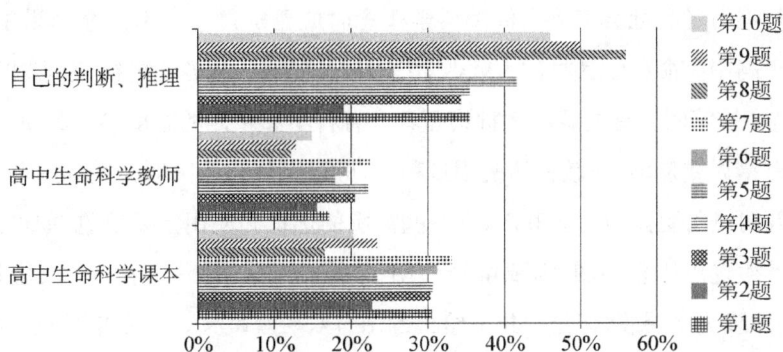

图2　高中生命科学前概念来源前三位各小题百分比情况对比

　　除以上三方面以外,其余的来源虽然所占比例不高,但是有几项数据也极具代表性,能揭示一些问题,如图2所示。如第1题"反射"、第5题"营养繁殖"和第6题"平衡感受器"来自"初中生命科学课本"分别占5.13%、4.37%和4.10%,这个符合事实,这三个概念确实是在初中学习过,这三题正确率明显较其他题目要高,但同时,前概念的来源指向性也很明确,说明初中生命科学教学的成果显著,但也会发展成学生的迷思概念。另外,第6题"平衡感受器"和第10题"达尔文进化学说"来自"电视、杂志、网络"分别占4.62%和4.73%,这也是与事实非常符合的一个结论,这两个概念正是高中生命科学课本中为数不多的科普水平的概念,很值得深思的结果是,前者正确率很高,而后者正确率很低,迷思概念拥有者众多。

　　小学阶段的教材和教师不但没有成为前概念的主要来源,而且比例非常低,笔者觉得原因除了对高中生而言,小学的学习经历隔的时间久远,很难再做出回忆判断以外,小学生所拥有的"儿童的科学"随着生活经验越来越丰富,初中的科学教育,绝大部分已经通过"建构"转变成了"科学概念"。因此,说明前概念是在不断地变化,不是固定不变的,前概念更是教学中的一个非常好的资源。

五、对策与建议

(一) 教材编写者和社会媒体

教材编写者和社会媒体在传播科学概念时应更加严谨。本研究结果中,前概念来源于高中生命科学教材的占频数 26.99％,排第二,来源于电视、杂志和网络的占 2.70％,排第四。首先诚然教材编写者本着科学和严谨的态度参与此项工作,但不免会有错误或疏漏,在教材的使用过程中,应进一步充分听取一线教师和学生的反馈并及时进行更正重版。其次,在一些插图的选择和使用上要慎重,如可能会引起学生产生迷思概念的图,需要解释注明,如在光合作用一章中的光反应过程图中,类囊体膜为单层膜,但是教材上给出的图有双层膜歧义。最后是对教材的修订要及时,生命科学的发展日新月异,研究的局限性也会成为迷思概念的来源,如大多数酶是蛋白质,也有 RNA,这就是随着研究的不断发展而可能产生的迷思概念;又如教材中还依然会提到"暗反应"阶段这个词,而国际上目前一般都采用卡尔文循环来代替"暗反应"这个会引起歧义的名词。

电视、杂志和网络等大众媒体在医学、健康、遗传和进化等方面对民众的科普和宣传的影响力不容忽视,但可能会出于记者、编辑等媒体工作者本身专业的限制,在采访及撰写时不够科学严谨,或断章取义,使观众或读者产生迷思概念。

(二) 教师

教师应关注前概念及相应教学策略,并不断提高自身学科素养。本研究结果中,前概念来源于高中生命科学教师的占频数 17.88％,排第三,教师可能由于自身学科素养不过关或语言表达不到位,也会成为学生前概念的来源。因此,我建议对职前教师提供前概念元认知的教育培训,在师范院校内开设前概念理论的课程,在教师资格证书认证考核中加入前概念理论的内容。对职后教师加强前概念最近研究进展的学习并组织教师进行研究、研讨和教学实践。建议教师在教学过程中,注意前概念诊断的时效、对前概念转变策略的研究和对教学前后前概念变化情况的进行追踪。

参考文献

[1] 奥苏伯尔. 教育心理学——认知观点[M]. 佘星南，宋钧译. 北京：人民教育出版社，1994：1-2.

[2] 温·哈伦. 科学教育的原则和大概念[M]. 韦钰译. 北京：科学普及出版社，2011：1.

[3] 刘凤堂. 物理学习中错误概念的形成与纠正[J]. 职业技术教育，1998(22)：26-27.

[4] 张怀广，张晓. 物理教学中学生错误概念的形成及对策[J]. 濮阳职业技术学院学报，1999(2)：25.

[5] 兰智高，杨昌权. 论普通物理教学中的"前概念"[J]. 高等继续教育学报，2001，14(1)：21-23.

[6] 赖小琴. 物理前概念及纠正错误前概念的策略[J]. 广西师范学院学报（自然科学版），2002，19(3)：89-93.

[7] 赵强，刘炳升. 建构与前概念[J]. 物理教师，2001(7)：3-4.

[8] 李高峰. 初中生生物学前科学概念的研究[D]. 北京：北京师范大学，2007：31-32.

附录：高中生生命科学前概念调查表（CRI 诊断）

同学：

您好！为了更好地了解您有关生命科学前概念的情况，以便改进教学策略，故设计了此调查问卷。问卷采用匿名形式，数据仅用于本研究，对参与问卷的同学没有任何影响，请尽可能表达自己真实的想法。您的真实作答是我们有效地进行研究的基础。

在此，由衷地表示感谢！

基本情况：

性别：□男　　　□女

年级：□高一　□高二　□高三

高考相关科目是否选择生命科学？□是　□否　□还不确定

1. 经过灯光刺激与食物多次结合，建立狗唾液分泌条件反射后，下列操作不能使该反射消退的是（　　）

A. 灯光刺激＋食物　　　　　B. 仅食物

C. 声音刺激＋食物　　　　　D. 仅灯光刺激

请您根据作答本题的实际情况在相应的栏目下打"√"

确定性程度	完全猜测	几乎猜测	不肯定	肯定	几乎确定	确定

关于此题,您的判断依据来源是( )

(1)家庭成员 (2)小学科学课本 (3)小学教师 (4)同学、朋友 (5)初中生命科学课本 (6)初中生命科学教师 (7)电视、杂志、网络 (8)高中生命科学课本 (9)高中生命科学教师 (10)自己的判断、推理 (11)其他_____

2. 下列病毒的构成组合中错误的是( )

① DNA ② RNA ③ 蛋白质 ④ 磷脂

A. ②③④ B. ①②③ C. ①③ D. ②③

请您根据作答本题的实际情况在相应的栏目下打"√"

确定性程度	完全猜测	几乎猜测	不肯定	肯定	几乎确定	确定

关于此题,您的判断依据来源是( )

(1)家庭成员 (2)小学科学课本 (3)小学教师 (4)同学、朋友 (5)初中生命科学课本 (6)初中生命科学教师 (7)电视、杂志、网络 (8)高中生命科学课本 (9)高中生命科学教师 (10)自己的判断、推理 (11)其他_____

3. 细菌共有的特征是( )

① 光学显微镜下可见 ② 具有细胞结构 ③ 对人体有害 ④ 能寄生

A. ①② B. ①④ C. ②③ D. ③④

请您根据作答本题的实际情况在相应的栏目下打"√"

确定性程度	完全猜测	几乎猜测	不肯定	肯定	几乎确定	确定

关于此题,您的判断依据来源是( )

（1）家庭成员 （2）小学科学课本 （3）小学教师 （4）同学、朋友 （5）初中生命科学课本 （6）初中生命科学教师 （7）电视、杂志、网络 （8）高中生命科学课本 （9）高中生命科学教师 （10）自己的判断、推理 （11）其他_____

4. 下列细胞中,其无氧呼吸过程以乳酸为主要产物的是（　　）

A. 密闭塑料袋中苹果的细胞　　B. 用于制作酒酿的酵母菌

C. 剧烈奔跑时的马骨骼肌细胞　　D. 浇水过多的青菜根部细胞

请您根据作答本题的实际情况在相应的栏目下打"√"

确定性程度	完全猜测	几乎猜测	不肯定	肯定	几乎确定	确定

关于此题,您的判断依据来源是（　　）

（1）家庭成员 （2）小学科学课本 （3）小学教师 （4）同学、朋友 （5）初中生命科学课本 （6）初中生命科学教师 （7）电视、杂志、网络 （8）高中生命科学课本 （9）高中生命科学教师 （10）自己的判断、推理 （11）其他_____

5. 下列生物过程中,属于营养繁殖的是（　　）

A. 面包酵母的出芽　　B. 蔷薇枝条扦插成株

C. 青霉的孢子生殖　　D. 草履虫的分裂生殖

请您根据作答本题的实际情况在相应的栏目下打"√"

确定性程度	完全猜测	几乎猜测	不肯定	肯定	几乎确定	确定

关于此题,您的判断依据来源是（　　）

（1）家庭成员 （2）小学科学课本 （3）小学教师 （4）同学、朋友 （5）初中生命科学课本 （6）初中生命科学教师 （7）电视、杂志、网络 （8）高中生命科学课本 （9）高中生命科学教师 （10）自己的判断、推理 （11）其他_____

6. 有些人乘车时会感到眩晕和恶心。人耳中与此现象相关的身体平衡感受

器是(　　)

A. 耳蜗　　 B. 前庭器　　 C. 鼓膜　　 D. 听小骨

请您根据作答本题的实际情况在相应的栏目下打"√"

确定性程度	完全猜测	几乎猜测	不肯定	肯定	几乎确定	确定

关于此题,您的判断依据来源是(　　　)

(1)家庭成员　(2)小学科学课本　(3)小学教师　(4)同学、朋友　(5)初中生命科学课本　(6)初中生命科学教师　(7)电视、杂志、网络　(8)高中生命科学课本　(9)高中生命科学教师　(10)自己的判断、推理　(11)其他_____

7. 人免疫系统中大量合成并分泌抗体的细胞是(　　)

A. 巨噬细胞　　 B. T淋巴细胞　　 C. 致敏T细胞　　 D. 浆细胞

请您根据作答本题的实际情况在相应的栏目下打"√"

确定性程度	完全猜测	几乎猜测	不肯定	肯定	几乎确定	确定

关于此题,您的判断依据来源是(　　　)

(1)家庭成员　(2)小学科学课本　(3)小学教师　(4)同学、朋友　(5)初中生命科学课本　(6)初中生命科学教师　(7)电视、杂志、网络　(8)高中生命科学课本　(9)高中生命科学教师　(10)自己的判断、推理　(11)其他_____

8. 关于哺乳动物细胞体外培养的难易程度,下列表述正确的是(　　　)

A. 乳腺癌细胞易于乳腺细胞;胚胎细胞易于脂肪细胞

B. 乳腺细胞易于乳腺癌细胞;胚胎细胞易于脂肪细胞

C. 乳腺细胞易于乳腺癌细胞;脂肪细胞易于胚胎细胞

D. 乳腺癌细胞易于乳腺细胞;脂肪细胞易于胚胎细胞

请您根据作答本题的实际情况在相应的栏目下打"√"

确定性程度	完全猜测	几乎猜测	不肯定	肯定	几乎确定	确定

关于此题,您的判断依据来源是(　　)

(1)家庭成员　(2)小学科学课本　(3)小学教师　(4)同学、朋友　(5)初中生命科学课本　(6)初中生命科学教师　(7)电视、杂志、网络　(8)高中生命科学课本　(9)高中生命科学教师　(10)自己的判断、推理　(11)其他_____

9. 若将人的染色体DNA片段先导入大肠杆菌细胞中克隆并鉴定目的基因,然后再将获得的目的基因转入植物细胞中表达,最后将产生的药物蛋白注入小鼠体内观察其生物功能是否发挥,那么上述过程属于(　　)

A. 人类基因工程　　　B. 动物基因工程

C. 植物基因工程　　　D. 微生物基因工程

请您根据作答本题的实际情况在相应的栏目下打"√"

确定性程度	完全猜测	几乎猜测	不肯定	肯定	几乎确定	确定

关于此题,您的判断依据来源是(　　)

(1)家庭成员　(2)小学科学课本　(3)小学教师　(4)同学、朋友　(5)初中生命科学课本　(6)初中生命科学教师　(7)电视、杂志、网络　(8)高中生命科学课本　(9)高中生命科学教师　(10)自己的判断、推理　(11)其他_____

10. 用达尔文进化学说的观点来判断下列叙述,其中正确的是(　　)

A. 长颈鹿经常努力伸长颈和前肢去吃树上的叶子,因此颈和前肢都变得很长

B. 北极熊生活在冰天雪地的环境里,它们的身体就产生了定向的白色变异

C. 野兔的保护色和鹰锐利的目光,是它们长期相互选择的结果

D. 在有毒农药的长期作用下,农田害虫产生了抗药性

请您根据作答本题的实际情况在相应的栏目下打"√"

确定性程度	完全猜测	几乎猜测	不肯定	肯定	几乎确定	确定

关于此题,您的判断依据来源是( )

(1)家庭成员 (2)小学科学课本 (3)小学教师 (4)同学、朋友 (5)初中生命科学课本 (6)初中生命科学教师 (7)电视、杂志、网络 (8)高中生命科学课本 (9)高中生命科学教师 (10)自己的判断、推理 (11)其他_____

优化评价方式，提高生命科学实验教学的有效性

上海市辽阳中学　凌秀梅

【摘　要】　传统的评价方式往往只要求学生提供问题的答案，而对于学生获得这些答案的过程不太关心。这样的评价方式可能会导致学生只重结论，忽视过程，不利于学生的发展。关注过程的评价方式，可以深入学生发展的进程，只有及时了解学生在发展中遇到的问题、所做的努力以及获得的进步，才有可能对学生的持续发展和提高进行有效的指导，评价促进发展的功能才能真正发挥作用。生命科学是一门以实验为基础的学科，传统的评价方式不能满足教学及学生发展的需要。本文分析了初中生命科学课堂评价的基本内涵、基本价值以及在对学生进行生命科学实验过程评价中出现的一些需要解决的问题。针对这些问题，通过课堂教学实践，积极思考、探索更有效的评价方式以提高生命科学实验教学的有效性。从评价主体、评价语言、评价形式、评价内容等方面着手优化评价方式，取得了初步成效，如提高了学生参与实验的积极性、提高了学生完成实验的效率、有利于学生潜能的开发等。

【关键词】　生命科学　实验教学　评价

多年来，教学评价问题一直是国内外教育家们研究的热点和难点，改变对学生学习的评价，在各国都有相应的措施。我国的教育理论家们也站在时代的高度，结合我国实际，提出了很有建树的看法。然而，我国因多年的"应试教育"背景，学习成绩通常便成为考查学生发展的唯一指标，这种传统的评价方式往往只要求学生提供问题的答案，而对于学生如何获得这些答案的过程不太关心。这样的评价方式可能会导致学生只重结论，忽视过程，不利于良好思维品质的形成，也不利于学生的发展。关注过程的评价方式，才可能深入学生发展的进程，及时了解学生在发展中遇到的问题、所做的努力以及获得的进步，这样才有可能对学生的持续发展和

提高进行有效的指导,评价促进发展的功能才能真正发挥作用。

对于生命科学学科,教学评价方式更是急需改变。一方面因为本学科不参加中考,常常处于"被人遗忘的角落",评价方式方面的研究很少;另一方面因为生命科学是一门以实验为基础的学科,所以传统的纸笔测试不能完全满足评价的需要。作为一名生命科学一线教师,力求在教学实践中积极思考,探索一种更有效的评价方式以提高生命科学实验教学的有效性。

一、教学评价的基本要义

(一)基本内涵

"评价"是指对一件事或人物进行判断、分析后得出的结论。而对"教学评价"给出的定义是以教学目标为依据,按照科学的标准,运用一切有效的技术手段,对教学过程及结果进行测量,并给予价值判断的过程。它包括对学生学业成绩的评价,对教师教学质量的评价和课程评价。而所要研究的是如何对学生的学习结果及学习过程进行评价,从而更好地促进教学。

(二)基本价值

教学评价是教学活动不可缺少的一个基本环节,它在教学过程中发挥着不可忽视的作用。对教学效果进行评价,可以了解教学各方面的情况,从而判断它的质量和水平、成效和缺陷。对教学过程进行评价,对教师和学生具有监督和强化作用,使师生更了解自己教和学的情况,可以根据反馈信息修订计划,调整教学行为,从而有效地工作以达到所规定的目标。

(三)需要解决的问题

1. 评价主体太单一

传统的教学评价往往由教师一人说了算,这种评价权力高度集中的方式主观性太强,不能客观地评价学生。因为在课堂教学过程中,教师的视角有一定的局限性,不可能关注到全体学生,也不可能关注到每个学生学习的全过程。

2. 评价语言太单调

当前课堂上教师评价语言存在很多问题。如缺乏针对性和准确性,无论学生说什么,不是"很好"就是"太好了",不是"对的"就是"你真棒";要么只是简单评价,好在哪儿,不足在哪儿,从教师的评价中很难找到答案,学生无法从这类评价语言中获得启迪,更无法进一步打开思路;还有些教师轻率下结论,有时学生没有说出教师想要的答案就立刻加以否定,武断的评价封杀了学生独特的理解和张扬的个性。

3. 评价形式太单一

一直以来,考试一直是教育评价的有力工具,甚至是唯一工具,也是人们普遍认为比较公平的评价手段。但是这种纸笔测试越来越凸显出它的弊端。对于初中生命科学而言,为了减轻学生的课业负担而取消了平时的阶段测验和期中测试,只保留了期末测试。这种评价或许能对教学效果进行评价,可以判断教学质量和水平、成效和缺陷,但评价应有的激励作用无法体现,用一次考试的成绩去判断一个学生的"优劣"似乎太武断。评价的作用之一是使师生了解自己教和学的情况,可以根据反馈信息修订计划,调整教学行为,但学期结束时的期末测试也不能起到这样的作用。

4. 评价内容太局限

初中生命科学一般采用纸笔测试的形式,考查学生对知识的记忆、理解和应用,不注重对学生实践能力的考察。学生单凭死读书、机械记忆就能得到不错的成绩。而我们在教学过程中不难发现,有些学生不愿意死记硬背,但在课中的表现却很突出,有较强的实验能力。但是,在以纸笔测试为主的评价中却不能完全体现出来,这样的评价是有局限性的。不注重学生的个体差异,可能会扼杀学生的特长,制约了创新精神和实践能力的发展。

评价是教学必不可少的重要手段,我们每天都在评价,如何提高评价的有效性是亟待解决的问题。为了促进学生的全面发展,教师应当选择有效的多元评价方式,有目的、有计划、有组织地促进学生获取知识,训练技能。

二、通过优化评价方式提高生命科学实验教学有效性的基本策略

(一) 评价主体多元化

在生命科学实验课的开展过程中,一般采用分组实验的形式,既弥补实验器材

的不足,又有利于学生在合作中集思广益、相互促进。这种小组合作式的实验,可以为开展过程性评价提供有利条件。每个学生可以进行自我评价,组员间也可以相互评价。通过学生自评、互评及老师的综合评价相结合的评价方式,使学生也参与到课堂评价中来,发挥评价的激励作用。充分发挥自我评价的教育功能,首先应教育学生全面认识自己,不仅要看到自己的弱点,更要看到自己的优势。开展学生互评,不同的实验思路、实验方法不断地对学生原有的认识进行补充、调整,使学生原有知识明朗化、条理化,思路更开阔,求异创新的欲望更强烈。学生自评和互评的内容包括参与实验的积极性、实验方法是否正确、实验过程中与他人合作的情况、记录实验结果是否真实可靠、实验结果是否正确等。既对学生掌握知识和技能的情况进行评价,还对学生参与实验的态度进行评价。通过这种评价方式,避免老师只是根据实验结果或对学生的成见而做出评价,影响评价的公平性。

在"观察和解剖鲫鱼"一课中,通过学生分组实验解剖鲫鱼,观察鲫鱼的外形和内部结构,体会鲫鱼身体结构与功能的统一。要求学生在实验报告上对实验过程进行自评和互评,结合老师对实验报告完成情况的评价,给学生一个比较全面、公正的评价。以下是学生实验报告的一部分,其中明确地写出了评价的要求。

实验名称		观察和解剖鲫鱼					
报告人		日期		班级		学号	
(共30分,每项10分)		自评30%	互评30%	师评40%		总评	
认真参与实验				实验报告 完成情况			
实验方法正确							
善于和同学合作							

按照这份评价表实施下来,也出现了一定的问题,如学生对于具体的评价标准不够明确,又碍于同学间的情面,导致自评和互评不够客观。这需要教师在实践的过程中不断地改进,使评价标准更加规范,真正发挥评价的激励作用。

(二) 评价语言生动化

评价语言应该有针对性,能给学生以启发。评价语言应根据学生的回答,客观、准确地指出学生的长处与不足,既对学生表现出色之处给予肯定,同时又有针对性地给学生提醒与纠正,尊重学生自己的感悟与理解。课堂评价语不仅要真实准确,还要有启发性。面对学生的答案,教师不能仅限于简单的"对"或"错",要展开具体的描述,将引导、点拨寓于评价中,给学生思维方法以启发,也就是课堂评价语言要引领思维。如在"观察和解剖鲫鱼"一课中,问学生:"在解剖的过程中剪刀头应该向上挑起还是深入鱼腹?"有的同学不经思考,脱口而出:"当然是深入鱼腹,不深入鱼腹怎么剪开?"我追问:"可是深入鱼腹会造成什么不良影响?""会破坏鲫鱼的内脏。""对了,破坏了鲫鱼的内脏不利于我们的观察。因此,在解剖的过程中要注意,剪刀头向上挑起,避免损伤内脏。"这样通过不断地追问引导学生思考最后得到正确的结论。

(三) 评价形式多样化

生命科学实验课的评价形式不能只有简单的纸笔测试,而应该增加对实验操作过程及结果的评价。对于实验过程的评价,老师可以在实验的过程中进行巡视,及时表扬那些积极参加实验的学生、表扬那些实验效果较好的学生、表扬那些积极合作的小组,对一切闪光点,都可以给予他们一定的奖励。

例如在学习模拟伤口包扎的时候,一开始学生的兴趣并不强烈,包扎的过程比较马虎。后来,我用手机把包扎效果比较好的小组拍摄下来,给予表扬。结果其他小组的学生也纷纷"邀请"我去拍摄,认真程度与刚开始时不可同日而语。这就是评价在学习的过程中所起的激励作用。

另外,还可以结合课堂内容开展拓展课,如我曾经带领学生调查学校附近的杨树浦港的水质、探究植物的生态效应、探究不同植物对改善室内空气质量的作用等小课题,根据学生参与活动的积极性和学生最后小论文的完成情况、展示活动的表现等内容对学生进行评价。

(四) 评价内容全面化

生命科学是以实验为基础的学科,评价的内容当然少不了对实验的过程和结果的评价。我们在日常教学过程中总是尽可能地为学生创造实验的机会。但实验的效果不一定尽如人意。部分学生习惯了课堂上机械地听老师讲课为主的学习方式,参与的积极性不高,旁观的时候比较多。也有部分学生只是对动手实验感兴趣,急于动手实验而忽视了实验前基础知识的准备,也忽视了实验后对所获结论的整理和归纳,使实验达不到预期的效果。产生这种现象的原因可能有很多,其中一个很重要的原因是学生缺乏学习的动机。而在实验的过程中恰当地运用评价的手段,可以激发学生实验的积极性。

《上海市学生成长记录册》对于生命科学课程学习情况的记录要求有如下内容:

	日常学习情况			期末考试		学期总评	
学习成绩	章(单元)名称	笔试	实验	笔试	实验	笔试	实验

	内容	评价				教师、同学、本人、家长互动留言:		
		优	良	合格	需努力			
学习表现	认真思考,积极发言							
	按时完成作业,及时订正							
	乐意与同学合作,善于交流							
学习能力	阅读交流表达							
	科学探究							
实践能力	学科实践活动、兴趣活动的表现							
	实验操作能力							

可见,对学生的评价内容不仅包括期末考试,而且还包括日常学习情况的记录;不仅有笔试成绩记录,还有对实验的评价。具体的评价内容从学习表现、学习能力和实践能力三个角度出发,每个角度都有具体的内容。最后一栏是教师、同学、本人、家长的互动留言,可以说是多元评价主体的评价。

细细看来,这是一份对学生进行全面评价的评价表,我们参照表上内容对学生进行评价也不失为一种好方法。但是真正在操作的过程中也许并没有得到很好的实施。作为一线生命科学课程的实施教师,平时并不能及时填写成长记录册,而是到期末的时候一并填写。因此,我们可以在日常教学过程中参照评价表的要求做好积累,把对学习结果的评价落实在每节课中,有助于更好地发挥评价的激励作用。

三、优化评价方式后的成效

(一) 提高了学生参与实验的积极性

每一个学生都在意老师对他的评价,只是我们在教学的过程中往往忽视了这一点。而我们采取一些小小的评价手段,改进评价的方式,就可以起到意想不到的效果。实验过程中及时地表扬,对于被表扬的同学而言是一种激励,而对于没被表扬的同学则是一种促动。

(二) 提高了学生完成实验的效率

正因为学生参与实验的积极性提高了,所以实验的效率也就相应地得到了提高。学生会争先恐后地向老师展示他们的实验成果,希望得到老师的表扬和奖励,因而他们完成实验的效率大大地提高了。

(三) 有利于开发学生的潜能

实施多元化教学评价,从过分关注学习成绩转向对学生综合素质的考查,从多层次、多方面、多角度去评价,注重学生的个性差异。以促进学生的全面发展为根本目的,用发展的眼光评价学生,既要看到学生的现实水平,更要着眼于将来发展趋势;既要进行横向比较,更要看纵向的提高。正视学生的差异、尊重差异,而不是用同一个标准、同一个模式去要求和衡量所有的学生。这样对学生的评价才不失公平,学生也能在这种评价的激励下充分发挥自己的特长,开发自己的潜能,避免成为高分低能的"考试机器"。

总之,评价是教育的重要策略,恰当的评价有"四两拨千斤"的功效。因此,作为教师,应该认真分析自己在评价过程中存在的问题,建立多元的评价体系,让评价创设精彩的动感课堂,帮助学生认识自我,建立信心,从而更好地达成教学目标。

参考文献

［1］李锦权.初中生物教学评价的时效性［J］.中国教师,2011(9)：94-95.

［2］李燕.初中生物教学中评价的影响研究［J］.新课程导学,2016(5)：93.

［3］吴洪.初中生物课堂教学评价的四个维度——以"人体的免疫防线"第一课时为例［J］.中学生物学,2010,26(4)：21-22.

新课程理念下生命科学作业设计与评价

上海市丰庄中学　陆燕凤

【摘　要】　随着课堂教学改革的不断深化,以课程标准为依据,设计新型的学科作业来提高学生学科素养越来越受到关注。本文结合相关实践和实例,探讨促进生命科学作业设计与评价有效性的方法和策略,从层次性、实践性、趣味性、开放性角度去设计一些有效的作业,从评价内容、方式、主体方面来优化作业的评价方式,从而充分发挥学生学习的主动性,提高作业的实效性,成为师生共同反思与提高的阶梯,成为促进学生发展的一个生长点。

【关键词】　初中　生命科学　作业设计　作业评价

作为教学过程基本环节之一的作业设计,是生命科学教学工作中的基本环节,是实施素质教育、进行课程改革的重要载体,也是促使学生认知、能力、情感全面协调发展的重要途径。作业是反馈教学效果的重要手段之一,它既能使学生巩固已学知识,又能发展学生能力,培养学生的创新精神与意识。

在近一学期的生命科学学科的教学中,我在设计作业上经历了两个阶段。在刚开始为图省事,上完一节课内容就布置一节课练习册上的作业。结果在反馈中发现,填空题准确率只有 70%,还有 1～4 位同学不能完成;选择题的准确率只有60%;问答题的准确率更低;甚至还有的同学是照抄其他同学的作业来应付的。面对这种情况我非常生气,盲目地采用罚写的惩罚方式。但经过反馈,效果仍是一塌糊涂。后来,几经琢磨与探讨,试着优化作业的设计与评价。经过这一阶段的摸索,我切实感悟到:优化作业设计与评价,有助于提高教学效果。现结合自己的教学实践,谈谈自己在优化作业设计与评价中进行的一些尝试。

一、作业设计

学生完成作业的目的不外乎有两个：一是通过练习,掌握并加深理解学过的课堂知识;二是运用学过的知识融会贯通,举一反三。新课程下的作业已不再完全是课堂教学的附属,而是重建与提升课程意义及人生意义的重要内容。新课程下的作业应当成为具有学生鲜明的价值追求、理想、愿望的活动,成为学生课外、校外的一种生活过程和生活方式。我们应当让学生在作业过程中体验幸福和快乐、苦恼和辛劳,使作业成为学生成长的一种自觉的生活需要、人生需要、学习需要。所以,作业的设计应当形式多样,并留有思考的余地,给学生以想象的空间,让学生自己选择、计划、探究、体验。不仅要顾及作业的一般作用与功能,而且要注重学生主体作用的发挥,尊重学生的个别差异,改革作业的形式与内容,从而使每个学生的个性都得到充分的发展,学习能力和知识水平都得到提高。

(一) 差异性作业的设计

研究表明,学生智力发展水平呈正态分布：超常和低常的各占人群总数的1％,偏高、偏低约各占 19％,智力中常约占 60％。学生能力先天有差异。有差异的学生做无差异的作业,势必造成有的"吃不饱",有的"受不了"。因此优化作业设计应注意体现其层次性,让学生量力而行。具体做法有：

(1) 作业量分层。对于那些学习有困难的学生,适当减少他们的作业量,减轻他们的课业负担是必要的。每课的基础性练习必不可少,其目的在于扎实掌握基础知识和基本技能。至于教师结合教学内容设计的一些拓展性练习,他们可以选做或不做。适量、适当的作业和练习要求,能有效地帮助学生体会成功的喜悦,培养自信心。

(2) 作业难度分层。结合练习册,把填空题、选择题作为基础题,把有一定难度的问答题、拓展题作为附加题,要求好学生全部完成作业,并确保准确率;一般学生完成基础题确保准确率,尝试做拓展题;基础差的学生能完成基础题即可。这样,让学生针对自身情况自主选择合适的作业,促使他们学习生命科学的能力得到有效发展。从而保证了相对"后进"学生的作业质量,使之扎实巩固所学知识,形成良性循环。由于分层作业的分量、难度适宜,因此不同层次的学生完成作业不再有困难,这无疑激发了学生完成作业的乐趣,学生在完成作业的同时既感到轻松愉快,又扎实掌握了知识技能。当然,教师还应鼓励学生向更高层次挑战。

(二) 实践性作业的设计

新课程倡导学生积极探究,获取信息,创新知识,培养分析、解决问题的能力。生命科学是开放的学科,应在社会生活的大环境中培养学生的能力,而实践性作业能成为连接课堂与社会生活的桥梁。我们在生命科学教学中多设计一些实践型作业,能促进学生把获得的知识和经验用于实践,在实践中运用知识,"盘活"知识,并通过实践再学习、再探索、再提高。实践型作业包括以下几种类型。

1. 观察

如学了"人体是怎样构成的"一课后,我组织男生与男生、女生与女生两人一组,在自己的身体上指认人体主要器官在体表所对应的位置;同时利用可拆卸人体器官模型和书本信息库提供的资料,让学生观察和描述人体主要器官之间的相互联系;学了"医药常识与医疗技术"一课后,让学生学会看药品说明书,配置家庭药箱等。

2. 调查访问

如学了"基因与人体性状"一课后,组织学生回家调查家庭成员的几种遗传性状;围绕"环境日"这一主题,利用课余时间开展调查采集活动,写出调查报告,为保护生态环境作出努力。

3. 课外阅读

在学习"人体的外环境与内环境"时,我结合我国神舟系列飞船的研制、发射等内容布置学生收集航天器的资料,让学生进一步理解环境条件对生命活动的影响,激发学生对宇宙空间的遐想;在教学"医药常识"时,鼓励学生利用图书馆、互联网了解中医药发展史上的杰出人物及其成就,这样既激发了学生的学习兴趣,又加深了学生对中医药伟大成就的了解,自然而然地培植了学生的爱国主义情感。

(三) 趣味性作业的设计

苏霍姆林斯基认为:"所有智力方面的工作大都依赖于兴趣。"教学的实践也证明:兴趣是最好的老师,是学生学习的不竭动力。因此教师的作业设计应富有创意、形式新颖、内容联系实际并有一定的趣味性,使学生在一种愉悦的环境中,体验到寻觅真知和增长才干的成功乐趣。本学期中我就根据不同的班级、不同的教学内容,将作业融于游戏、调查、制作之中。如学完了"认识健康"这一课,采用小组合作讨论交流的方式制订自己的健康计划,最后由学生评出五大最佳健康计划,尽量让学生都享受成功的喜悦。通过这样的小组活动形式,充分发挥相互间的优势,取长补短,从而激活学生思维,激发他们的创造力,发展他们多样的个性。学生趣味盎然地完成新颖多样的作业,练习成了他们的一种愉快的精神享受,极大地激发了学习的兴趣,唤醒了学习的主动性。

(四) 研究性作业的设计

苏霍姆林斯基说:"在人的心灵深处,都有一种根深蒂固的需要,就是希望自己是一个研究者。"新课程理念更是强调培养学生自主、合作、探究的学习方式。因此,教师在教学的各个环节都要鼓励学生主动探究,挖掘自身的创造潜能,开发自身的多元智能,让学生在学习的过程中获得成功的体验,真正成为个性健全发展的人。如:在学习了心率的有关知识之后,从运动能够使心率加快,联想到当自己紧张恐惧时也会心跳加速,我就布置给学生研究性问题:"是否还有其他因素影响到心率呢? 可以做哪些测定心率的比较呢?"学生七嘴八舌地讲开了,在我的引导下,学生经过讨论列出许多比较项目。例如:饮食前后的心率比较、不同情绪下的心率比较、烟酒对心率的影响……我在肯定了学生的回答之后,再稍加启发:"哪些不同状况的人可做心率方面的比较呢?"学生在经过交流讨论后,又提出一系列可比较项目,如不同年龄段或不同性别人的心率比较等。而后将全班学生分成若干小组,每个小组认领一个项目,将其转变为实践性的研究课题,分工合作进行检测,并分析差异造成的原因,得出结论,写出实验报告。在这样的学习过程中,教师充分相信学生,为他们指明探究的方向,提供研究的时间、空间与方法,把孩子们的眼光引向知识的海洋,启迪了思维,激发了想象。

二、作业评价

无论作业设计有多么新颖,方法有多么先进,如果在评价上采取老一套,则新内容和新方式的价值就根本体现不了。因此,改变作业的评价方式十分重要。

目前,由于一些社会因素的影响和传统观念的根深蒂固,应试教育还是主流的教育方式,这导致评价方式仍然固守在知识学习结果评价上,而没有把学生的知识学习过程、学生的创新精神和动手实践能力等纳入评价的范围。在作业上这些特征更加明显,这对学生的全面发展是十分不利的,它也是阻碍作业改革的不利因素之一。

(一)评价内容

美国著名教育家、心理学家加德纳的研究表明,智能共有八种不同的表现形式,分别是:①语言;②逻辑数学智能;③音乐智能;④肢体——运作智能;⑤空间智能;⑥人际智能;⑦内省智能;⑧自然智力。过去的所谓智商测试,都集中在语言智力和逻辑数理智力上,学校教育也把注意力片面集中在这两种能力上,致使我们对大脑学习潜力产生了一种不正常的、有局限性的看法。在加德纳看来,人拥有这八种形式的智能,但其强弱及熟练程度却因人而异。教育工作者要善待学生的“多元智能”,要尽最大可能开发学生的各种智能,同时要照顾学生的个性差异。

(二)评价方式

我们要考虑针对不同学生的智能特征布置不同形式的作业,同样,在作业评价上,也应当考虑针对不同学生的智能情况实施不同的评价方式。有必要采取新的作业评价方式,即不单单注重学生的知识学习结果,还要与作业方式改革相呼应,把学生的小发明、小创作、小论文等纳入评价内容。这类实践性作业的评价,应立足于鼓励、激发、引导;同时应尽量从学生本身角度去看问题,要注意学生本身的智能特征,教师应用赞扬、鼓励、期盼、惋惜等情感语言来激励学生,充分调动起学生的学习积极性。在布置一些有针对性作业的同时,采取与其作业形式相适应的评价方式,评价才能做到个性化,教育才能做到个性化。变教师评价为多元评价,另外,还可以让学生参与到评价的过程中来,把教师评价、小组评价、自我评价结合起来,让学生成为评价的主人。

“教者有心,学者得益。”作业是课堂教学的延伸,它的优化设计,可以最大限度地拓展学生的减负空间,丰富课余生活,发展独特个性,正确、科学的评价能激发学生完成作业的热情。

参考文献

［1］上海市教育委员会.上海市中学生命科学课程标准（试行稿）［M］.上海教育出版社,2004.

［2］宋秋前.有效作业的实施策略［J］.教育理论与实践,2007,27(5)：54-57.

［3］边玉芳,蒋云.作业展示性评价：学生学业评价的一个重要组成部分［J］.教育理论与实践,2004,24(7)：36-39.

［4］陈建兰.浅谈生命科学课程的作业设计［J］.生物学教学,2010,35(1)：25-26.

［5］加德纳.智能的结构［M］.沈致隆译.北京：中国人民大学出版社,2008：1.

传感器在高中生命科学实验教学中的应用研究

——以教材实验"探究酶的高效性"为例

上海市鲁迅中学　柯晓莉

【摘　要】 传统的教学方法中以各试管中气泡发生量的多少以及点燃的线香火光亮度变化作为观察指标,这只能是定性化的测量,缺乏精确度,为了定量地测量 H_2O_2 分解产生的 O_2 量,以往曾采用化学中的量筒排水法,费时费力,得不偿失。特别是点燃线香检验气体这一环节,常会因为操作不慎造成线香熄灭甚至带来安全上的隐患。笔者采用威尼尔公司的氧气传感器对本实验进行了改良和优化,取得了不错的教学效果。

【关键词】 氧气传感器　定量实验　科学素养

"探究酶的高效性"是《生命科学高中第一册(试用本)》(上海科学技术出版社)第 4 章第 1 节"生物体内的化学反应"中的学生实验,《上海市中学生命科学课程标准》将其定为 B 级学习水平。该实验以各试管中气泡发生量的多少以及点燃的线香火光亮度变化作为观察指标,只能是定性地测量,精确度较低,笔者采用美国威尼尔公司的氧气传感器对本实验进行了改良和优化,对各组别的 O_2 产生量进行定量化的测量,提高了数据采集的精确度和可信度,提高了实验安全性,弥补了传统实验方法、器材的不足,更符合高中生的认知规律,取得了不错的教学效果。

一、传感器在高中生命科学实验教学中的优势

生命科学是一门以实验为基础的自然学科,《上海市中学生命科学课程标准》在导言中阐述了四大核心课程理念。其中"强化科学探究,提倡学习方式的多样

化"要求引导学生变单一的接受性学习为接受与体验、探究与发现相结合的学习方式,变单一的个体学习为独立自主与小组合作交流相结合的学习方式。而"加强与信息技术的整合"则明确指出了在当今大数据(big data)时代背景下,在教学中应注重应用信息技术,促进教与学的方式的转变,提高生命科学课程的课堂教学效率,使学生在获取信息、加工和处理信息、表达和交流信息以及运用信息技术等方面得到一定的训练,以更好地适应云信息社会的发展需要。

生物传感器为实现新型的课程理念提供了有力的技术支持和保障,开拓了现代生命科学实验的新领域,掀开了高中探究性实验教学的新篇章。传感器具有独特的数形结合功能、函数模拟功能以及先进的测量仪器,图文并茂、丰富多彩,操作方法相对简单,作为信息采集和数据处理工具,提高了学生使用计算机的操作技能,有利于学生掌握利用现代化信息技术学习、获取知识的能力。传感器在实验中能在极短的时间内大量采集并处理实验数据,在确保结果可靠的前提下,对于提高实验的准确性起到了积极的作用,它将师生从重复记录数据的繁重劳动中解脱出来,明显缩短了实验进程,从而能将更多的时间、精力用于研究掌握生命科学的客观规律,大大提高了教学效率。传感器的灵敏度高,能够检测到微弱信号的存在,即时呈现出数据的微小变化和瞬间动态走势,因此大幅度地增加了实验的可研究范围。根据不同的实验目的,学生选择不同类型的传感器加以组合,设计实施实验,丰富了实验教学的形式,增加了学习渠道和途径,有利于培养学生的创新能力。

运用传感器开展实验教学的优势显而易见,不但创设了分析问题和解决问题的情境,还优化了学习方式,为倡导学生的自主探究、实践体验和合作交流提供了空间和时间,拓展了课堂教学思考的广度和深度,提升了学生的思维品质,激发探究潜能,培养了学科兴趣和科学素养,突出了学科的育人价值。

二、传感器的选择及使用

"探究酶的高效性"实验采用氧气传感器测量气态 O_2 的浓度,范围在 $0\%\sim27\%$ 之间,精度可达到体积的 $\pm1\%$。如果需要检测溶液中 O_2 浓度的变化,则选用溶解氧传感器。实验中 O_2 需要到达电极部位才能被有效识别,导致数据的读取有一定的延迟性,建议将数据采集时间设置为 $300\ \mathrm{s}$ 左右(菜单栏"实验"→"数据采集"),以获得理想的曲线。此外,传感器探头中含有浸润在电解液中的铅正极和金负极,在使用或存放时,必须将其垂直放置,否则将影响传感器的灵敏度和使用寿命。

需要注意的是,植物类材料中存在的过氧化物酶与 H_2O_2 溶液反应后产生的气泡密集细腻,不易胀破(如图 1 所示),导致无法直接测量反应中增加的氧气浓度,建议改用气体压强传感器(注意:试管内空间有限,应避免压强骤然变化造成橡皮塞突然弹出甚至玻璃试管爆裂),装置如图 2 所示。

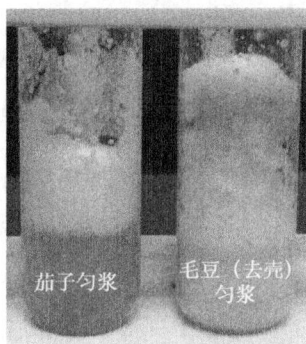

图1　过氧化物酶与 H_2O_2 溶液反应后产生的气泡

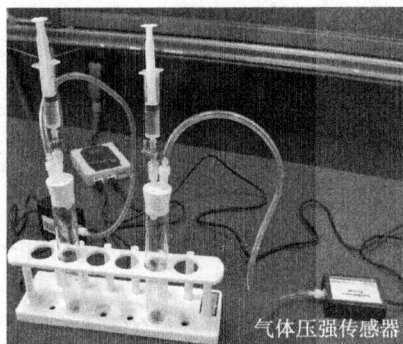

图2　气体压强传感器装置

三、实验装置的搭建

如图 3 所示,氧气传感器直径较大,与试管规格尺寸不匹配,要求教师打破思维定势,重新设计实验装置,主要部件注释如下。

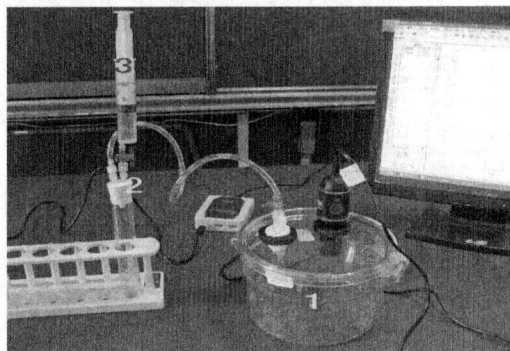

图3　实验装置搭建

（1）生物样品瓶（容量2L），收集实验中产生的氧气。带有软胶圈的开口和插入式的封口，可以有效防止气体外溢。建议选购同系列250 mL的样品瓶，减少等待时间。

（2）带有阀门的双孔橡皮塞和软胶管，增加气密性并定向传输氧气。

（3）20 mL一次性医用注射器，添加过氧化氢溶液，使用前请去除针头。

四、实验材料的添加

如果采用注射器添加催化剂，则较为黏稠的匀浆会黏附在注射器上或堵塞橡皮塞的通气孔。现改为首先用长滴管在试管中添加匀浆（注意不要滴到试管壁上），然后使用注射器加入等量的过氧化氢溶液。

五、数据处理及图像分析（见图4）

（1）初始阶段，试管内释放的氧气不足以引起样品瓶中气体浓度的显著改变，此时没有明显的变化。

（2）大约100 s之后，曲线出现明显上升趋势，拖曳鼠标并选择该区域，点击线性拟合按钮，最佳线性拟合方程出现在直线旁的弹出框内，其中斜率m的数值即为该时间段内酶促反应速率，记录该数据。

（3）200 s之后，随着试管中过氧化氢溶液的大量分解，底物消耗殆尽，此时氧气量不再增加，曲线出现平缓稳定的走势。

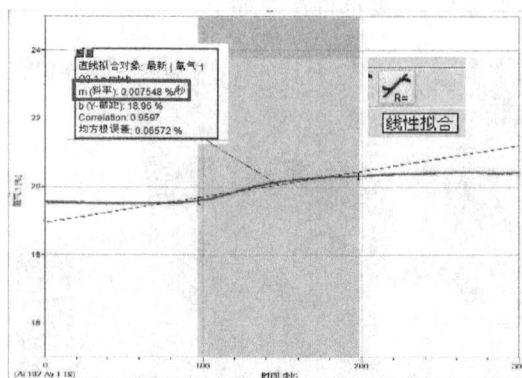

图4　实验数据及线性拟合结果

六、实验材料的选择

猪肝匀浆中过氧化氢酶的活性过于强大,往往产生过多的气泡溢出试管,影响观察,而且常需要较长时间的高温处理才会失活,增加了实验准备阶段的工作量。实验中的猪肝用量非常少,随着健康意识的增强,许多菜场也取消了猪肝的销售,增加了购买的难度。另外,还有一些少数民族师生,碍于民族禁忌,不能接触和家猪有关的实验材料。那么,有没有一种可以替代猪肝,并且能被普遍接受的常见生物材料呢? 在前期准备阶段,我对几十种生物材料中酶的活性进行了测定,发现除了动物内脏,食用真菌组的酶活性都较强,其中金针菇的催化效率最高,气泡量适中,实验效果很好,而且在高温、强酸以及强碱条件下能较为迅速地失活,购买和匀浆制备相当简便,是非常合适的实验材料。

此外,还需考虑合理控制气泡量,过多会溢出试管甚至流入样品瓶内,不便于器材的清洗;过少则需等待很长时间才能观察到数据变化,耗费教学时间。建议使用 10 mL 3％的 H_2O_2 溶液、3 mL 10％的青菜叶片及金针菇匀浆、1 mL 1％的猪肝匀浆较为合理。

利用传感器进行高中生命科学实验教学是一个全新的尝试,是对传统实验教学法的突破和创新。课本上的一些知识点只是从理论上讲解,一些实验往往是教师演示,不易激发学生的兴趣,而利用生物传感器设备,不仅可进行定性实验,还可以进一步定量比较、研究。通过学生间的合作,提高他们对生命科学的求知欲。在实验过程中,可以由学生自主完成,通过图像学会分析数据、处理数据。并且可以让他们利用不同的传感器,结合理论知识,设计实验。这样的实验教学,拓展了学生的学习空间和途径,培养了学生的科学思维习惯,提升了学生的学科核心素养。

参考文献
[1] 韦珺,韦艳艳. 如何使用 PASPORT 传感器探究课外生物学实验[J]. 新课程研究,2011(11):172-174.
[2] 唐晓春. DIS 在高中生物学实验中的应用初探[J]. 生物学通报,2008(8):42-44.
[3] 刘骏. 色度传感器法测定蛋白质含量的探究性实验[J]. 生物学教学,2008,33(8):58-59.

实施高中生命科学课程分层作业
打造绿色生态高效课堂

上海市鲁迅中学　柯晓莉

【摘　要】　作业分层是结合教学实际而形成的一种辅助教学手段，是课堂教学的延伸。合理的分层作业对学生巩固概念、掌握方法、体会思想、发展思维有着不可忽视的作用，是体现学科育人价值，提升教学效果的有效途径。

【关键词】　高中生命科学　分层作业

绿色——植物的色彩，是大自然的骄傲，象征着自然和谐和蓬勃发展，它是自然界中富有生命力的主体生命的外现。而在课堂上，绿色则衍化为一种教育理念，一种艺术化的教育，一种将"人的智慧、才干和人对人的爱"统一的教育境界。如何营造这种以生为本、以发展为本，动态的、和谐的、可持续发展的教学生态环境？课程分层作业的实施是建设绿色生态高效课堂不可或缺的重要方法和手段。

课程分层作业的设计及实施来源于传统一刀切式教学模式的弊端。原苏联著名心理学家科鲁捷茨基对青少年学生的研究实验表明：由于学生先天的遗传素质及环境教育条件不同，因而学生学习活动表现出明显的差异性，即不同的学生在完成同一教学活动所具有的能力的差异，与同一学生在不同教学活动中所表现的能力的差异。而目前实行的班级授课制，往往不能很好地因人施教、因材施教，忽视各类学生的个性差异和需求差异。在生命科学课堂中，用统一的作业模式及统一的标准进行测量评价，造成学生已显露出来的某些优势素质得不到重视，学生存在的发展上的缺陷得不到补偿，进而阻碍学生个性的发展，造成生命科学教学过程中时间、空间、资源的浪费。

美国心理学家布鲁姆指出："许多学生在学习中不能取得优异成绩，主要问题不是学生智慧能力有所欠缺,而是由于得不到适当的教学条件和合理的帮助造成的。如果提供适当的学习条件,则大多数学生在学习能力、学习速度、进一步提高学习动机等多方面就会变得十分相似。"因此,在作业的设计及实施过程中,教师应根据学情,创设适合不同学生的作业情境,针对不同学生表现出的学习障碍采取不同的矫正策略,真正落实并体现"以学生为主体"的教育新理念。如何在课堂实践中真正落实并推进分层作业的教学策略呢? 笔者认为可以从以下几个方面着手。

一、学生正确分层是前提

以学生学习生命科学课程的差异和学习可能性水平为依据,即学业成绩和潜在的学习能力为主,参考学习态度、学习方法、先天因素、兴趣爱好、家庭条件等非智力因素,同时结合课堂教学、课余观察、家访查档及与班主任及其他学科教师的交流进行分层。在学生分层中需充分体现自主性原则,教师应注意正确地引导,尤其对学困生更应多加关注,充满爱心、信心和耐心,让学生明白分组是动态的,可以根据其变化逐层递进,从而激励学生不断进取。

高中阶段的学生正处于不断变化、成长、心理及情绪相对敏感的青春期,因此教师不应盲目草率地进行分层,通常应经过一个学期左右的接触,在对学生全方位考查的基础上,初步形成分层框架,目前高二及高三年级主要是从第二学期开始推行分层作业(注: 本文中的高二年级是指完成基础型课程教学内容的年级,高三年级是指完成拓展型课程教学内容的年级)。但在具体的操作过程中,应避免"贴标签",导致师生对立的负面影响,不妨采用学生喜闻乐见、诙谐幽默的方式,在教师心目中大致将学生分为上、中、下三层,但在作业内容的表述上可以采用"入门级""学霸级""大神级"等网络热词,让学生真正体验到分层作业的设计及实施是为了提高全体学生的全面素质。结合多次学业成绩分析后,学生也会自己定层,最终体现主体性原则。随着教学内容变化,学生学业水平的提高和智能的变化,情感态度、意志品质发展而变化,学生的分层也是流动的,例如同一个学生擅长进行生物遗传的计算,在这个教学篇章中他可以选择完成"大神级"的题目,而实验设计类的题目他暂时还没有掌握得很透彻,则可以选择"入门级"的题目,总之据情而变,动态平衡。

二、不同年级课程分层作业应有差异

（一）高二年级

第一学期：作为高中阶段生命科学课程学习的起始阶段，教师对于学生的学情知之甚少，暂不实行分层制度，全年级集中使用教材配套的练习册等作为课堂练习或回家作业的资料。

第二学期：经过一个学期的接触和了解之后，教师对于所教班级的每一位学生有了较为全面的了解，此时开始推行作业分层制度可谓水到渠成、顺理成章。特别是对于等级考试选修班的同学，适当提升作业的难度和广度，拓展加深相关知识点，构建系统的知识框架体系，进行思维能力的训练是十分必要的。可根据循序渐进的原则，由浅入深、先易后难，择优挑选近几年的模拟考试试题及高考真题，作为试题来源。

（二）高三年级

第一轮复习阶段，除了要对高二的三本教材进行全面的梳理与拓展之外，还需要完成高三拓展整本教材的新课学习，暂不实行分层作业。待四本教材的学习基本完成，班级内学生的学习差异逐渐体现时，可尝试从布置寒假作业开始实行分层制度。

（1）对于成绩较好的同学，结合每学年举行的上海市生物竞赛，编制竞赛辅导作业；此外，在二轮及三轮冲刺复习过程中，将全国高考或竞赛真题中与上海高考有关联的真题，分类汇总编制成实战练习卷，供有兴趣的同学自主完成，利用课余或午休时间进行个性化辅导。

（2）对全班同学，关注中层，抓住两头，结合每年的考试要求，继续做好每次测验的个人质量分析表的统计工作，使学生明确自己的主要失分点与薄弱环节，在复习时有所侧重。教师编制专题训练卷、变式训练卷，讲练结合，协助学生进行知识点的梳理与整合，打通课内和课外，以一讲、二练、三仿的形式，克服学习瓶颈，突破学习重点和难点。

三、课程分层作业的类型

（一）根据难易程度的区别，可分为基本练习题、巩固理解题及综合拓展题

作业是生命科学课堂教学的铺垫和延伸，对学生所学的知识起到启发、巩固、发展、深化作用。作业的设置要遵循认识规律，由浅入深循序渐进。针对不同层次的学生，作业也相应地分三个层次，即"入门级"——基本练习题（含补缺补漏题）、"学霸级"——巩固理解题、"大神级"——综合拓展题。

（1）基本练习题（含补缺补漏题）：参考教材配套的练习册以及教材知识点编制而成，主要是一些需要学生识记和背诵的基本内容，一般通过翻阅教材即可完成，题量大体占到每次作业量的 20％左右，要求所有学生都能够完成。

（2）巩固理解题：参考学业考试合格性考试的要求、近几年考试真题和相关教辅材料编制而成，需要学生在掌握基本知识点的基础上，通过进一步的分析、判断、推理、计算，完成答题，属于中等难度的题型，题量大体占到每次作业量的 60％左右，要求大多数学生能够完成。

（3）综合拓展题：参考近几年上海高考真题、区一模、二模、月考卷等编制而成，主要考查学生获取、处理和表达信息的能力；理解能力；推理判断能力；分析综合能力；实验能力；科学探究能力和解决实际问题的能力，属于科学素养和思维能力层面的题型，题量大体占到每次作业量的 20％左右，提供学生从实际学习水平出发，选择性完成。

（二）根据完成空间的差异，可分为课堂练习作业和课后反馈作业

（三）根据作业形式的不同，可分为传统的书面作业、实验探究类、生活体验类作业等

（1）传统的书面作业的设计可参考"课堂练习作业和课后反馈作业"部分的内容，这里不再赘述。

（2）实验探究类作业：生命科学是一门建立在实验探究基础上的自然科学学科，实验探究活动是高中生命科学课堂教学的有效补充和延伸，通过实验探究类作业的设计与实施,为学生提供了亲身实践的渠道,容易提高学生的学习兴趣,激发学生的参与性,让学生自发参与其中,主动进行自主学习。教师可尝试充分结合教材知识,设计相关的作业。如,学习了"物种多样性及其测量"后,让学生用同样方法调查学校里常见的双子叶植物种群分布的均匀度与丰富度,进而了解样方调查的一般程序与方法。再如,学习了"食物中的主要营养成分的鉴定"实验后,可布置学生完成这样的作业:淀粉、脂肪、蛋白质与水在一定条件下,通过加入不同的试剂,会出现一些有趣的显色反应。指导学生选择厨房中常见的物品,如面粉、鸡蛋、猪油等,分别加入冷水和热水搅拌,进一步加入不同的试剂后,观察这些物质在不同的水温下显色反应会发生什么变化? 记录实验现象,课堂上交流研讨。

(3)生活体验类作业:教育是源于生活,服务生活的。教学的最终目的,就是希望学生能够学到知识,掌握技能,并学以致用。在设计分层作业时,更是要充分联系生活实际。生命科学本身就是一门实用性很强的学科,其中的很多内容都与学生的生活息息相关,教师可根据教材内容,设计一些与日常生活紧密联系的作业内容。学生通过"做作业",感受到生命科学并不是什么"阳春白雪"、脱离实际、冷冰冰的枯燥知识,而是渗透在同学们身边的、活生生的、非常接地气的知识,从而体验到学习的重要性,从生活中收获知识、巩固知识,激发学习的兴趣。例如,学习了"生物催化剂——酶"后,教师可以设计这样的课后作业,让学生设计自主加酶洗衣粉的广告,但是要求既体现该洗衣粉的优点和好处,又要做到广告用语的科学性和语言的优美性。这样的作业紧密联系生活,学生可以充分发挥想象。再如,学习"植物细胞的吸水和失水"之前,可布置学生回家腌制萝卜的动手作业,通过观察相关实验现象,引发思考,为进一步的学习做好铺垫、奠定基础。此外,教师还可以鼓励学生自己设计作业,要求根据实际生活来设计生物作业,比如说,学生可以提出"植物的根为什么会出现向下生长的现象?""为什么伤口较深时要打破伤风疫苗?"等问题,这些问题都是与生活息息相关的。

(四)根据课程性质差异,可分为基础型课程作业和拓展型课程作业

高一年级开设的生命科学拓展实验课,实验内容大多以调动学生的学习兴趣、培养动手实验能力为目的,比如蛋画制作、酒酿和酸奶的制作、植物干花作品的制作、叶脉书签的制作等,因此作业类型以学生作品为主。高二年级第一学期开设的生命科学拓展实验课,实验内容大多为教材实验的拓展和深化,如牛奶中营养成分的鉴定、黑藻叶肉细胞中叶绿体的观察等,作业类型以学生的自主实验设计报告为主,培养学生的实验操作能力,指导学生利用书本知识解决实际问题,提升学科素养。

四、课程分层作业的辅导

辅导这种教学内容非常适合于分层作业的实践。高中的辅导可以分为课前辅导、课堂辅导和课后辅导。通过不同种类的辅导,教师可以实现做好教学铺垫、解答学生疑问、查漏补缺等多种效果。同时,教师在辅导过程中还可以了解不同学生的非智力因素,这些因素对于成绩相对较差的学生尤其重要。辅导本身就具备非常充分的灵活性,例如辅导对象、辅导次数、辅导内容等。因此教师可以灵活地根据不同学生的情况决定应该对哪些学生辅导哪些内容,以及辅导几次,每次多长时间。

分层式辅导一定要体现分层作业的特点,苏联心理学家维果茨基将学生靠自己的独立活动不能解决,但经过启发帮助可以达到的发展水平,称为“最近发展区”,并指出“教学的本质特征在于创造最近发展区”。因此教师在施教过程中,对不同层次的学生应该采用不同的教学方法。但都必须坚持启发式,触及不同层次学生的“最近发展区”,努力创设“心愤口悱”的情境,要引导全体学生参与生物知识发生过程的教学。对学习困难的学生,要具体引导、分段启发、逐步完成、回授小结;对中等学生要提示方法,延迟判断;对于成绩突出、自学能力强的学生,要点拨思路,鼓励其独立完成,可以考虑不进行辅导,给予这些不同学生更多的自学空间。

另外,辅导是一种学生和教师之间的宝贵的交流途径。教师可以借助辅导,加深对学生个体的了解,熟悉他们的性格特点,在学习中的优势和缺点等。因此,在辅导过程中,教师们应该尽可能地与学生进行互动,不要将辅导变成课堂教学的重复。应该鼓励学生提出问题,表达自己的想法。辅导的重点应该放在了解学生、提高学生学习兴趣和自信心、传授好的学习方法等方面。

五、课程分层作业的进一步思考

(1) 要综合考虑题目难度、题目数量、完成时间等内容,高中生需要在高中阶段掌握大量的生命科学基础知识，不同的知识有不同的难点，有的难以记忆、有的难以理解、有的难以计算。因此，在分层作业中，有必要对作业的数量、难度和完成时间进行划分。注重分层作业的可操作性，既减轻学生的负担，又提高教学效率，严格控制每次作业的题量，高二确保大多数同学可以在20分钟左右完成；高三确保大多数同学可以在30分钟左右完成。例如，对于成绩相对较差的学生，作业的重点应该是帮助他们对基础知识进行记忆和理解，而这些方面的学习应该通过反复巩固、熟能生巧来实现。因此，可以根据学生的具体情况，适当地加大作业量。而对于成绩较好的学生，作业的重点应该在于突破瓶颈。对于这类学生，作业不应该追求数量，而应该追求质量。帮助这些学生解决一两道难题比让他们大量重复已经掌握的知识更有意义。

（2）分层式作业也应该增强作业的典型性，注重提高学生的学习兴趣，教师可以通过对题目难度等要素的调整，激发学生的学习欲望，同时注意避免打击学生的学习积极性和自信心。因此，在控制题量的同时，应严格把握选题的质量，不出怪题、难题、偏题，真正体现教学重点和难点。精选作业，题目选择恰当时可以以一当十，起到事半功倍的效果，还能让学生对作业印象深刻。

（3）教师应该及时解决学生在作业中遇到的问题。对于作业中出现的较为普遍的问题，教师可以在课堂上统一讲解，提高教学效率。对于作业中出现的其他类型的问题，教师就可以充分发挥分层作业的优势，结合分层辅导等方法，进行分别讲解。另外，可以将学生分为不同的组，相同组中的学生在作业中往往会遇到类似的问题，教师要做到"道而弗牵，强而弗抑，开而弗达"，有计划地让各层次的学生进行学法指导和交流，并引导各层次学生之间互相帮助，鼓励上层学生为下层学生辅导，使学生真正成为学习的主人，进而提高学生的团队协作能力，同时也可以减少分层辅导过程中给教师带来的负担。

（4）尝试将分层测验作为分层作业的跟进式评价手段。分层测验与其他测验的主要区别，就在于可以充分地暴露学生在学习中存在的问题；另外，可以很好地起到鼓励学生的作用。分层测试的优势是相对于非分层式测验而言的。非分层式测验采用的是所有学生完成同一份试卷的形式，这种形式的有两种缺点：一方面，处于学生成绩两端的学生对同一份试卷往往会有不同的感受，尤其是对于成绩最好的学生,他们可能会觉得试卷太容易,无法通过测验找出自己学习中的不足,这样测试就失去了其最基本的目的;另一方面,一刀切式的测验会对成绩较好和较差的学生产生负面的心理影响,成绩较好的学生可能会产生骄傲自满和懈怠的心理,而成绩较差的学生的学习积极性可能会受到打击,甚至会影响到他们的自尊心和心理健康。分层式测验可以很好地解决这些问题。教师可以将班级里的学生划分为不同的层次,制定若干种类的试卷。不同种类的试卷并不一定是迥然不同的,大部分的测验题目仍然应该以考查学生对基础知识、重点内容的掌握程度为主。分层可以通过在不同种类的试卷中增加相应的"选做题"和基础题来实现。正如前面的分析所述,分层测验的好处就在于能够帮助成绩突出的学生发现学习中的不足,进一步提高他们的学习成绩;另外不论对于成绩较好的学生,还是成绩较差的学生,都可以起到激励的作用。

总之,要实现因材施教,使班级里各个层级的学生都能以最大限度地提高学习成绩为最终目的。分层作业还需要更进一步地探讨和实践,相信只要用真心、真情去打造,我们的课堂就会变得更加生机盎然,课堂的生命活力就会不断被激发出来,让学生在和谐的生态王国中生机盎然地生活,提升人的地位,提升生命质量,这是课堂教学的理想境界,也是所有一线教师不懈追求的目标!

参考文献

[1] 夏小勤. 浅谈高中生物作业的优化设计[J]. 中学生物学,2010,26(6):18-19.

[2] 尹静. 谈高中生命科学教学中作业的改进[J]. 生物学教学,2012,37(9):19-20.

[3] 王君,吴明江,林国栋. 高中生物学作业本内容与教学目标相符性初探[J]. 生物学教学,2016,41(4):38-39.

心理品质与学生生命科学学习能力的关系

复旦大学附属中学　赵　玥

【摘　要】　本文采用问卷法的形式,以大五人格量表对本市高中生开展了研究,探讨心理品质和学生生命科学学习能力之间的关系。结果发现,高中生的人格特征与学生学习能力存在一定的相关性:与开放性和责任感这两个维度之间存在显著的正相关;与外倾性存在负相关;与神经质、宜人性两个维度之间不存在显著的相关性。此外,本文还对教师如何根据学生的人格特征开展因材施教的课堂教学提出了一些建议。

【关键词】　高中生　生命科学　人格特征

一、问题的提出

(一) 研究背景

随着 2016 年上海市高考改革方案"3＋3"模式的推进,越来越多的学生开始重视生命科学的学习,并更加关心自己的学习能力和效果。过去人们较多地认为智力因素对学生学习成效的影响有着决定性的作用,然而许多教育实践和心理学研究表明,非智力因素对于学生的学业成绩同样有着密不可分的影响。

埃里克森认为,人格的发展贯穿个体的终身,整个发展过程可以分为八个阶段。青年期的高中生处于第五阶段,发展危机表现为自我统合对角色混乱。帮助学生顺利地解决危机或冲突,将对他们学习能力的提高和健全人格的形成起到一定的积极作用。人格,又称个性,源自拉丁语词汇"persona"。不同的心理学家对人格的发展有不同的看法,其中较有代表性的埃里克森与他的人格发展理论认为,儿童人格的发展是一个逐渐形成的过程,必须经历几个顺序不变的阶段。每一个阶段都有一个由生命科学的成熟与社会文化环境、社会期望之间的冲突与矛盾所决定的发展危机。成功而合理地解决每个阶段的危机或冲突,将导致个体形成积极的人格特征,有助于发展健全的人格;危机没有得到解决或解决不合理,则个体就会形成消极的人格特征,导致人格向不健全的方向发展。

近年来,越来越多的研究表明,人格特征也能预测学业的成败。其中人格差异对学生学习效果的影响不容小觑。"人格"是促进个体行为一致性的持久的、内在的特征系统。许多心理学家认为,人格是在社会变化的过程中逐渐形成的,人格的发展与知识获得、智力和技能的开发以及成就动机有着密切的关系。

我国也有许多研究表明,学生的学习能力与人格因素之间是存在一定相关性的。宋专茂等人于 2002 年的研究认为,包括人格特征在内的非智力因素水平的高低是造成学习能力优劣的最主要的原因。林崇德的研究表明,学业成绩与学习目的性、计划性、意志力和兴趣等非智力因素显著相关。

目前有较多的证据支持责任感、开放性、神经质、外倾性等因素与学业成绩的相关性。具体而言,责任感与学业表现的相关性最强、最稳定;经验开放性也与学业成就正相关。关于神经质与外倾性与成绩的关系,一些研究得出了不同的结果,或没有发现相关性。此外,尚没有明确的理论观点认为宜人性是学业成功的一个显著因素。

教师通过认真研究每个学生的个性差异,了解学生的心理特征,是学校开展因材施教的基础。教师根据学生个体的人格差异,探索适合不同学生的教学模式,有利于挖掘学生潜能和个人优势。本文从心理学的角度对人格与学习能力之间的关系进行研究,为学校实现因材施教的教学方式提供了一定指导作用。目前我国有许多相关的研究,但是对语文、数学和英语学科的研究较多,而对于注重科学思维和实验技能的生命科学学科的相关性研究比较少,笔者尝试对高中生的生命科学成绩与学生人格特征之间的关联做研究,并提出相关性的有效教学策略。

(二) 研究方法

本文通过文献研究法研究学生学习能力与人格因素的相关性;通过文献研究和调查法相结合的方法对本市某市实验性示范性高中二年级学生的学习能力与人格的关系开展研究和分析;通过将实验法、调查法、个案研究法和比较法相结合的方法对开展有效课堂教学与培养学生健全人格、提高学习能力进行研究。

(三) 研究意义

本研究将通过调查高中生的不同人格类型,分析不同人格导致学生之间学习效果差异的原因,在改善学生学习习惯、提高学习效果、培养学习能力等方面有着积极的作用;指导学生通过清晰的自我认识和教师的正确教育,完善人格特征。此外,本研究也有利于教师逐渐形成因材施教的课堂教学策略,最大效能地发挥教学育人的本质作用。

1. 有助于学生学习能力的提高

通过大量的文献资料和本人的实践研究,分析人格因素对学生学习能力产生影响的原因,引导学生意识到完善人格特征与提高学习能力之间有着必然的联系,帮助学生培养良好的学习习惯,提高学习主动性和积极性,从而有助于学生学习能力的提高。

2. 有助于学生健全人格的形成

高中生正处于埃里克森心理社会发展的第五阶段,发展的危机是自我统合对角色混乱。该阶段的发展任务是培养自我同一性。自我同一性的形成要求严谨地选择和决策。发展顺利者的心理特征是:有明确的自我观念与自我寻求的方向。发展障碍者的心理特征是:生活无目的、无方向,时而感到彷徨迷失。帮助学生解决这一阶段的危机或冲突,有利于学生发展健全的人格,这对学生人生发展和未来的生活都有着积极的影响。

3. 有助于教师开展因材施教的课堂教学,提高教学效能

教师通过了解学生的人格特征,营造良好和谐的课堂氛围,培养学生的勤奋感,给予学生培养独立性和责任感的机会,鼓励丧失信心的学生重拾信心,将不同人格特征的学生的特长发挥在合适的地方,挖掘他们的潜能,提高学生在课堂中的积极性和学习动机,从而促进课堂教学效能的提高。

二、中学生人格类型与学习能力相关性的研究

(一) 研究目的

本文将对大五人格量表所划分的不同人格类型的本市某市实验性示范性高中

的学生的语文、数学、英语三门学科的总分以及生命科学学科学习能力的差异进行比较和分析，考察出该校学生的人格因素对学习能力尤其是生命科学学科学习的影响情况，并展开分析和讨论。

（二）研究方法

本文采用问卷法进行研究，问卷法是研究人格心理学最常用的方法。本文使用大五人格量表对本市某市实验性示范性高中的学生进行实证调查。共发放问卷234份，回收有效问卷229份，有效率为97.9%。

主要分析被测的229名学生在高二一学年中，第一学期期中考试、第一学期期末考试、第二学期期中考试及第二学期期末考试的语文、数学、英语和生命科学学科的四门总分。

将数据资料输入计算机，利用SPSS 19.0[①]统计软件进行统计分析，将量表得分与学生的学习能力（高二一学年四次大考四门学科的总分）进行比较。

1. 研究对象的基本情况

被测的共229名学生，其中3个文理学院班，共80人；5个普通班，共149人，被测学生的基本情况见表1。

表1　高二年级被测学生的基本情况

		文理学院班	普通班	合计
男	人数/个	21	93	114
	百分比/%	9.2	40.6	49.8
女	人数/个	59	56	115
	百分比/%	25.8	24.5	50.3
总计	人数/个	80	149	229
	百分比/%	34.9	65.1	100

2. 大五人格量表

卡斯塔和麦克雷于20世纪80年代初开始编制表格用于测量三大个性维度，

---

① SPSS(Statistical Product and Service Solutions)是统计产品与服务解决方案的软件，为本文中相关性因素的统计与分析提供了手段。

即：神经质、外倾性和开放型的 NEO 人格量表(1985 年发表)。1992 年，发表了修订后的 NEO 人格量表，该量表加入了宜人性和责任感，从而包括了五个维度，每一维度下包括六个方面的具体内容。该量表共有 240 个题项，其中有 106 个题项是反向记分，每个特质量表均有 8 个题项，采用五级评分。但对许多研究来说，240 个题项略显复杂，于是卡斯塔和麦克雷在对 1985 年出版的 NEO 大五人格量表进行因素分析的基础上得出一套 60 个题项的 NEO-FFI 简版。NEO-FFI 简版的五个分量表各包括 12 个题项，每个分量表包括了因素分析中负荷最高的项目。一般来说，NEO 问卷是传统问卷中效度最好的大五测量工具，是西方国家使用最为广泛的个性评定量表之一，目前已经有德国、葡萄牙、中国、韩国、日本、以色列等国的翻译本。用大五人格来描述个体差异已被广泛接受，它是"目前人格特质理论的最佳模式"。

大五人格在"16PF"等人格特质理论的基础上总结出了组成人格的五大维度，即外倾性对内倾性(E)、宜人性对敌对性(A)、责任感对散漫性(C)、神经质对情绪稳定性(N)、经验开放性对封闭性(O)。表 2 是界定每一因素的六个层面、一个与自我评定有高相关的形容词(来自形容词测查表)以及高分者和低分者的特征。

表 2　NEO PI-R 层面

	大五维度	层面(相关的特质形容词)	高分者的特征	低分者的特征
E	外倾性对内倾性	乐群(善于交际的) 自信(坚强的) 活跃(精力旺盛的) 寻求兴奋(爱冒险的) 正向情绪(热心的) 热情(开朗的)	好社交、活跃 健谈、乐群 好玩乐、重感情	谨慎、冷静 无精打采、冷淡 乐于做事、退让 少话
A	宜人性对敌对性	信任(宽大的) 坦率(不请求的) 利他(温暖的) 顺从(不顽固的) 谦逊(不炫耀的) 温柔(有同情心的)	心肠软、脾气好 信任人、宽宏大量 易轻信、直率	愤世嫉俗、粗鲁、多疑 不合作、报复心重 残忍、易怒、好操纵别人
C	责任感对散漫性	能力(有效率的) 条理性(有组织的) 责任心(不粗心的) 上进心(精益求精的) 自律(不懒惰的) 沉着(不冲动的)	有条理、可靠、勤奋、 自律、准时、细心、 整洁、有抱负、有毅力	无目标、不可靠、懒惰、 粗心、松懈、不检点、 意志弱、享乐

（续表）

	大五维度	层面(相关的特质形容词)	高分者的特征	低分者的特征
N	神经质对情绪稳定性	焦虑(紧张的) 愤怒敌意(易激怒的) 抑郁(不满足的) 自我意识(害羞的) 冲动(情绪化的) 脆弱(不自信的)	烦恼、紧张、情绪化 不安全、不准确、忧郁	平静、放松、不情绪化 果敢安全、自我陶醉
O	经验开放性对封闭性	观点(好奇的) 幻想(想象力丰富的) 审美(艺术的) 行动(兴趣广泛的) 情感(易兴奋的) 价值(非传统的)	好奇、兴趣广泛、有创造力、有创新性、富于想象 非传统的	习俗化、讲实际、兴趣少 无艺术性、少分析性

（三）研究结果与分析

1. 大五人格与语文、数学、英语和生命科学四门学科的相关性研究

本研究对高二年级 229 名学生在整个学年里，每一名学生四次大考中语文、数学和英语学科总分取了平均分，并与学生做的大五人格问卷调查的总分进行了统计分析，结果见表 3。

表 3　大五人格总分与学生学习能力均分的相关性分析

		总平均分	大五人格总分
高二一学年四次考试中语文、数学、英语和生命科学学科的总分	Pearson 相关性 显著性(双侧) 平方与叉积的和 协方差 N	1 0.000 47 912.980 1 088.931 229	0.683[①] 0.000 16 236.684 369.016 229
大五人格总分	Pearson 相关性 显著性(双侧) 平方与叉积的和 协方差 N	0.683[①] 0.000 16 236.684 369.016 229	1 0.000 11 789.200 267.936 229

① 在 0.01 水平(双侧)上显著相关。

由表 3 得知，学生在高二整个学年内语文、数学、英语和生命科学四门学科的

总分与大五人格达到了显著的相关性。这个结果与诸多关于人格因素与学生学习能力存在影响的结论相同。说明被测学生的人格因素与学习能力之间存在关联。

2. 大五人格对生命科学学科的相关性研究

在对高二年级被测学生的人格因素与语文、数学、英语和生命科学四门学科有关联的基础上,本文对生命科学单科的学习能力(高二一学年中四次大考的均分)与学生大五人格的五个维度,即神经质(N)、外倾性(E)、开放性(O)、宜人性(A)和责任感(C)进行了相关性统计和分析,见表4。

表4 生命科学单科成绩与大五人格五个维度的相关性分析

		生命科学平均分	N 神经质	E 外倾性	O 开放性	A 宜人性	C 尽责性
生命科学平均分	Pearson 相关性	1	−0.156	−0.828①	0.788①	0.220	0.662①
	显著性(双侧)		0.305	0.000	0.000	0.147	0.000
	平方与叉积的和	4 676.895	−574.674	−2 220.054	2 505.197	631.619	2 354.859
	协方差	106.293	−13.061	−50.456	56.936	14.355	53.520
	N	229	229	229	229	229	229

① 在 0.01 水平(双侧)上显著相关。

由表4可知,学生生命科学单科的成绩与大五人格存在相关性,具体来说:与开放性和责任感这两个维度之间存在显著的正相关;与外倾性存在负相关;与神经质、宜人性两个维度之间没有存在显著的相关性。

3. 开放性对生命科学学科的相关性研究

为了进一步研究开放性对生命科学成绩的影响,本文通过方差分析对开放性获得的分数分为高分、中等分与低分三组,并与生命科学成绩之间的相关性开展了研究,见表5。

表5 开放性人格与生命科学成绩相关性的方差分析

因变量:生命科学平均分

	(I)开放性分组	(J)开放性分组	均值差(I−J)	标准误	显著性	95%置信区间 下限	95%置信区间 上限
最小显著差异法(LSD)	高分	中等分	12.650①	4.282	0.016	2.963	22.337
		低分	24.980①	4.282	0.000	15.293	34.667

（续表）

	(I)开放性分组	(J)开放性分组	均值差(I-J)	标准误	显著性	95%置信区间	
						下限	上限
Bonferr-oni校正	中等分	高分 低分	− 12.650① 12.330①	4.282 4.282	0.016 0.018	− 22.337 2.643	− 2.963 22.017
	低分	高分 中等分	− 24.980① − 12.330①	4.282 4.282	0.000 0.018	− 34.667 − 22.017	− 15.293 − 2.643
	高分	中等分 低分	12.650① 24.980①	4.282 4.282	0.048 0.001	0.089 12.419	25.212 37.542
	中等分	高分 低分	− 12.650① 12.330	4.282 4.282	0.048 0.055	− 25.212 − 0.232	− 0.089 24.892
	低分	高分 中等分	− 24.980① − 12.330	4.282 4.282	0.001 0.055	− 37.542 − 24.892	− 12.419 0.232

① 在0.05水平(双侧)上显著相关。

为了更清晰地显示出开放性对生命科学成绩的影响,采用均值图的形式可以获得更直观的分析,见图1。

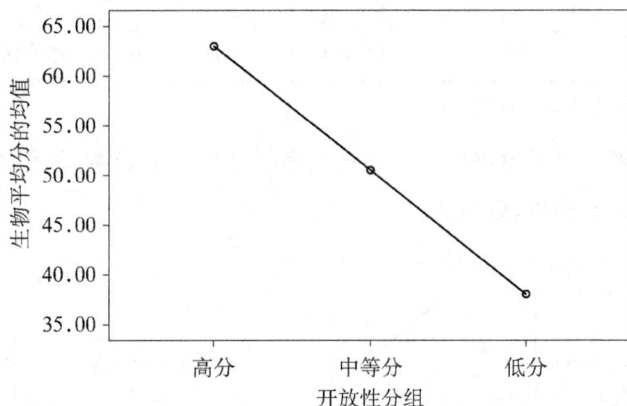

图1 开放性人格对生命科学成绩的影响

由以上图表可知,问卷调查中开放性人格获得高分的学生生命科学成绩较好;开放性人格获得低分的学生生命科学成绩也相对较差,可以说明开放性人格与生命科学成绩的高低存在正相关性。

4. 责任感对生命科学学科的相关性研究

通过方差分析,对责任感获得的分数分为高分、中等分与低分三组,并与生命科学成绩之间的相关性开展了研究,见表6。

表6 责任感人格与生命科学成绩相关性的方差分析

因变量:生命科学平均分

	(I)尽责性分组	(J)尽责性分组	均值差(I-J)	标准误	显著性	95%置信区间	
						下限	上限
最小显著差异法(LSD)	高分	中等分 低分	15.570[①] 27.658[①]	4.567 4.567	0.008 0.000	5.239 17.327	25.901 37.988
	中等分	高分 低分	-15.570[①] 12.088[①]	4.567 4.567	0.008 0.027	-25.901 1.757	-5.239 22.418
	低分	高分 中等分	-27.658[①] -12.088[①]	4.567 4.567	0.000 0.027	-37.988 -22.418	-17.327 -1.757
Bonferroni校正	高分	中等分 低分	15.570[①] 27.658[①]	4.567 4.567	0.023 0.001	2.174 14.262	28.966 41.053
	中等分	高分 低分	-15.570[①] 12.088	4.567 4.567	0.023 0.080	-28.966 -1.308	-2.174 25.483
	低分	高分 中等分	-27.658[①] -12.088	4.567 4.567	0.001 0.080	-41.053 -25.483	-14.262 1.308

① 在0.05水平(双侧)上显著相关。

为了更清晰地显示出责任感人格对生命科学成绩的影响,采用均值图的形式可以获得更直观的分析,见图2。

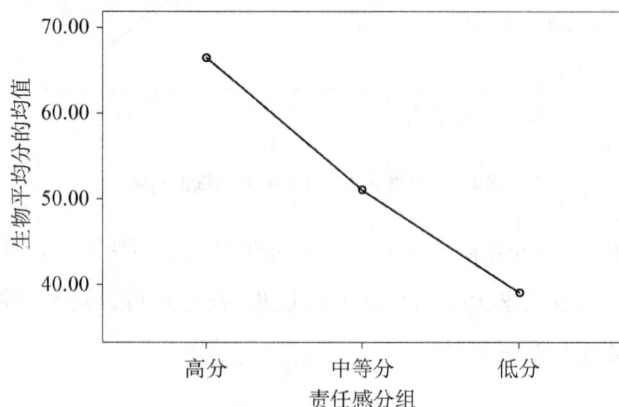

图2 责任感人格对生命科学成绩的影响

通过以上图表的分析可知：责任感分数较高的学生，生命科学的成绩更好；而相比之下，责任感分数较低的学生，生命科学的学习能力普遍较差。说明责任感与生命科学成绩的确存在正相关性。

5. 外倾性对生命科学学科的相关性研究

再通过方差分析，对外倾性获得的分数分为高分、中等分与低分三组，并与生命科学成绩之间的相关性开展了研究，见表 7。

表 7　外倾性人格与生命科学成绩相关性的方差分析

因变量：生命科学平均分

	(I)外倾性分组	(J)外倾性分组	均值差(I-J)	标准误	显著性	95%置信区间	
						下限	上限
最小显著差异法(LSD)	高分	中等分 低分	-17.248① -25.443①	3.612 3.612	0.001 0.000	-25.419 -33.614	-9.076 -17.271
	中等分	高分 低分	17.248① -8.195①	3.612 3.612	0.001 0.049	9.076 -16.367	25.419 -0.023
	低分	高分 中等分	25.443① 8.195①	3.612 3.612	0.000 0.049	17.271 0.023	33.614 16.367
Bonferr-oni 校正	高分	中等分 低分	-17.248① -25.443①	3.612 3.612	0.003 0.000	-27.844 -36.039	-6.651 -14.846
	中等分	高分 低分	17.248① -8.195	3.612 3.612	0.003 0.148	6.651 -18.791	27.844 2.401
	低分	高分 中等分	25.443① 8.195	3.612 3.612	0.000 0.148	14.846 -2.401	36.039 18.791

① 在 0.05 水平(双侧)上显著相关。

为了更清晰地显示出外倾性人格对生命科学成绩的影响，采用均值图的形式可以获得更直观的分析，见图 3。

通过图表显示，外倾性人格对生命科学成绩的影响呈现负相关性，即外倾性分数越高的学生，生命科学成绩越不理想。

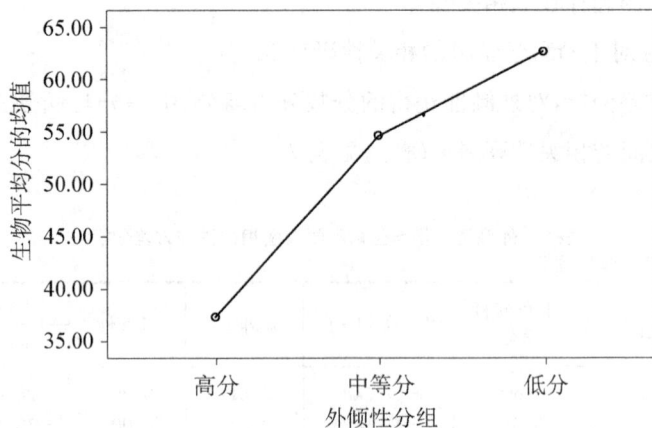

图3 外倾性人格对生命科学成绩的影响

6. 不同性别的人格因素对生命科学学科的相关性研究

本文对被测对象根据性别进行分类,分别统计男生和女生大五人格的测试结果,并与男女生生命科学成绩的相关性开展研究,见表8与表9。

表8 男生人格因素与生命科学成绩的相关性

		生命科学平均分	N 神经质	E 外倾性	O 开放性	A 宜人性	C 尽责性
生命科学平均分	Pearson 相关性	1	0.193	−0.878①	0.757①	−0.027	0.627①
	显著性(双侧)		0.377	0.000	0.000	0.901	0.001
	平方与叉积的和	2 328.639	338.464	−1 141.377	1 182.689	−40.260	1 195.638
	协方差	105.847	15.385	−51.881	53.759	−1.830	54.347
	N	114	114	114	114	114	114

① 在 0.01 水平(双侧)上显著相关。

由表8可知,男生的大五人格因素中,开放性和责任感人格与生命科学成绩存在显著的正相关性。

表 9　女生人格因素与生命科学成绩的相关性

		生命科学平均分	N 神经质	E 外倾性	O 开放性	A 宜人性	C 尽责性
生命科学平均分	Pearson 相关性	1	-0.156	-0.828①	0.788①	0.220	0.662①
	显著性(双侧)		0.305	0.000	0.000	0.147	0.000
	平方与叉积的和	4 676.895	-574.674	-2 220.054	2 505.197	631.619	2 354.859
	协方差	106.293	-13.061	-50.456	56.936	14.355	53.520
	N	115	115	115	115	115	115

① 在 0.01 水平(双侧)上显著相关。

由表 9 可知,女生的大五人格因素中,开放性和责任感都对生命科学成绩存在正相关,而神经质与生命科学成绩之间存在负相关性。

(四)讨论与小结

1. 学生某些人格因素与生命科学成绩之间有相关性

根据调查发现,学生的学习能力与人格因素是存在一定相关性的,其中生命科学成绩的高低与某些人格因素有着密切的关系。

最近关于大五人格对中学后学业成就预测效应的元分析发现:责任心与学业成功的关系最强、最一致;经验开放性有时与学业成就正相关,而与之有所交融的外倾性有时与学业成就负相关。没发现其他维度与学业成绩之间的显著相关性。

根据对被测学生的调查研究发现:大五人格对学生的学习能力存在一定的相关性,尤其是开放性、责任感和外倾性这三个维度对生命科学成绩有着显著的相关性。

1) 责任感与学生生命科学成绩的关系

责任感与生命科学成绩有着正相关,这与许多现有的研究结果一致。再根据方差分析发现,责任感分数较高的学生生命科学成绩普遍较好,而分数较低的学生生命科学成绩也较差。分析原因不难发现,责任感高分者的特征为有条理、可靠、勤奋、自律、准时、细心、整洁、有抱负、有毅力;分数较低者的特征为无目标、不可靠、懒惰、粗心、松懈、不检点、意志弱、享乐。责任感强的学生有抱负,有着较强的毅力,有着严格的自控能力和坚持勤奋,所以在学业成绩方面会产生较强、较稳定的影响。相反,责任感较差的学生比较懒惰、没有恒心,做事情无目标,意志力也较弱,所以在学习上不能刻苦钻研、坚持不懈,因此学业成绩相对比较差。

2) 开放性与学生生命科学成绩的关系

虽然对于开放性与学生学习能力的相关性研究争议较多,但通过对被测对象的调查和研究发现,开放性与学生的成绩有着相关性。此外,通过方差分析也表明,开放性得分高的学生生命科学成绩较好,反之较差。分析原因发现,开放性得分高的学生特征是：好奇、兴趣广泛、有创造力、有创新性、富于想象、非传统的。这些品质对生命科学学科的学习有着积极的影响。实验法是生命科学学科学习的重要方法之一,这需要学生有能质疑的能力,发现问题、解决问题,所以开放性分数较高的学生生命科学成绩也相对较好。而开放性分数低者的特征是：习俗化、讲实际、兴趣少、无艺术性、少分析性,这显然对于生命科学学科的学习上会产生负面的影响。

3) 外倾性与学生生命科学成绩的关系

关于外倾性人格与学生学习能力的相关性研究富有争议：一些研究发现内倾性比外倾性表现更好,他们能更好地运用学习策略而获得好的学业成绩,而这在另一些研究中没有得到验证。本文通过对被测对象的调查和研究表明,外倾性与学生成绩之间存在负相关,在生命科学学科的学习上也有相同的影响。

总的来说,责任感、开放性与学生的生命科学成绩存在正相关；外倾性与学生的生命科学成绩存在负相关；而其他维度对学习能力的影响不明显。

2. 男女生在生命科学成绩方面存在某些人格差异

神经质是情绪稳定性相反的表现,情绪稳定的学生比神经质的学生表现更好。然而,一些研究也得出不同的结果,或没有发现相关性。进一步对男女生性别差异与人格因素及生命科学成绩方面的影响展开研究发现：男生的人格因素对生命科学成绩的影响情况大致与总体研究的结果匹配,男生的神经质人格与生命科学学习能力没有显著的相关性。然而女生的生命科学成绩除了与总体研究的结果基本吻合之外,神经质对生命科学成绩的影响有着一定的负相关。分析原因可知,神经质高分者的特征是：烦恼、紧张、情绪化、不安全、不准确、忧郁。

由于高中的学习强度、难度都比初中高很多,再加之生命科学学科属于理科,因此对学生的思维品质要求比较高,所以女生容易产生一定的烦恼、紧张和焦虑,这对生命科学学科的学习能力会产生一定的负面影响。

3. 生命科学教学应该提倡因材施教

人格特征无所谓好与坏,不同人格特征的学生在学习能力,尤其是生命科学学科的学习上客观存在一定的差异,教师要根据不同人格特征的学生设计教学策略,以求更高效地达成教学目标,提高学生的学业成绩。学生的人格是在学习中获得的,因此,教师要重视学生的人格因素差异,因材施教、扬长避短,在课堂中对学生进行正确的引导。

三、针对不同人格特征的学生采用不同的课堂教学策略

本研究表明,被测学生的生命科学成绩与责任感、开放性和外倾性之间存在相关性。从这些结论中不仅可以了解学生的不同特点,还可以根据学生的特点,尝试设计有效的课堂教学策略。

(一) 课堂引入策略

学生是教学的主题,必须充分发挥他们在生命科学教学过程中的主观能动性。学习是一种积极主动的活动,激发学生学习自觉性和兴趣,形成正确的学习动机,使学生积极主动学习,是取得教学效果的重要条件和前提。教师在课前必须对教学目的和过程以及预期达成的效果有一个思考和安排,所以设置一定的教学情境引入,有利于使学生身临其境,从而引起学习动机,激发学习、探索生命现象的兴趣。

1. 通过生活实例的引入,有利于提高经验封闭性学生的学习兴趣

虽然网络技术日新月异,但也会出现一些与生命科学基本事实、概念等相违背的情况。教师可以将此类生活实例作为课堂教学的引入,引发经验封闭性人格学生的思考,更正错误的生命科学事实,引导他们初步形成正确的概念、原理等生命科学的基础知识。

2. 以案例作为引入,提高散漫性学生的学习兴趣

案例是案例教学法的核心,案例编写质量的好坏直接影响着课堂教学效果。散漫性学生由于缺乏条理性,比较懒惰,对于学习比较松懈且粗心,所以教师在课

前通过大量的资料搜集,精选案例作为课堂教学的引入,并将其作为整节课的"主线",不但可以激发散漫性学生的学习积极性,而且有利于保证整节课教学内容的连贯性。

3. 以实验引入,初步提高外倾性学生的学习能力

高中阶段生命科学知识与技能目标指出,学生通过进一步的训练,提高生命科学实验的有关技能,能完成较复杂的观察、测定、验证等实验,能自我评价实验过程并提出可行的改进意见,初步学会设计实验的基本方法等。实验环节会给外倾性的学生创造适合他们的学习环境,在此环境中,这类学生可以充分发挥善于社交、活跃、健谈等优势,在学生间合作学习的基础上,提高他们的学习兴趣和学习效果。教师在课堂教学的引入中可以采用实验的形式,不但可以激发这些类型学生的探索欲,而且有利于提高学生相关的实验技能或实验设计的基本方法。

(二) 改善课堂提问策略

问题导学法是落实课程目标的有效教学方法之一。构建主义教学理论认为,问题导学法是把教学内容转化为有价值的、值得探究的、多种解决方法的生命科学问题,在教师的引导、疏导和辅导下,创造条件让学生自主、探究、合作学习的课堂教学方式。简而言之,它是以问题的提出和解决为中心,把教学内容问题化,用问题启发学生进行自学和钻研,促使主动积极地学习知识的方法。

1. 通过问题系统帮助散漫性学生掌握基本概念、原理和规律

所谓问题系统,是指"根据情境材料的逻辑结构及其发生过程的一般规律,依照学生认知结构的基础及其认知发展规律,教师编制出一系列目的明确、难易适当有序、数量适宜的问题"。由于散漫性学生缺乏条理性,所以这样的策略方式有助于培养散漫性人格学生的条理性。

2. 利用问题串培养经验封闭性学生发现问题和进行初步探究的能力

利用问题串进行探究教学,就是教师围绕探究目标,设置针对性强的问题,指导并促进学生不断达成探究目标的过程。由于经验封闭性学生缺乏好奇心和创造力也不太具备想象力,所以教师通过一系列的问题串,能使学生更深刻地理解其正在探究的问题,领悟探究活动的精髓。基于此,教师可以预设问题串,引领学生讨论探究,一步一步地深入分析问题、解决问题,最后弄清问题的实质。

3. 利用探究性提问,提高外倾性学生的学习能力

要培养学生科学思维的习惯源自于高质量的思考,高质量的思考来源于高质量的提问。因此提问的质量与学生思维习惯的养成有着密不可分的关系。当要研究的问题比较复杂时,可以将要研究的问题尽量分解为多个比较简单的小问题,一个一个地分开解决,然后将这些小问题从简单到复杂排列,先从容易解决的问题着手。由于外倾性的学生比较好动、活跃,因此教师可以引导这类学生尝试设计实验,将探究的问题分解为四个具有一定难度梯度的小问题,通过对问题的逐个突破,引导学生逐步思考、探究实验过程,并讨论形成最终实验设计方案,最后由教师总结、归纳。通过探究性提问将更有利于突破教学的重难点,有助于落实教学目标。

(三) 小结

人格特征与学习能力存在相关性,尤其在生命科学学科的学习能力上相关显著,所以因材施教的教学中应该要考虑学生的人格因素。在教师设计教学策略时,根据不同的人格特征对学生采用恰当的教学手段,比如本文提到的课堂引入环节,可以采用结合学生生活实际的案例或科学前沿的案例,这样有利于不同人格特征的学生更好地融入课堂,逐步激发学习兴趣,提高学生的学习能力。

四、总结

(一) 总结与启示

1. 总结

通过对某校高二年级学生的调查研究表明,人格因素对学生的学习能力是存在一定相关性的。尤其在生命科学学科的成绩上,表现为以下几个特点。

(1) 责任感与生命科学学习能力之间存在正相关。责任感人格因素的主要特征中勤奋、可靠、自律等都会有利于学生取得较高的学习能力。

(2) 经验开放性与生命科学学习能力之间存在正相关。由于生命科学学科独特的学科特色,有利于充满好奇、兴趣广泛、有创造力和有创新性等特征的经验开放性学生发挥其自身的人格特征,在生命科学学科学习中获得更好的成绩。

（3）外倾性与生命科学学习能力存在负相关。外倾性人格特质的学生比较好动、活跃，但是很容易导致虎头蛇尾、三分钟热度等学习现象，不利于生命科学学科的学习。生命科学学科属于理科，强调学生的逻辑思维缜密性和对于问题不懈探究的能力，这些方面对于外倾性学生而言会带来一定的困难。所以，在生命科学学科学习上，外倾性学生的成绩相对比较差。

（4）在对男女生性别差异的研究中发现，神经质的人格特征与女生的生命科学成绩呈现负相关。这可能与高中学习难度、强度加大等因素有关，会使得大部分的女同学在学习上产生焦虑、紧张、忧郁等负面情绪，从而影响学生的成绩。

（5）在对被测学生的调查研究中，并没有发现宜人性对学习能力有显著的相关性。

2. 启示

根据以上的调查研究及数据分析表明，学生的学习能力与非智力因素人格特征有着密切的关系。被测学生的人格特征不仅与语文、数学和英语学科成绩有相关性，而且与生命科学学科的成绩也有一定的关联。这说明作为教师应该明白一味地强调智力因素与学生学习能力提高有关，非但不能帮助学生提高学习能力，反而会适得其反。相反，如果教师能清楚地意识到人格因素与学习能力有着一定的相关性，采取有效的教学策略，那么对于提高学生的学习能力会有更佳的成效。比如，对于外倾性的学生要提醒他们注意语言的准确性，在课堂中，尤其是引导他们回答问题的时候，实时地鼓励他们用更精准的学科语言来表述基本的概念、过程或原理。同时，教师也要在课堂中采用新颖、贴近生活实际或科技最新领域的学科相关材料作为导入，引导他们保持持久的学习兴趣；对于神经质的学生，教师要给他们创造良好和谐的课堂氛围，可以适当地提问他们较为简单的学科问题并鼓励他们大胆回答，在教师的鼓励中增强他们的学习信心，循序渐进地提高他们回答问题的难度，从而潜移默化地改善他们在学习上的紧张感，让他们在学习中获得成功的喜悦；对于经验封闭性的学生要通过有效的教学策略，如科学史的发现、科学家的实验设计思路提高他们对学习的兴趣和积极性，教师可以多提问这些类型的学生，在他们回答问题的过程中给予适当地提示和指导，逐步培养他们的创造力和想象力；对于散漫性学生，要通过在实验课堂中给他们安排一定的任务，如整理实验器材、配制实验试剂等简单的任务,逐步提高他们做事的条理性和效率,在课堂中也可以安排这些学生负责整理小组搜集的课外资料,并安排他们在课堂中展示等,逐渐改善他们对于学科学习的责任感和积极性。

当然,作为普通的教师也可能缺乏相关心理学知识,笔者建议他们可以在学校心理教师的帮助下,先对所教的学生开展人格测试,并在充分了解他们的人格特征后,调整课堂教学策略,实现真正的因材施教。

(二) 本论文研究的不足之处

本研究的实验对象是上海市区实验性示范性学校的学生,学生的学习能力在区内属于较高水平。本研究也存在以下不足。

(1) 需要对被测学生开展更长时间的调查研究,研究最好维持在两年左右,这样能得出更多的数据,使结论更精确。

(2) 可以对被测学生开展追踪研究。本文虽然根据学生的不同人格特征提出了改善教学策略的方法,但还缺少对实施有效课堂教学策略后,学习能力有提高的相关证据,所以需要对这些被测学生开展进一步的调查与研究。

参考文献

[1] 皮连生. 学与教的心理学[M]. 上海：华东师范大学出版社. 2013.

[2] Busato V V, Prins F J, Elsout J J, et al. Intellectual ability, learning style, personality, achievement motivation and academic success of psychology students in higher education [J]. Personality & Individual Differences, 2000,29(6)：1057 - 1068.

[3] Derlega V J, Winstead B A, Jones W H. Personality：Contemporary theory and research [M]// Learty M R. The scientific study of personality. USA：Wadsworty Group, 1999.

[4] 宋专茂,吴强,赵风雪. 大学生学习成绩与 16PF 测定相关分析[J]. 中国心理卫生杂志,2002,16(2)：121 - 123.

[5] 林崇德. 学习与发展：中小学生心理能力发展与培养[M]. 北京：北京师范大学出版社,2003.

[6] 叶奕乾,孔克勤,杨秀君. 个性心理学[M]. 上海：华东师范大学出版社,2016.

[7] 李红燕. 简介"大五"人格因素模型[J]. 陕西师范大学学报(哲学社会科学版),2002(S1),89 - 91.

[8] O'Connor M C, Paunonen S V. Big Five personality predictors of post-secondary academic performance [J]. Personality & Individual Differences, 2007, 43 (5)：

971 -990.

[9] 吴笑敏,吴圣潘. 一节案例教学法的教学实践[J]. 中学生物教学,2007(4):17 - 18.

[10] 张大均. 教与学的策略[M]. 北京:人民教育出版社,2003:254.

[11] 郑晓蕙. 生物课程与教学论[M]. 杭州:浙江教育出版社,2003:115 - 117.

[12] 笛卡尔. 谈谈方法[M]. 王太庆译. 上海:商务印书馆,2010:109 - 121.

附录:调查问卷

指导语:请仔细阅读以下问题,每个问题从"非常不符合"到"非常符合"有 5 种选择。如果该描述明显不符合您或者您十分不赞同,请选择"1";如果该描述多数情况下不符合您或者您不太赞同,请选择"2";如果该描述半正确半错误,您无法确定或介于中间,请选择"3";如果该描述多半符合您或者您比较赞同,请选择"4";如果该描述明显符合您或者您十分赞同,请选择"5"。

问　题	非常不符合	不太符合	不确定	比较符合	非常符合
1. 我不是一个容易忧虑的人	1	2	3	4	5
2. 我喜欢周围有很多朋友	1	2	3	4	5
3. 我很喜欢沉浸于幻想和白日梦中,去探索、发展其中所有可能实现的东西	1	2	3	4	5
4. 我尽量对每一个遇到的人彬彬有礼,非常客气	1	2	3	4	5
5. 我让自己的物品经常保持整洁干净	1	2	3	4	5
6. 有时候我感到愤怒,充满怨恨	1	2	3	4	5
7. 我很容易笑	1	2	3	4	5
8. 我喜欢培养和发展新的爱好	1	2	3	4	5
9. 有时候,我会采用威胁或奉承等不同手段,去说服别人按我的意愿行事	1	2	3	4	5
10. 我比较擅长为自己安排好做事进度,以便按时完成任务	1	2	3	4	5
11. 当面对极大的压力时,有时我会感到好像就要垮了似的	1	2	3	4	5
12. 我喜欢那些可以单独做事,不被别人打扰的工作	1	2	3	4	5

（续表）

问　题	非常 不符合	不太 符合	不确定	比较 符合	非常 符合
13. 我对大自然和艺术中蕴涵的美十分着迷	1	2	3	4	5
14. 有些人觉得我有些自我中心，不太考虑别人的感受	1	2	3	4	5
15. 许多时候，事到临头了，我才发现自己还没做好准备	1	2	3	4	5
16. 我很少感觉孤独和忧郁	1	2	3	4	5
17. 我很喜欢与别人聊天	1	2	3	4	5
18. 我认为让学生接触有争议的学说或言论只会混淆和误 导他们的思想	1	2	3	4	5
19. 如果有人挑起争端，我随时准备好反击	1	2	3	4	5
20. 我会尽量认真地完成一切分派给我的任务	1	2	3	4	5
21. 我经常感到紧张而心神不定	1	2	3	4	5
22. 我喜欢置身于激烈的活动之中	1	2	3	4	5
23. 我对诗词基本上没有什么感觉	1	2	3	4	5
24. 我觉得自己比大多数的人都优秀	1	2	3	4	5
25. 我有一些明确的目标，并能有条不紊地朝它迈进	1	2	3	4	5
26. 有时我感到自己一文不值	1	2	3	4	5
27. 我通常回避人多的场合	1	2	3	4	5
28. 对我来说，在头脑中无拘无束地想象是一件困难的事情	1	2	3	4	5
29. 受到别人粗暴无礼的对待后，我会尽量原谅他们，让自 己忘记这件事	1	2	3	4	5
30. 开始着手学习或工作之前，我会浪费很多时间	1	2	3	4	5
31. 我很少感到恐惧或焦虑	1	2	3	4	5
32. 我常常感到自己精力旺盛，好像充满能量	1	2	3	4	5
33. 我很少留意自己在不同环境下的情绪或感觉变化	1	2	3	4	5
34. 我相信人性是善良的	1	2	3	4	5
35. 我努力做事以达到自己的目标	1	2	3	4	5
36. 别人对待我的方式常使我感到愤怒	1	2	3	4	5
37. 我是一个乐天开朗的人	1	2	3	4	5
38. 我经常体验到许多不同的感受或情绪	1	2	3	4	5
39. 很多人觉得我对人有些冷淡，经常和别人保持一定距离	1	2	3	4	5

问　题	非常 不符合	不太 符合	不确定	比较 符合	非常 符合
40. 一旦做出承诺，我通常会贯彻到底	1	2	3	4	5
41. 很多时候，当事情不顺利时，我会感到泄气，想要放弃	1	2	3	4	5
42. 我不太喜欢和人聊天，很少从中获得太多乐趣	1	2	3	4	5
43. 阅读一首诗或欣赏一件艺术品时，我有时会感到非常兴奋或喜悦	1	2	3	4	5
44. 我是一个固执倔强的人	1	2	3	4	5
45. 有时候，我并不是那么可靠和值得信赖	1	2	3	4	5
46. 我很少感觉忧伤或沮丧	1	2	3	4	5
47. 我的生活节奏很快	1	2	3	4	5
48. 我对思考宇宙规律或人类生存状况没有什么兴趣	1	2	3	4	5
49. 我尽量对他人做到体贴周到	1	2	3	4	5
50. 我做事情总是善始善终，是一个很有做事能力的人	1	2	3	4	5
51. 我经常感觉无助，希望有人能帮助我解决问题	1	2	3	4	5
52. 我是一个十分积极活跃的人	1	2	3	4	5
53. 我对许多事物都很好奇，充满求知欲	1	2	3	4	5
54. 如果我不喜欢某一个人，我会让他知道	1	2	3	4	5
55. 我好像总不能把事情安排得井井有条	1	2	3	4	5
56. 有时我会感到十分羞愧，以至于只想躲起来，不见任何人	1	2	3	4	5
57. 我宁愿自己独自做事，而不是领导指挥别人	1	2	3	4	5
58. 我喜欢研究理论和抽象的问题	1	2	3	4	5
59. 如果必要的话，我会利用别人来达到自己的目的	1	2	3	4	5
60. 对于每件事，我都力求做到最好	1	2	3	4	5

大五人格量表

问卷共有 60 题，采取五级评分，包括五个分量表，每个分量表各有 12 个条目，主要内容如下：

1. 神经质（Neuroticism）量表：1、6、11、16、21、26、31、36、41、46、51、56。评估的是情感的调节能力和情绪的不稳定性。神经质得高分的个体倾向于有心理压力、不现实的想法、过多的要求和冲动以及不适应的应对反应。虽然这个方面的高分并不预示着存在临床上的障碍，但患有临床综合征的个体往往会在这个量表上得高分（Costa & Widiger，1994）。

2. 外向性（Extraversion）量表：2、7、12、17、22、27、32、37、42、47、52、57。表示人际互动的数量和密度、对刺激的需要以及获得愉悦的能力。这个维度将社会性的、主动的、具有个人定向的个体和沉默的、严肃的、腼腆的、安静的人做对比。这个方面可由两个品质加以衡量，即人际的卷入水平和活力水平。前者评估个体喜欢他人陪伴的程度，后者反映了个体的节奏和活力水平。

3. 开放性（Openness）量表：3、8、13、18、23、28、33、38、43、48、53、58。经验的开放性是评鉴对经验本身的积极寻求和欣赏以及对不熟悉情境的容忍和探索。这个维度将那些好奇的、新颖的、非传统的以及有创造性的个体与那些传统的、无艺术兴趣的、无分析能力的个体做比较。在大五因素中，这一维度是最充满争论的，对它的探索也是最少的，就其在语言上的描述而言，对它的解释也是最少的。

4. 顺同性（Agreeableness Facets）量表：4、9、14、19、24、29、34、39、44、49、54、59。考察个体对其他人所持的态度，这些态度既包括亲近人的、有同情心的、信任他人的、宽大的、心软的，也包括敌对的、愤世嫉俗的、爱摆布人的、复仇心重的、无情的。

5. 严谨性（Conscientiousness）量表：5、10、15、20、25、30、35、40、45、50、55、60。评估个体在目标导向行为上的组织、坚持和动机。这个维度把可信赖的、讲究的个体同懒散的、马虎的个体做比较。同时反映个体自我控制的程度以及延迟需求满足的能力。

部分条目为反向计分：1、9、12、14、15、16、18、19、23、24、27、28、30、31、33、39、42、44、45、46、48、54、55、57、59。

使用有色导线制作生命科学课程教学用模型

上海市格致中学　徐红玲

【摘　要】　本文介绍了以有色导线作为实验材料,制作和使用生命科学课程教学用模型的方法。所介绍的方法具有取材方便、成本低廉、操作过程简便、可以反复使用等特点。

【关键词】　有色导线　生物模型制作　实验材料

在高中阶段,学生会不断接触到各种类型的模型构建,现介绍指导学生用有色导线制作的几种生命科学教学用模型的制作方法和使用情况。

一、蛋白质二、三、四级结构模型的制作和使用

(一)蛋白质的二级结构

取一根有色导线,缠绕在笔杆上,然后将笔抽出,再将螺旋状的导线稍许用力压一压,可模拟 α-螺旋结构模型(见图 1 上),将导线反复弯曲可模拟 β-折叠结构模型(见图 1 下)。

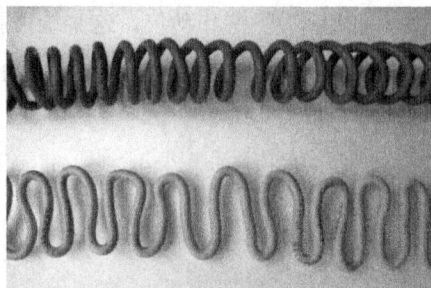

图1　(上)多肽链的 α-螺旋结构模型　(下)β-折叠结构模型

(二) 蛋白质的三、四级结构

蛋白质分子的三级结构,如球蛋白,肽链有几段 α-螺旋,每两段之间是一个不成螺旋的 β-折叠,这些不成螺旋部分的折叠方向是决定球蛋白三级结构的关键。取三根有色导线,每根长 100 cm 左右,将这三根有色导线弯曲团成 α-螺旋,某些部位弯曲团成 β-折叠,然后将制作好的导线弯曲成球形(如图 2 所示),制作成蛋白质的三级结构模型。再将各种三级结构的球蛋白缠绕在一起,形成一个大地球形结构,这就是蛋白质的四级结构模型(如图 3 所示)。

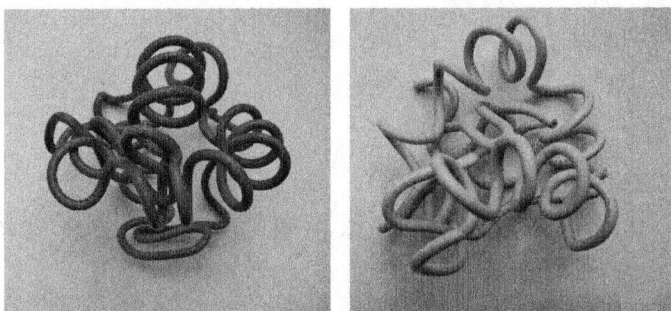

图 2　蛋白质三级结构模型

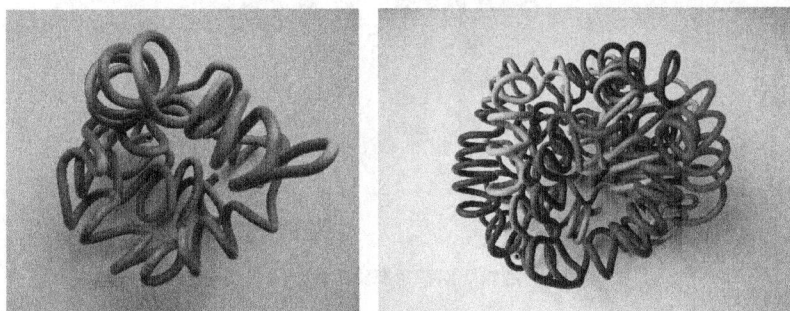

图 3　蛋白质四级结构模型

(三) 蛋白质模型的使用

在课堂教学中教师注意把握好引导性和开放性,蛋白质二级、三级结构容易理解,制作过程较简单,可以让学生分小组动手制作,并对学生的作品做出评价,教师挑选出比较好的三级结构的模型备用。蛋白质的四级结构模型制作过程作为演示实验,教师再从选出的学生作品中挑选出 2～4 个不同颜色的三级结构模型,在课堂上临时组装成四级结构模型做演示实验。这样既节省课堂时间又节省材料,学生对于蛋白质的抽象四级结构有了更加直观深刻的认识。

二、细胞周期中各时期染色体结构模型

(一) 材料准备

取有色导线若干(红色导线剪成 30 cm,黄色导线剪成 10 cm)备用,准备铅笔一支、水笔一支、较粗的笔一支。

(二) 制作过程

具体制作过程如下。

1. 间期染色质模型制作

1) 复制前染色质模型制作

取导线一根,在中间某个部位绕个圈,在圈上用导线缠绕模拟着丝粒,着丝粒两端的电线模拟染色体的两条臂。

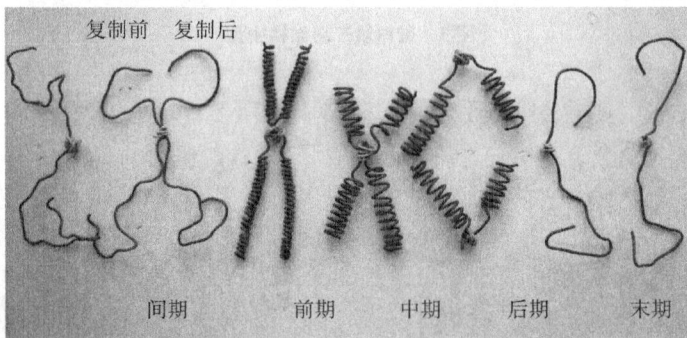

图 4　细胞周期各时期染色体结构模型

2) 复制后的染色质模型制作

取两根等长导线合在一起,用一根导线缠在一起,两根电线模拟两条染色单体,缠绕的导线模拟没有复制好的着丝粒(见图 4)。

2. 分裂期染色体模型制作

1) 前期

将染色质(复制后)的每个臂分别缠绕在铅笔上(按照同一方向缠绕),然后将

铅笔抽出,螺旋缠绕的电线模拟染色体。

2)中期

用一支较粗的笔(水笔)代替铅笔,方法同第 1)步。

3)后期

分别取两根导线先制作成染色质,然后将染色体的臂缠绕在水笔上,再以染色体的着丝粒为顶角,将染色体的两条臂掰成一个角度(小于 180°)。

4)末期

染色体模型制作方法同间期(见图 4)。

(三)使用模型的心得体会

该模型的构建有助于学生理解细胞周期中染色体结构变化的本质、过程和规律。制作染色体结构模型教学既可以做演示实验也可以做学生实验,受到课时限制,学生可以在课后、活动课或者回到家制作。学生通过亲自动手制作,就不难理解染色体和染色质的相互关系、染色体复制数目却不加倍以及染色体加倍的根本原因了。

三、制作晶状体曲度调节原理的模型

(一)材料准备

两根等长(约 40 cm)有色导线、一块有机塑料板(26 ×20 cm)、有色发圈一只、橡皮筋和细线若干。

(二)制作过程

(1)将两根长的导线分别弯曲成弹弓状,模拟眼球上、下两块盘状的睫状体环形肌纤维。注意将导线两端弯曲成钩状,以便连接悬韧带。

(2)取 12 根橡皮筋,分成 4 组,用细线将橡皮筋的一端固定在发圈上,橡皮筋模拟悬韧带,有色发圈模拟眼球晶状体。

(三)组装和固定

将橡皮筋的另一端分别固定在两根有色导线的两端,最后将两根导线中间固定在一个预先准备的有机塑料板上,两根导线之间应保持适当的距离,以发圈和橡皮筋都不受到导线的拉力为宜。一个简易晶状体的曲度调节模型就制作完成了

（如图 5 所示）。

图 5　组装晶状体曲度调节原理模型

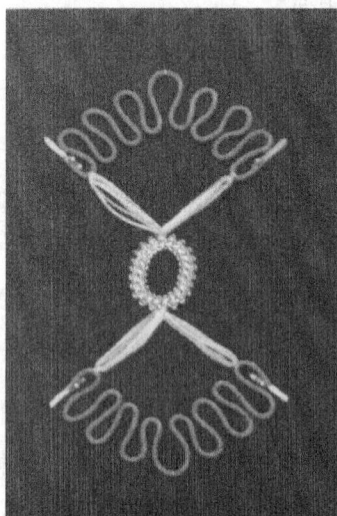

图 6　观察远物时,睫状肌肌肉松弛,
悬韧带牵引,晶状体较平晶状体
曲度调节原理的模型

（四）晶状体曲度变化调节操作使用

（1）当观察近物时,睫状体的环形肌肉收缩。用力将红色导线两端向内侧挤压,盘状睫状体内径变小,连接睫状体和晶状体的悬韧带就放松,晶状体在本身弹性的作用下,恢复为原来凸度较大的状态。

（2）当观察远物时,睫状体的环形肌舒张。用力将红色导线两端向外拉,盘状睫状体内径变大,悬韧带即被拉紧,晶状体在悬韧带拉力作用下直径增大,凸度就变小（见图 6）。

（五）模型制作的注意点

（1）模型中用于做睫状体的有色导线应选择硬度略大些的,如果导线太软,则不能带动悬韧带牵引晶状体的曲度变化。

（2）因为附着在眼球上下两块睫状体之间的距离是一定的,因此模拟睫状体的两根导线的中间应该固定在白色有机塑料板上,以保持一定的适宜距离。固定的距离不宜太远,也不宜太近,以可调节晶状体曲度变化为宜。

四、晶状体曲度调节原理的模型制作改进

(一) 材料准备

两根等长(约 40 cm)有色导线、一块有机塑料板(26 ×20 cm)、有色发圈一只、橡皮筋和细线若干、黑色卡纸一张、废弃的有机塑料板边角料若干。

(二) 制作过程

(1) 将两根长导线分别弯曲成弹弓状,模拟眼球上、下两块盘状的睫状体环形肌纤维。注意将导线两端弯曲成钩状,以便连接悬韧带。

(2) 取 12 根橡皮筋,分成 4 组,用细线将橡皮筋的一端固定在白色透明塑料发圈上,橡皮筋模拟悬韧带,发圈模拟眼球晶状体。

(三) 组装和固定

将橡皮筋的另一端分别固定在两根有色导线的两端,最后将两根导线中间固定在一个预先准备的,贴有黑色卡纸的有机塑料板上,两根导线之间应保持适当的距离,以发圈和橡皮筋都不受到导线的拉力为宜。一个简易晶状体的曲度调节模型就制作完成了(如图 7 所示)。

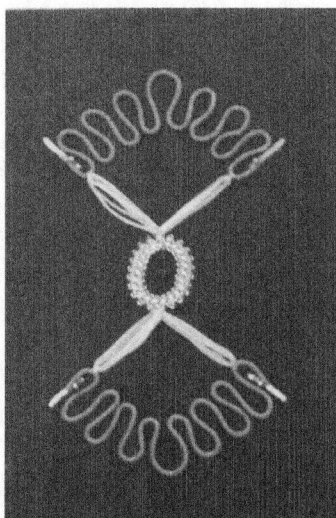

图 7 简易晶状体曲度调节模型

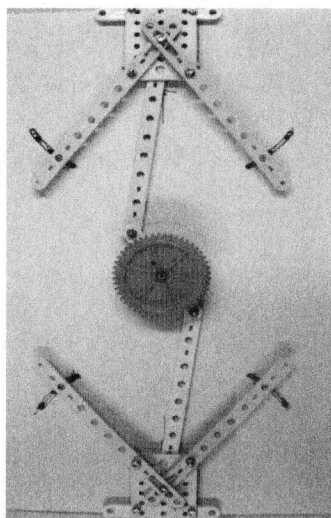

图 8 动力辅助装置

(四) 动力辅助装置

1. 添置动力辅助装置

由于晶状体曲度变化调节操作时需双手同时进行,因此需要将模型预先固定在一个支架上,这给携带和使用带来了一定的不便。在固定模型的有机塑料板的背面设计一个手动动力装置,即可解决这一问题。

2. 动力辅助装置的制作过程

用废弃的有机塑料板边角料做成两组滑杆,将两组滑杆固定在模型中有色导线在塑料板背面的位置上,每组中有三根运动滑杆,每组边上的两根滑杆的一端分别与有色导线两端固定,每组中间的一个滑杆一端与一个固定着齿轮的滑杆两端连接起来(见图8)。

3. 动力辅助装置的使用

用一只手拿着模型面对同学,另一只手顺时针方向缓缓转动齿轮,通过两组滑杆带动睫状肌向两侧扩张,睫状体内径变大,则悬韧带被拉紧,晶状体直径变大,凸度变小,以便观看远处的物体;反之,逆时针方向缓缓转动齿轮,则睫状肌收缩,睫状体内径变小,悬韧带松弛,晶状体在本身弹力作用下,恢复为凸度较大的状态,以便观察近处的物体。

参考文献

[1] 张松,张丽,戴赟,等."质壁分离"有色实验材料拓展的研究[J]. 生物学通报,2007,42 (1):51-52.

[2] 黄敏宏. 学生动手制作噬菌体侵染细菌的模型[J]. 生物学教学,2011,36(6):21-23.

开放"验证性实验"，培养学生创新能力

——以"细胞的观察和测量"一节课为例

华东师范大学第二附属中学　吕秀华

【摘　要】 关注学生可持续发展，培养学生创新能力一直是应试教育所缺乏，教学改革所倡导的教育理念。培养具有创新精神和较强实践能力的人才是《上海市中学生命科学课程标准》认定的教育最根本的价值。基础型课程是培养学生创新精神和实践能力的主要阵地，本文以上科版《高中生命科学》一节实验课为例探究创新素养培育的几点做法。

【关键词】 生命科学　实验教学　创新能力

创新能力是当今社会所需人才的最主要特征，《上海市中学生生命科学课程标准》把培养具有创新精神和较强实践能力的人才作为中学生命科学课程教育最根本的价值。基础型课程是高中生命科学课程中重要的组成部分，因为其在时间、空间以及学生普及范围上都占有优势，所以势必成为促进学生发展和创新能力培养的主阵地，高中生命科学实验课是培养学生创新素养的重要平台。

高中生命科学中的基础实验主要是验证性实验，通过反复操作获得实验结果，得出预期结论，这类实验能够培养学生的动手能力，并有利于对已学的生物学原理加以理解和巩固。但是这种缺乏弹性的、相对封闭的验证性实验在培养学生具有浓厚的兴趣、创新意识以及掌握科学研究方法方面显得有些不足。在学生综合素质较好、学习硬件设施允许的情况下，适当地对验证性实验进行调整，使其在不同程度上具有探究性，为利用有限的时间培养学生的创新能力发挥更大的作用。

本文以高中生命科学实验——"细胞的观察和测量"为例，浅谈学生创新能力培养的几点做法。

一、精美细胞照片引入，激发学生探究欲望

运动员在大幅度运动之前都要有一个热身运动，其目的不仅是让身体的生理状况调整到最佳状态，同时也是从心理上调动自己的热情，保证能够全身心投入，达到忘我的境界，才能发挥出最大潜能。课堂教学活动也是类似的过程，要使学生"渐入佳境"，好的开端非常重要。

本节课的实验目的是观察和测量细胞，为了调动学生的好奇心，在学生开始实验之前，先通过幻灯片展示一组精度很高、反差很大的口腔上皮细胞照片，分别是没有染色处理的普通光学显微镜照片，用不同染色液染色处理的显微镜照片和相差显微镜下的显微镜照片。由于照片的分辨率高、对比强烈，因此两张黑白照片反差很大，一下子就吸引了学生的眼球，老师还未提问，就已经对学生产生了强烈的视觉冲击，学生马上就会发问，同样是口腔上皮细胞，为什么拍出来的效果不同？由通常的老师提出问题变为学生主动发问，主动索取答案。这时候教师不急于回答，而是让学生自己推测，于是各种猜想都涌现出来，前面三张照片很快就有学生猜出来是因为染色和未染色造成的差异，最后一张几乎没有人知道。这时候教师告诉学生最后一张是用一种新型的显微镜，叫作相差显微镜的技术观察并拍摄的，引导学生理解生物技术的在科学研究中的重要性，然后教师由口腔上皮细胞讲解过渡到植物表皮细胞的观察，通过这种感官冲击引发主动思考，进而产生强烈的尝试欲望，从而激发学生的创新潜质。

二、验证观察变开放探究，培养学生研究能力

生命科学中的基础实验多数为任务固定的验证性实验，学生利用给定的材料试剂和方法重复实验，结果是固定的，因此缺乏自主研究的机会。在学生能力比较强的学校或班级，可以尝试一下把验证性的单一实验开发为探究性实验。我校创新班同学整体素质很高，很适合这种课堂改革模式。

（一）实验材料开放

课本实验是利用显微镜观察蚕豆叶下表皮细胞固定装片，并用目镜测微尺测

量保卫细胞的长度和宽度,是一个给定材料的验证性实验,缺乏活动和思考的自由度,缺乏挑战性。因为材料单一,因此综合能力强、兴趣浓厚的同学就会失去进一步探索的机会。基于上述考虑,笔者把这节课设计成指定材料和非指定材料相结合,除了固定装片,还为学生准备了多种校园采集来的植物叶片,包括麦冬叶、美人蕉叶、青菜叶、睡莲叶,这些植物包括两种单子叶植物和两种双子叶植物,有水生和陆生两种不同生态类型。通过对比观察,学生可以认识不同类型植物细胞形态结构的差异,体会细胞的多样性,理解并形成结构与功能相适应的生物学观点。

生命科学研究历史上,材料的选择对研究成败起决定性作用的例子屡见不鲜,如孟德尔选择豌豆发现遗传学定律,恩格尔曼选择水绵和好养细菌发现光合作用场所等。所以提供给学生丰富的实验材料,他们在有限的时间内完成实验一定要经过思考后选择,或者分工合作完成。由于材料丰富,因此一节课中会有很多意想不到的发现,有的同学发现美人蕉表皮细胞的排列方式与其他叶片不同;有人发现睡莲叶下表皮没有气孔,上表皮才有气孔;有人发现单子叶植物和双子叶植物保卫细胞形态不同等等。这些都是他们人生中的第一次经历,在老师的表扬鼓励下,同学们变得非常激动,成就感油然而生,兴趣和成就感是推动他们继续深入思考和研究的动力。

(二)研究问题开放

研究一个问题不能是简单地走马观花,实验材料比较多,时间有限,不可能每人都能做一遍,通过老师介绍实验材料的类别后,学生分小组有计划地选择实验材料,如选择单子叶植物和双子叶植物进行比较观察,或者选择陆生植物和水生植物进行比较观察,或者选择一种植物的上下表皮进行比较观察。尝试不同的方法制作临时装片后观察表皮细胞和保卫细胞的形态及气孔分布。通过自主探究,学会按照"提出问题—设计实验—实施实验—分析结果—得出结论—提出新问题"这样的步骤来进行科学研究。

三、用好互动实验平台,提升学生合作意识

良好的合作交流能力是创新型人才必备的基本素质。打造以学生为主体的课堂,采用自主探究式、动手实践式和合作交流式研究方法,真正使学生主动行动起

来,成为课堂的主人。本节课在多媒体互动实验室进行,利用显微镜和电脑相结合,可以方便地对显微镜图像进行拍照记录,平行对照进行对比分析,用电脑快速对数据进行统计分析。同时这是一个多边交互平台,方便实现师生之间、学生之间进行广播交流或个别指导和问答,大大丰富了信息量,提高了课堂效率。

实验报告恰当的内容和形式是保障实验课有效性的一种重要手段。笔者在实验报告设计上进行了相应的改变,栏目包括小组成员、研究的问题、选择的材料、研究结果(陈述＋图片＋实验数据)、发现的问题、小组成员自评(承担的工作＋完成情况)。从内容到形式都关注学生参与情况,因为学生参与度对实验能否顺利、高质高效完成起决定性作用,参与中分工合作才能取长补短,讨论中思维碰撞才能产生灵感,对于有些惰性的同学也是一个内部制约,促使他们由被动变为主动,实现合作中共同提高。笔者发现,由于同学们个体差异很大,因此独立完成实验时总是有的同学不能顺利完成,小组合作之后,这部分同学也动起来了,参与之后才能被同伴认同,实现团队成长。

四、对比分析实验数据,学习使用生物统计方法

科学研究中对实验数据的分析能力是创新能力的重要体现。生物统计方法是生命科学研究常用的分析方法。为了能使学生顺利掌握实验数据差异显著性分析的统计学原理和统计学软件使用方法,在本节课第 1 课时——"生命科学研究方法"一节课上就和学生一起学习过相关内容。

本实验原来只要求学生测量 5 个保卫细胞的长度和宽度,然后求平均值。实验经改进之后,学生通过选取不同实验材料,可以进行不同种植物气孔保卫细胞的长度的比较分析,运用统计软件对两组数据进行对比,分析差异的显著性,从细胞的个体差异比较上升到分类比较,从而理解实验设计中的重复性和对照性原则的科学性。

五、开放式课后作业,引导学生深入研究

一节课的时间有限,功夫在课堂,功效在持续,要能达到"余音绕梁"的效果才算是一节成功的课。通过本节课的开放式探究活动,学生对不同类植物的保卫细

胞大小形状以及气孔的大小有了直观的了解,通过统计分析对其中的差别有了规律性的认识,为了引导学生理解实验数据的获得和统计分析对于科学研究的重要性,笔者还准备了一组文献数据,作为课后阅读分析的开放性作业,如关于盐胁迫下水稻叶气孔保卫细胞和气孔密度的变化,通过对文献数据分析方法的学习,学生不仅学习了统计方法,而且了解了看似简单的保卫细胞和气孔的细微变化却预示着植物生态环境的改变,从而引导其关注生态问题,认识到环境变化对生物产生的影响,保护生态环境就是保护包括人类在内的生物本身,形成良好的生态道德,培养学生的责任感和使命感。

对于学生在课堂上发现的问题要及时捕捉,课后跟踪关注,指导学生查阅资料,总结综述现有的研究结果和存在的问题困惑,或者经过师生共同讨论形成研究性课题,鼓励并指导学生完成课题研究,在课题研究中从更高层次上提高学生的各方面创新研究能力,培养创新精神和形成良好的创新品格。下面列举几个学生可进一步探究的课题:《室内二手烟污染对吊兰气孔器的影响研究》《睡莲叶片气孔器变化预警水体环境污染》《水体重金属污染对浮萍叶气孔的影响研究》。

由于时间和条件限制,学生的很多课题不能在高中阶段进行研究,但是能够大量阅读文献,深入思考,由问题到课题的探索过程本身就是非常难能可贵的,高中阶段经历过这样的尝试锻炼,培养问题意识,养成从小处入手,有大局观念,能全局把握,必定会对学生的将来产生深远影响。

总之,本节课通过这种多渠道尝试,很好地达成了三维目标中的过程与方法目标,重视过程与方法,知识与技能自然得到生成巩固,情感态度价值观自然得到升华。开放式课堂中只有通过实验材料开放和方法开放,才能使学生的视野开放,思维开放,允许试错学习、允许模仿学习等多种学习方式,问题由课内延伸到课外,知识由课本延伸到文献,构建一个平等、自由、合作、借鉴的课堂环境,这恰是适合青少年创新素养形成的基本条件。

参考文献

赵姝丽,陈温福,马殿荣,等. 盐胁迫对水稻叶片气孔特征的影响[J]. 垦殖与稻作,2006,(6):26 - 29.

精心设计板画　优化生命科学课堂教学

杨浦高级中学　刘俊峰

【摘　要】 在生命科学课堂教学中,精心设计和使用板画,通过动态画将复杂问题简单化,通过效应画使抽象的概念具体化,通过过程画使知识系统化,有效地揭示了生命现象的本质与规律。

【关键词】 高中生命科学　板画　教学

在高中生命科学的教学中,教师面对着课堂容量大、知识结构松散、抽象概念和生理过程多、辅助教学资源缺乏配套等教学困难;学生也存在基础薄弱、缺乏学习动力、学习方法错误等现实问题。这些困难和问题的存在,客观制约着教学效率的提高。多年来笔者在生命科学教学中,精心设计和使用板画,有效地揭示了生命现象的本质与规律,取得了一定的教学效果。

一、通过动态画将复杂问题简单化,提升学习效率

如讲解"酶促反应速度与酶浓度的关系"时,图 1 中虚线表示当其他条件不变的情况下,底物浓度增加一倍后,反应速度随酶浓度变化的规律。此类问题多次在上海市各区县模拟考和高考中出现,对图 1 中选项 A 和 B 也有过激烈的争论。

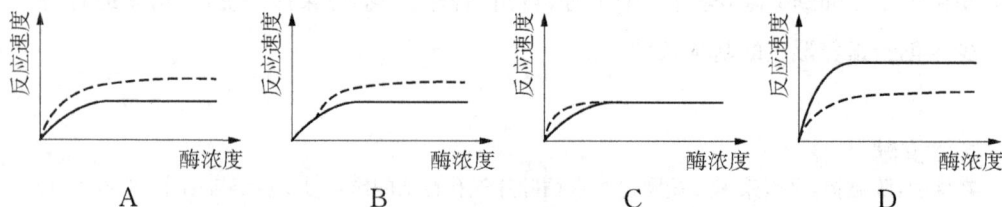

图1　不同底物浓度条件下酶浓度对反应速度的影响

　　通过板画不同底物浓度及酶浓度条件下,酶促反应机制图(见图2),可清晰呈现出条件改变时,化学反应的动态变化规律。对比图2中Ⅰ与Ⅰ'不难看出,当酶浓度较低时,不同浓度底物的反应速度相同,此时酶浓度为限制因素;随着酶浓度增加,底物浓度将演变为限制因素。

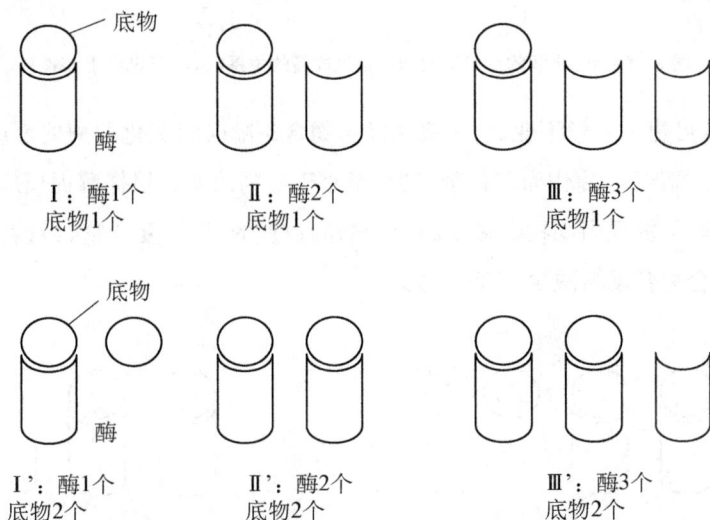

图 2　不同底物浓度及酶浓度条件下酶促反应机制

　　又例如2013年高考上海卷第29题:已知酶催化水解的反应时间和产物生成量的关系如图3所示,求在反应过程中酶·底物复合物浓度变化曲线变化规律。

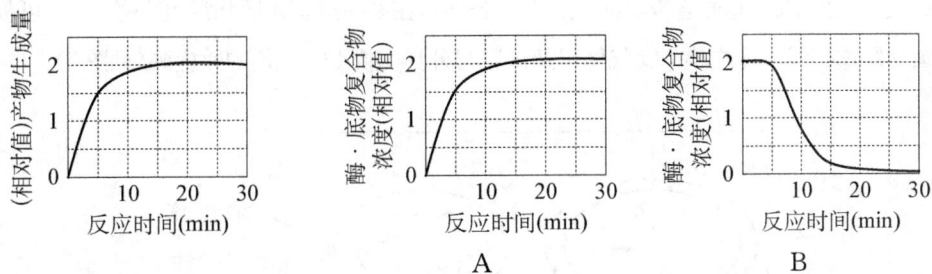

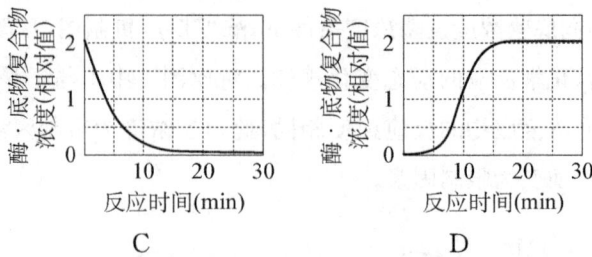

图3   酶催化水解的反应时间和产物生成量的关系(2013年高考上海卷)

依题意可建构酶量不变,酶·底物复合物含量随时间变化的酶促反应图解(见图4)。通常情况下,酶作为催化剂,其含量小于底物的量。根据酶促反应前后酶量不变的原理,可发现当底物数多于和等于酶的数量的时候,复合物数量就是酶的数量;随后复合物会逐渐减少,直至消失。

图4   酶·底物复合物含量随时间变化的酶促反应图解

二、通过效应画使抽象的概念具体化,促进理解

表示各种生理作用和效能的效应板画,对学生理解抽象概念往往能达到事半功倍的效果。如讲解"总光合"与"净光合"的概念时,在某一适宜光照和温度等条件下,可板画叶绿体与线粒体交换 CO_2 气体以及细胞与外界交换 CO_2 气体的效应画(见图5)。

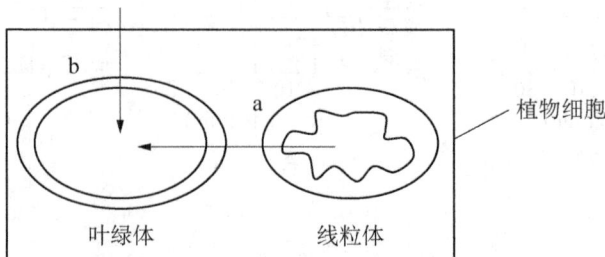

图5   适宜光照条件下,植物细胞对 CO_2 气体的利用

图 5 中，a 表示呼吸产生的 CO_2 气体，记为呼吸量；b 表示植物细胞从外界吸收的 CO_2 气体，记为净光合量；则 a + b 表示植物细胞（叶绿体）内固定的 CO_2 气体，记为总光合量。从板画中不难看出，细胞与外界的交换量为净光合量，叶绿体与其他结构交换的量为总光合量。这种以图释文、以图析义的形式可快速、有效地落实有关概念的学习，避免了机械式的重复记忆学习。

三、通过过程画使知识系统化，增强学习兴趣

显示生命现象发展和变化规律的过程画，在知识点多、结构复杂的生命活动调节板块，能减少学生因生理、解剖知识的缺失所造成的困惑，更能有效地串联各章节，形成知识的网络和系统化，降低学习门槛，增强学习兴趣。

以血糖调节为例，其涉及胰岛素、胰高血糖素、肾上腺素、肾上腺皮质激素以及相关促激素，还涉及交感和副交感神经的调控，情况复杂多变，学生容易出现概念混乱、结构不清、过程混淆等问题；教学中往往会出现学生讲不清、学不会、做不好的局面。以人体餐后血糖的数据变化为主线，分三个层次板画血糖调节过程，有助于厘清概念、认识结构和理解过程。

（1）当血糖浓度在 3.89～6.11 mmol/L 的正常范围内，但接近 3.89 mmol/L 时，主要靠胰岛素调控（胰岛细胞表面存在感知血糖变化的受体）。

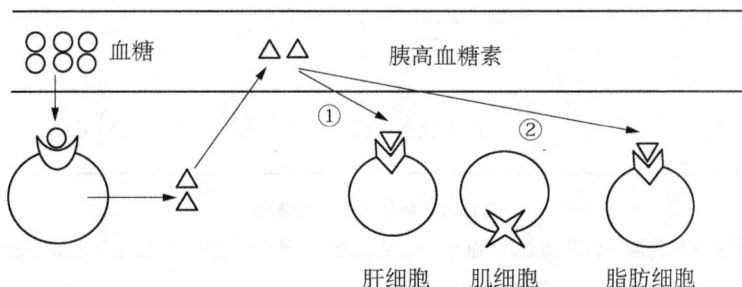

图 6 胰岛 A 细胞对血糖的调控

①肝糖原→葡萄糖→释放到血液（血糖）；②促进脂肪细胞的糖异生。

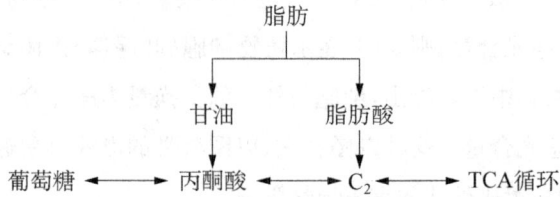

$$脂肪 \rightarrow 甘油，脂肪酸$$

$$葡萄糖 \longleftrightarrow 丙酮酸 \longleftrightarrow C_2 \longleftrightarrow TCA循环$$

图7　脂肪代谢示意图

胰岛 A 细胞通过受体直接感知血糖变化,分泌胰高血糖素,经血液循环后作用于肝细胞和脂肪细胞(见图6),促进过程①和②的发生。此时可以通过图7说明糖脂相互转换及利用,顺便复习呼吸作用和营养物质的转换。

(2) 当血糖浓度低于 3.33 mmol/L 时,糖中枢兴奋性反射,糖中枢对血糖的调控见图8。

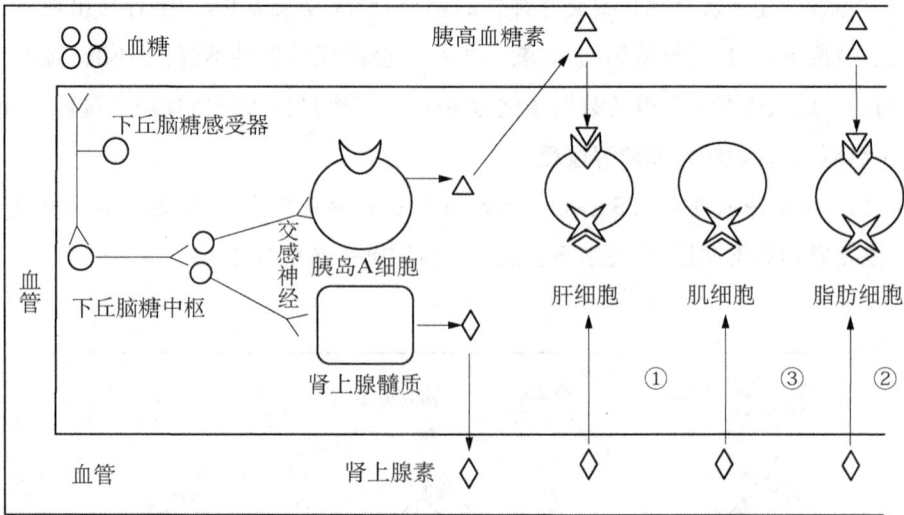

图8　糖中枢对血糖的调控

①肝糖原→葡萄糖→释放到血液(血糖);②促进脂肪细胞的糖异生;③促进肌糖原分解。

下丘脑糖中枢兴奋,通过交感神经,加强胰岛 A 细胞和肾上腺髓质的分泌活动。分别分泌胰高血糖素和肾上腺素,前者原理见图6,后者经血液循环后作用于肝细胞和脂肪细胞,以及肌细胞,促进图8中过程①、②和③的发生。

（3）当血糖浓度远低于 3.33 mmol/L 时，启动下丘脑—垂体—肾上腺皮质双重调节途径（见图 9）。在极度缺糖的情况下，糖中枢通过控制下丘脑神经内分泌细胞，分泌促肾上腺皮质激素释放激素，经血液循环作用于垂体，促进后者分泌促肾上腺皮质激素。促肾上腺皮质激素经血液循环作用于肾上腺皮质，释放的肾上腺皮质激素经血液循环再作用于靶器官肝脏，促进血糖的提高。

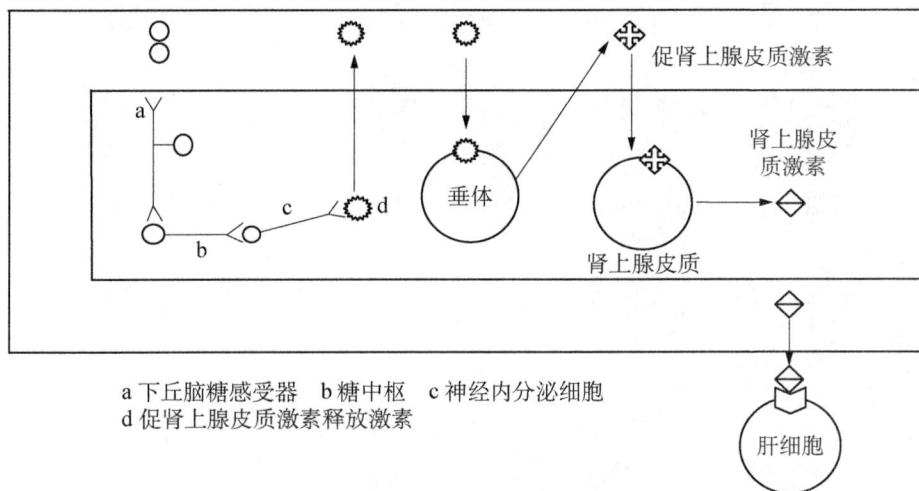

a 下丘脑糖感受器　b 糖中枢　c 神经内分泌细胞
d 促肾上腺皮质激素释放激素

图 9　下丘脑—垂体—肾上腺皮质对血糖的调控

心理学研究表明，大脑能记忆的信息 85％来自视觉，由此可见视觉在学习中的重要性。而板画将最核心、最主要的信息呈现在学生面前，可以为学生提供记忆和理解的依据。精心设计的板画，在文字、数字、图形以及布局上都要经过实践和推敲，往往能突出重点，起到提纲挈领的作用。不仅能展现浓缩的知识要点，而且能使结构布局紧紧围绕本课的重点，使形式和内容实现有机结合，在目前高中生命科学教学方法中具有不可替代的作用。

在生命科学课堂教学中，教师凭借自己的学科功底和技巧，用简易的笔法，将复杂的生命现象描绘成黑板画。这种属于示意性的描绘，具有简明、醒目、高效、简便易行、表现力突出等特点，在教学中有着广泛的应用。

参考文献

［1］顾福康.生命科学(高中第一册).上海：上海科学技术出版社,2009.

［2］顾福康.生命科学(高中第二册).上海：上海科学技术出版社,2009.

［3］李冲锋.教师教学科研指南[M].上海：华东师范大学出版社,2009.

"校园鸟类多样性调查与分析"的教学组织和策略

上海市杨浦高级中学　刘俊峰

【摘　要】　本文以"校园鸟类多样性调查与分析"为案例,阐述了通过文献研究、调查和统计分析等实践研究,引导学生学会设计并开展校园鸟类多样性调查,掌握科学研究的一般方法,领悟保护生物多样性的意义的教学组织过程。

【关键词】　鸟类多样性　调查　教学组织　策略

杨浦高级中学"生物多样性和体验研究中心"于 2012 年被评为上海市第二批创新实验室,笔者在此平台开发了"生物多样性调查与研究"校本课程。"校园鸟类多样性调查与分析"是该课程最早实施的一个活动项目,作为学校研究型课程的重要组成部分,旨在激发学生主动获取和构建知识体系的热情,学会设计并开展生物多样性调查,掌握科学研究的基本方法,同时为中小学开展生物多样性调查积累经验、探索教学方法。

一、教学的几个关键问题

(一) 调查方法和研究内容

调查方法和研究内容是课程实施、教学组织的两个关键点,在专业知识有限的情况下,文献研究就显得至关重要了。在阅读一定的文献后,学生了解了鸟类常用的数量调查方法有标图法、样线法和样点法,其中样线法是基于统计学中样本反映总体的思想,通过对样线条带内的个体进行绝对数量调查,来反映整个地区的种群数量或密度的方法。由于样线法不受季节的限制,灵活多样,因此已成为目前鸟类生态学中被广泛使用的数量调查方法之一。

布设样线的数量、位置以及特征（样线长度、宽度等）需要根据具体的研究地区和调查对象的特点，按照随机取样、系统取样或者分层取样的原则来进行。根据我校校园纵深长，主干道和辅道生境差异大、人类活动的影响程度不同等因素，设定了两条平行的样线。1930 年 King 首次提出有效宽度的概念，他用鸟类个体到样线的垂直距离的平均值作为有效宽度，从而得到有效面积。根据经验，空旷地带有效宽度为 50 m，森林中有效宽度为 25 m。本次调查考虑到绿化区植被密度和校园建筑物的遮挡，经预调查后，我们设定有效宽度为 15 m。

基于高中生现有知识基础，同时参考有关文献，我们将调查研究的内容定位于校园鸟类的种类、种群密度、物种丰富度、对栖息地的利用。

（二）物种辨识

熟练地辨识物种是调查研究的基础，这也是阻碍中小学开展此类教学的主要因素。在教学过程中，笔者通过三个途径解决了鸟类识别技能欠缺的问题。通过上海市区主要鸟类的图谱和标本静态观察大致了解校园鸟类的种类；通过咨询专家和在社交媒体交流拍摄的照片、视频、音频及时获取信息；经过反复地观察实践获得基本识别优势物种的能力。

（三）设备及场地

完成教学所需的设备有数码相机、鸟类图谱、双筒望远镜，数量视参与调查的人数而定。城市鸟类多样性调查多在校园和公园等地进行，视场地的大小和地形、生境的类型等确定合适的调查方法，修正调查的参数。

二、教学目标

（一）知识与技能

理解样线法的原理；学会通过样线法调查鸟类的种群密度；掌握数据的统计与分析方法。

（二）过程与方法

学习并应用样线法调查校园鸟类的多样性，分析各类生态环境中鸟类种群密度和物种丰富度存在差异的原因，理解保护生物多样性的意义。

（三）情感态度与价值观

通过调查实践体会科学的态度和方法对于研究的重要性，增强对科学探究的兴趣，提升生物多样性保护的意识。

三、教学组织

共安排 10 课时：文献研究安排在课余时间；观鸟培训 3 课时；预调查 1 课时；调查实践 4 课时；数据处理 1 课时；结果分析与小组汇报、交流 1 课时。

（一）学习与观察

以学生拍摄的校园鸟类的照片、视频、音频为主要素材，通过观图识鸟、听音辨鸟的互动竞猜方式，呈现学生文献研究及观鸟实践的成果，共观察到麻雀、棕头鸦雀、棕背伯劳、白鹡鸰、珠颈斑鸠、乌鸫、白头鹎、北红尾鸲 8 种鸟。教学中，组织学生以小组汇报交流的形式展示阶段性成果，总结观鸟识鸟和调查的经验，分享学习和研究过程中的困难与收获，寓教于乐、边学习边实践，学生熟练地掌握了相关技能和方法。

（二）设计与调查

根据拟定的调查方法和内容，指导学生设计调查表，详细记录调查地点、物种及数量、生境及动物行为特征、影响鸟类活动的因素、调查时间、天气、温度等。学生结合电子地图与校园图纸，对两条样线的长度、样带的面积和鸟类有效栖息面积进行了估算和实地测量。为检验调查的方法与内容的可操作性，特安排了 1 课时的预调查。预调查后及时调整了有效距离，确定了正式调查的时间段。

（三）结果与分析

正式调查期间，仅观察到 7 种鸟，其中雀形目 6 种，分属 6 科，鸽形目 1 种。麻雀、白头鹎是校园中普遍的优势种，而且喜欢集群活动。观鸟培训期间发现的北红尾鸲在正式调查期间没有发现，可能与该生物的季节性活动及数量少、难以发现有关，这也为渗透客观、严谨、科学的科研价值观提供了鲜活的教育素材。

调查表明，麻雀、白头鹎、乌鸫在建筑物附近、行道树、树林均有分布；珠颈斑鸠经常在草地觅食，而白鹡鸰通常发现于视野开阔的地面；棕头鸦雀喜欢在灌丛中活动，对外界干扰很敏感。棕背伯劳总是独立枝头，俯瞰四野。

样线 1 的主要区段是学校的主干道，人为干扰远大于样线 2，且两条样线周边的植被类型相似。而统计分析表明样带 1 中树麻雀和白头鹎种群密度明显高于样带 2，这与调查前的预测恰好相反。这一调查结果促进了新一轮的文献研究，进而发现了食物易获性这个影响因素，最终做出了更为全面和合理的解释。通过比较分析同一样线不同区段的物种丰富度和种群密度的差异的形成原因，学生深刻体会到栖息地对于生物多样性的重要性，对于保护生物多样性的意义有了深层次的理解。

四、教学策略

（一）突出学生的主体性

坚持边实践边学习，种群、群落、多样性等概念都是在实践中得以理解并展开应用的。关注结果，但更注重过程体验。记忆习得的知识终究会遗忘，学生在学校所学的知识和技能也是有限、基本的，更多的是依靠本身的能力自我发展而得到的。主动探索、自主学习才能激活创新性思维。

（二）突出组织的有效性

教学采用课题汇报和简易答辩的形式展开，就课型而言，结构比较明确，从鸟类的观察和技能培养，到调查方案的设计，然后是结果的分析和讨论，学生小组汇报的重点突出，任务明确。就难度而言，超越了教材要求，以学术性课题研究为载体，对老师和学生专业知识及技能要求都比较高，课堂效果能客观反映出该研究项目实施的有效性。

（三）突出实践的研究性

学生实践贯穿于整个教学的始终，文献研究为调查方法和内容的确定提供科学参考与经验；调查设计突出科学性与操作性，取样及有效样线宽度经实践后得以修正；分组讨论更关注挖掘问题的深度与研究的内涵，更注重学生科学思维习惯的培养和探究能力的发掘。经过系统地探究与实践，学生的实验设计、协作和表达能力均有一定提升。

参考文献

［1］张军平,郑光美. 黄腹角雉的种群数量及结构研究［J］. 动物学研究,1990,11(4)：291 -297.

［2］许龙,张正旺,丁长青. 样线法在鸟类数量调查中的运用［J］. 生态学杂志,2003,22(5)：127 - 130.

［3］顾福康. 生命科学(高中第三册)［M］. 上海：上海科学技术出版社,2007.